有声语言创作与表达

刘 然◎著

线装书局

图书在版编目（CIP）数据

有声语言创作与表达 / 刘然著. -- 北京 : 线装书局, 2023.7
　　ISBN 978-7-5120-5414-1

　　Ⅰ.①有… Ⅱ.①刘… Ⅲ.①语言表达－研究 Ⅳ.
①H0

中国国家版本馆CIP数据核字(2023)第055903号

有声语言创作与表达
YOUSHENG YUYAN CHUANGZUO YU BIAODA

作　　者：	刘　然
责任编辑：	白　晨
出版发行：	线装书局
	地　址：北京市丰台区方庄日月天地大厦B座17层（100078）
	电　话：010-58077126（发行部）010-58076938（总编室）
	网　址：www.zgxzsj.com
经　　销：	新华书店
印　　制：	三河市腾飞印务有限公司
开　　本：	787mm×1092mm　　　1/16
印　　张：	12
字　　数：	279 千字
印　　次：	2024 年 7 月第 1 版第 1 次印刷

线装书局官方微信

定　　价：58.00 元

前　言

随着媒介社会化、社会媒介化趋势愈演愈烈，智能化场景应用越来越丰富，通过表征的智能有声作品层出不穷，作品模式化趋势显著，有声语言创作主体被动，有声语言创作作品面临挑战。从无表征理论和知觉现象学视角看此现象，人作为创作线条的主体，在现象场景中进行艺术创作活动，其身体感官中的直觉、知觉和智觉强烈地参与这一声音艺术创作。创作背景和前景具有的实在意义应体现出智能知觉基础上的一系列常识预设（直觉意向），这一系列的直觉意向可以使得我们拥有一个伴随社会空间转化而形成的时间意义线条。换言之，作为有声语言创作主体，其遣词造句、布局谋篇在从"语言表象"和"交流工具"视阈向"思维语域"、"文化语域"和"情感语域"延伸的过程中，不仅兼具信息性、文化性，更裹挟着来自身体直觉情感性和审美性的现象实在，在潜移默化中处理着有声语言创作中的情景变量，细致到语调、节奏以及表达方式等。

人与动物的区别在于生产劳动前，人脑已先有一个创作蓝图，换言之为有声语言创作"意象"。不同意象，有着不同的创作规律和表现方法，同一意象因有声语言创作主体的创作观不同而产生差异，差异化的表现内容和表达方法因多元思维而产生，拉长创作过程便可发现若干的表征迹象，既定的创作目标在一定程度来说即为一种表征现象，进而产生创作思维，出现模式化创作，甚至人工智能式表征创作。鉴于此，智媒时代有声语言创作主体无表征性的意向弧思想在一定程度上引导有声语言创作作品真正达到"审美空间"范畴。人们徜徉其间，不但可以感觉到生命的活力，而且大家好像共处一室，毫无挂碍地使用着十分晓畅的共同语，同时似乎一起进入了心旷神怡、乐而忘返的精神家园。再以词语为例，词语从不缺少意义，词语表象却不拥有意义，"思维有一种意义，词语是一个空壳。语言是一种发声现象或关于此现象的意识，虽是思维的外部伴随品，却有着思维本质所不能替代的生命力。目前现代信息技术快速发展，我国已经步入了信息化时代。信息技术对于社会各行各业都产生了深远影响，对广播电视行业也产生了非常深远的影响。

在广播电视行业的生产过程中，播音主持是非常重要的一一个环节，播音主持的发展也间接影响着广播电视行业的发展。

目　录

第一章　绪　论 (1)
第一节　有声语言表达艺术研究现状评析 (1)
第二节　有声语言研究与中国传统美学思想资料的关联 (3)
第三节　有声语言的文化功能 (16)

第二章　有声语言创作的技巧分析 (39)
第一节　有声语言创作的内部技巧 (39)
第二节　播音与主持语言创作的外部技巧 (53)

第三章　有声语言表达技巧与表达规律 (64)
第一节　有声语言表达的内部技巧 (64)
第二节　有声语言表达的外部技巧 (69)
第三节　有声语言表达规律 (72)

第四章　有声语言创作中撕裂音使用 (82)
第一节　实验语音学基础上的撕裂音界定 (82)
第二节　撕裂音的审美生成机制 (114)
第三节　狂：撕裂音的审美艺术形态 (118)

第五章　"中"：有声语言表达的美学规约 (123)
第一节　"中"的基本内涵与有声语言表达艺术的创作 (123)
第二节　"中"与有声语言表达艺术的创作技巧 (127)
第三节　有声语言表达艺术中创作者的素养要求 (138)

第六章　"和"：有声语言表达的美学意蕴 (150)
第一节　"和"的内涵与有声语言表达艺术作品的生成 (150)
第二节　"和"与有声语言表达艺术作品的内在意蕴 (152)
第三节　"和"与有声语言表达艺术的外在价值 (154)

第七章　"美"：有声语言表达的审美表现 (159)
第一节　"美"的内涵与有声语言表达艺术的传播 (159)
第二节　有声语言表达艺术中"美"的价值 (161)

第八章　有声语言表达艺术的审美考辨 (166)
第一节　由"中"而"和"、由"和"致"美" (166)

第二节　有声语言表达艺术的审美教育 …………………………（167）
　　第三节　有声语言表达艺术与智能语音技术 ……………………（172）
参考文献 ………………………………………………………………（185）

第一章 绪 论

第一节 有声语言表达艺术研究现状评析

纵观与有声语言表达艺术相关的研究成果，其主要研究范式包括以下四种："语料资源搜集整理""话语逻辑体系构建""语言结构学理反思"以及"具体操作技巧归纳"，下面就此分别做出具体分析。

"语料资源搜集整理"主要立足现有有声语言表达艺术的样本，以确定性的规则进行梳理，并依据相应的标准进行简单的分类。此类研究范式以各类语言语料库建设为典型代表。此类研究范式的优势在于可以相对原生态地还原话语现场，将语言应用的鲜活性充分地呈现，有效排除了部分理论研究对现象的生硬割裂与粗暴整合，同时更为重要的是可以为后继研究者提供必要的基础素材，有着重要的学术史价值。需要指出的是，此类研究范式所依据的分类与归纳标准也在一定上透露出研究者面对语料素材的前见观念，客观标准背后潜藏着的集体性主观因素某种程度上更具研究价值。因此，虽然难以否认的是相对于有声语言表达艺术研究，"语料资源搜集整理"的研究范式只是一种起步性的阶段，但却有着不可缺失的重要资料性价值，而在此基础上带有问题意识的学理探究，则是逻辑展开的必由路径。

"话语逻辑体系构建"以有声语言表达艺术实现的终极目标为宗旨，研究应该在怎样的逻辑体系中才能真正意义上实现有声语言表达艺术效果的最佳实现。此类研究从分析哲学中汲取学理资源，认为语言表达艺术的话语应用需要从被使用的语言本身进行必要的考辨，探究语言背后所潜在的永恒逻辑，着力分析话语逻辑与人类的思想观念体系之间的深层次关联，并在此基础上力求构建一个具备相对普遍性的话语体系，从而有效完成对有声语言表达艺术的学理指导。此类研究范式以《美学语言学——语言美和言语美》《有声传播语言应用》《主体的影响力——广播电视有声语言传播主体研究》为典型代表。此类研究范式的优势在于为纷繁复杂的话语应用找到了一个相对扎实稳定的学理根基，而在学理上进一步开拓了新的对象与新的领域，"言"研究理论与实践的双向运动为"语"提供了强劲性动力。但是需要指出的是，有声语言表达艺术作为一种艺术形式，其所追求的始终是艺术效果的最大化实现，而非语言学理论的完善与更新。不可否认的是此类研究范式虽然可以为有声语言表达艺术提供必要的理论依托与现实指导，但出于理论体系搭建的严谨性与理论构建的滞后性，必然会对鲜活的话语使用，特别是那些超越既定话语标准范式但却可以收获较好艺术效果的诸多先锋性探索造成不必要的遮蔽。因此，从这个意义上来说，"话语逻辑体系构建"只能构成有声语言表达艺术研究的充分条件，而非必要条件，要想真正意义上实现对有声语言表达艺术的规律性认知与系统性把握，并在此基础上实现对其艺术效果提升的学理指导，单纯凭借"话语逻辑体系构建"这一单一研究范式难以有效实现。

"语言结构学理反思"从结构主义语言学出发，认为具体的话语实践不可能完全脱离其所从属的语言结构，因此研究有声语言表达艺术就不能局限于语言表达本身的定量化分析，而是应该致力于从其所属的语言结构出发，探究语言结构客观性对语言意义达成与理解接受过程中的决定性作用，只有对语言结构规范的客观遵守与差异化演绎，才能真正意义上实现有声语言表达艺术效果的最佳实现。此类研究范式以《论广播电视有声语言的诗性功能》《有声语言表达艺术》为典型代表。此类研究范式的优势在于从纯粹的学理出发研究有声语言表达艺术，为多元化的有声语言表达艺术提供一种必要的学理支撑，并在此基础上从有声语言表达艺术的运行机理分析角度探究其效果提升，有着重要的理论指导意义。但是，同"话语逻辑体系构建"的研究范式相似，"语言结构学理反思"依旧存在着理论构建的滞后性因素，不可避免地总是被新的话语实践所超越，其所归纳总结的各类原理也仅仅对部分典型样例有效，其有效性范围并非可以放之四海而皆准。因此，从这个意义上来说，"语言结构学理反思"的研究范式有着其不可忽略的重要理论价值与现实意义，但并不能以此构成有声语言表达艺术研究的绝对学理支撑，真正意义上实现有声语言表达艺术效果的本质性跨越与持续性提升，依旧需要在多种方法的综合与新的研究路径开拓上发现新的学理生长点。

"具体操作技巧归纳"从有声语言表达艺术的具体现实出发，依托大量成功范例总结归纳出一系列有现实针对性与可操作性的技巧策略，有效助力具体有声语言表达艺术的效果提升。此类研究范式某种程度上等同于有声语言表达艺术的实用技巧手册，有着重要的参考价值，主要以《播音主持话语表达教程》、《坚持文化自信拓展广播电视有声语言美学研究空间》《肢体语言表现在有声语言表达中的作用》《新媒体下的电影有声语言创作》《播音主持语音发声训练教程》为典型代表。此类研究范式的优势在于通过大量现实样本与经验总结，为有声语言表达艺术的具体实践提供必要的指导，同时也为相应的理论建构提供珍贵的标准素材。但问题在于学术研究并非单方面的经验总结，学理探究当然不会否认定性、定量研究的基础性作用，但是完全拘泥于经验的总结只能陷入经验主义的偶然与片面之中。在经验总结的基础上进行必要的逻辑思辨不仅是现实要求，更是客观必要的。恩格斯在《卡尔·马克思的〈政治经济学批判〉》中就曾明确指出："历史常常是跳跃式地和曲折地前进的，如果必须处处跟随着它，那就势必不仅会注意无关紧要的材料，而且也会常常打断思想进程"。因此，"具体操作技巧归纳"可以作为有声语言表达艺术研究的重要补充性资源，但难以在完全意义上构成其研究内容的全部，对有声语言表达艺术的研究依旧需要从必要的学理分析扎实深入，而非简单的技巧性策略总结。

不难发现，上述四类研究范式虽然一定程度上确定了有声语言表达艺术研究的学科边界，奠定了其相应的学理基础，规范了研究范式，总结了部分行之有效的方法，但依旧存在诸多问题，也尚未触及问题的本质核心。从学理层面上来说，上述四类研究范式依旧停留在传统的研究模式之中，单纯从话语表达的语言本身出发，探究语言背后的结构体系与现实应用，依旧是在语言学自身理论的生产与话语推演，并未真正意义上触及有声语言表达艺术的学理性探究。换句话说，按照上述研究范式所进行的研究与"语言表达艺术研究"可以完全等同，有意无意之间将"有声"这一重要话语前提人为忽略。在实践层面上来说，上述研究范式更多地纠结于具体技术经验的归纳总结，将带有形而上思辨性色彩的学理研究下降到形而下的具体可重复操作，偏离了学理研究的初衷，更难以有效实现学理性问题的突破与超越。因此，从这个意义上来说，有声语言表达艺术的研究需要重新定义其概念，重新规范其有效性范围，重新确立其所依托的理论资源，在这个基础上才能真正意义上有效推进。

第二节 有声语言研究与中国传统美学思想资料的关联

基于上述分析，基本上可以明晰的问题是，单方面从理论层面或者实践层面对有声语言表达艺术进行简单的分析研究已经难以满足学理的希冀与现实的需要，当前有声语言表达艺术研究亟待解决的问题是如何在方法更新与观念重构中实现研究效果的根本提升，在多学科话语资源的综合运用中完成研究瓶颈的根本超越。面对这一研究困境，笔者认为应该跳出既有框架束缚，从有声语言表达艺术最终的目标——审美意蕴的关联上探求新的研究路径。毋庸置疑，任何有声语言表达艺术无论采取何种形式，承载何种内容，预期实现何种效果，其终极目标都共同指向审美意蕴的生成。从某种意义上来说，审美意蕴的生成决定着有声语言表达艺术是否成为艺术，是其存在合理性与合法性的最终依据。换句话说，没有审美意蕴的有声语言表达艺术难以被称为有声语言表达艺术。因此，对有声语言表达艺术的研究就自然不能脱离其所关联着的审美意蕴，特别是其内蕴着的审美意蕴以及预期审美意蕴的最终生成。也正是源于此，有声语言表达艺术研究的学理突破点就应该立足于其所关联的审美意蕴上。那么，新的问题随之而来，到底应该在怎样的理论基点上开启有声语言表达艺术的审美意蕴研究呢？笔者认为，关于审美意蕴的讨论可以从多重维度进行展开，所依托的话语资源也可以在中西对比中自由穿梭。而立足本文的研究对象：有声语言表达艺术，就应该更多地从中国传统古典诗乐美学中汲取资源，探究如何在充分借鉴传统诗乐美学资源和审美趣味的前提下推进有声语言表达艺术的效果实现，并在此基础上进一步思考从中国传统古典诗乐美学的现代更新中有效对接有声语言表达艺术研究。

一、中国传统诗乐美学的理论资源

中国传统诗乐美学有着丰厚的理论资源尚待挖掘。在中国传统美学中，尤其是先秦美学体系中，由于诗乐一体，故而诗乐美学也是基本分离不开的。而先秦的诗乐美学又与中国古代思想变迁与演进保持高度一致，基本上都是沿着儒、道两条路线行进的。诸子百家时代以及后世，虽然也有独立于儒、道两者之外的其他美学观点，甚至美学体系，但这些观点和体系要么在中国思想史的浩瀚长河中逐渐消亡，要么被儒、道两家所同化。正如有学者指出："墨、法两家音乐美学思想出现于先秦，对后世并无显著影响。佛教音乐美学思想魏晋以后曾长期存在，但它接受儒、道两家影响，而对儒道两家音乐美学思想并无重大影响。阴阳家的音乐美学思想曾在汉代泛滥一时，此后虽也长期存在，却已被儒道两家所吸收、融化，而失去独立存在的价值。儒道两家的音乐美学思想则产生于先秦，影响于后世，贯穿两千多年的历史，其重要性远在其他各家之上。"但是，需要注意的是，儒道两家虽然构成了中国传统诗乐美学的两个向度，但他们并非截然对立，庄严、章铸两位学者认为："儒、道哲学的根本点，就是它们在'天人合一'论上的趋同性。儒家的'天人合一'论是道德化的，即把人提升到最高的道德境界，而这同时也是儒家最高的审美境界。道家的'天人合一'论是审美化的，即把人提升到最高的审美境界，而这也就是道家的最高道德境界。最高审美境界与最高道德境界的合一，就是儒、道两家共同追求的古典和谐美（即'中和之美'）。这种古典和谐美，乃是我国诗歌美学在当时最高的和共同的审美理论。它一直影响和支配着中国诗坛达数千年之久。"

在儒家的诗乐美学脉络中，孔子的思想毫无疑问地居于源头地位。众所周知，孔子的思想核心在于"仁"和"礼"，他特别注重美在道德尺度上的存在，尤其是在政治道德尺度上的存在。所以他特别强调，"礼"对于人的情感的节制，即人的情感在表现时应遵循"适度"与"中和"的原则，而这个原则的技术性标准则是由带有社会意义与政治意义的"礼"来加以界定的。故而,孔子既不喜欢"质胜文",因为其"野";也不允许"文胜质",因为其"史",所以只有"文质彬彬"才符合他的美学理想,"尽美尽善"才能达到他的美学要求。故而,孔子要求诗乐等艺术形式在功能上应该具有"兴""观""群""怨"的社会与政治功用,在标准上应具备"乐而不淫、哀而不伤"的审美品格,在形式上应具备"中声以为节"之美与"思无邪"之善的高度统一。

继孔子后,孟子、荀子分别对孔子"仁"与"礼"的思想进行了富有创新的继承和发展,在诗乐美学上也出现了此种分裂。

孟子的"性善论"美学更多地将诗乐之美与人的德行紧密联系在一起,诗乐之美即是人的德行之美。故而,孟子曰:"……耳之于声也……性也",曰:"凡同类者举相似也。……圣人,与我同类者,……惟耳亦然,至于声,天下期于师旷,是天下之耳相似也,……耳之于声也,有同听焉",曰:"仁之实,事亲是也;义之实,从兄是也……乐之实,乐斯二者,乐则生矣,生则恶可已也,恶可已则不知足之蹈之手之舞之"。由此,孟子也发展出了"独乐乐不如众乐乐""与民同乐"等诗乐美学思想。

而荀子的诗乐美学思想主要体现在他的《乐论》篇中,但在其他篇目中(如《富国》《礼论》《性恶》等)也有一定论述。这些论述往往是在他的性恶论基础上,由批判墨子的美学思想而生发出来的。在墨子看来,音乐这种东西是"上考之不中圣王之事,下度之不中万民之利"(《墨子·非乐上》),故而主张"非乐"。荀子不满意于墨子的这种看法,他认为:"夫乐者,乐也,人情之所必不免也,故人不能无乐,乐则必发于声音,形于动静,而人之道,声音、动静,性术之变尽是矣,故人不能不乐……"(《荀子·乐论》),但是这种"乐"是需要有节制、有规范的,正所谓"乐则不能无形,形而不为道则不能无乱"。在此基础上,荀子对音乐的特征("审一定和""穷本极变")、音乐的功用("治人之盛者也")、音乐审美活动的发生机制("以道制欲""美善相乐")、音乐的审美评判("贵礼乐而贱邪音")做出了一系列阐述。所以,有学者指出:荀子音乐美学思想是以乐(月)导乐(勒)。一方面,乐(勒)发为乐(月)就需要引导,使之成为"礼乐";另一方面,作乐(月)的目的更在引导,在于使人们以道制欲,美善相乐,合于礼义,成为君子。

与儒家思想不同,道家并不太纠结于人世间的善恶美丑,而是更执着于形而上层面的思考。《老子》中,世界上的万事万物无不是相辅相成、对立统一而又可以互相转化的,而其名道之辩、有无之论、气象之别又无不显示出其辩证的智慧。虽然与《论语》相比,《老子》一书中并不在意诗与乐的美学价值的探讨,但是其中仍然零星地存在着几处对声音富于哲理意味的探讨,比如第二章中的"音声相合"、第十二章中的"五音令人耳聋"、第三十五章中的"乐与饵,过客止"、第四十一章中的"大音希声"等几处。很显然，单独对这几处表述进行理解是很困难的，必须将其还原至原文语境中才能得到确切的含义。总体上来说，老子对声音的哲学理解仍旧建基在他的核心概念"道"上、建立在他的"无为"的思想上。庄严和章铸认为：《老子》提出了一组互相对立的范畴：一方面是"五音"，即现实的有声之乐，它是人为的、可欲的、有害的，它的美是相对的，其实是不美；另一方面是"希声"之"大音"，即理想的无声之乐，它是自然的、淡而无味的、用之不尽的，它的美是绝对的，是至美。《老子》推崇后者，用以否定前者。

在这里，所谓"大音希声"即是说，一种事物一旦达到了极致状态，它便成了不可揣测之物。它出自《道德经》中的："大方无隅，大器晚成。大音希声，大象无形。"王弼此处注道："听之不闻名曰希，不可得闻之音也。有声则有分，有分则不宫而商矣。分则不能统众，故有声者非大音也。"《魏源本义》引用吕惠卿所言："以至音而希声，象而无形，名与实常若相反者也，然则道之实盖隐于无矣。"自此可见老子的思想。

而庄子的思想已在某种意义上褪去了老子强烈的思辨色彩，开始追求一种飘逸、灵动的美的人生。叶朗先生在其所著的《中国美学史大纲》中提及："庄子认为，作为宇宙本体的"道"是最高的、绝对的美，而现象界的。"美"和"丑"则不仅是相对的，而且在本质上是没有差别的。因为"美"和"丑"的本质都是。"气"。庄子的这一思想，对于中国古典美学的逻辑体系产生了重要的影响。在中国古典美学体系中，"美"与"丑"。并不是最高的范畴，而是属于较低层次的范畴。对于一个自然物或一件艺术品，人们最看重的并不是他的"美"或"丑"，而是它是否充分表现了宇宙——气运化的生命力。

在诗乐美学方面，庄子虽然激烈地批判儒家将诗乐与"礼"与"德"捆绑在一起的诗乐美学观点，但他又不像老子一样否定"五音"的价值和意义，而是推崇一种诗乐的自然之美。在《齐物论》中，庄子把声音之美分为"人籁""地籁""天籁"三种。《天运》中，庄子认为"天籁"有这样的几个特点："听之不闻其声，视之不见其形，充满天地，苞裹六极。"郭象有注云："此乃无乐之乐，乐之至也。"笔者认为，这也就是老子所赞赏的"大音希声"。也正因为如此，庄子在《齐物论》中又说："有成与亏，故昭氏之鼓琴也；无成与亏，故昭氏之不鼓琴也。"王先谦有注云："鼓商则丧角，挥宫则失徵，未若置而不鼓，五音自全，亦犹存情所以乘道，忘智所以合真者也。"这也就是说，自然的、大美的声音不能被人为的、有限的声乐所取代。

老、庄对于自然全美的这种观点，对后来的中国传统声乐美学产生了深远的影响，它成为很多艺术家所追求的最高的艺术境界——即崇尚不事雕琢、自然天成的艺术状态。钟嵘《诗品序》所提倡的"自然"和"真美"；元结《订司乐氏》所提倡和推崇的自然、"全声"之美；司空图《与李生论诗书》所提倡的"以全美为工";徐文长《赠成翁序》所说的"夫真者,假之反也。故五味必淡,食斯真矣;五声必希,听斯真矣。五色不华,视斯真矣";以及俞兆晟在《渔洋诗话序》中所说的"以大音希声,药淫哇锢习"等等,都是对这一观点的进一步生发。白居易所写的《琵琶行》有言"此时无声胜有声",也是与之异曲同工的表达。

二、将中国古典诗乐美学引入有声语言表达艺术的合理性

首先需要说明的是,有声语言表达艺术是一门既古老又年轻的艺术。说它古老是因为它的雏形起源很早,从某种程度上来说,人类自开始有意识地将自己的情感与审美体验融入声音表达之时,这门艺术便诞生了。中国古代先秦时期诗乐舞的创作与欣赏,西方古希腊时期对于戏剧艺术的崇尚,莫不包含着对于有声语言表达艺术的隐性追求。而说它年轻,则是因为其艺术的自觉是近代以来的事情了。但无论是古老还是年轻,其内在发展理路与规律依旧没有发生根本性改变,这就为将中国古典诗乐美学引入有声语言表达艺术的研究确立了必要的合理性基础。

另一方面,随着科学技术的鼎新发展,电影、电话、电视、电脑出现之后,信息传播手段与文化娱乐载体不断增多,特别是互联网多媒体技术兴起、成熟以后,时间与空间结构上对有声语言表达艺术的限制和制约不断被突破,使其获得了更为广阔的发展空间,同时也使其获得了自身成熟与健全的良好契机。但是,形式与手段的变化不能代表其对孕育它的最初美学观念与思维的放逐和取消,换句话说,我们仍然可以在古典美学观念与范畴史的视野里为其寻找审美的理论根基。

再次,由于二者在传播手段和传播方式上的相同性,使得中国古典诗乐美学的某些观念完全适用于对有声语言表达艺术的深度理解。在有声语言表达艺术还没有建立起属于自己的、独特的美学体系之前,我们完全可以将中国古典诗乐美学的观念、范畴、方法引入其中,作为研究有声语言表达艺术这一门美学的理论资源与研究基础。这样一来不仅可以为有声语言表达艺术的研究提供必要的学理依据,而且可以从具体的现实操作与理论实践过程中进一步探究中国古典诗乐美学的学理边界与适用范围。换句话说,二者的结合并非将二者生硬地拼贴与组合,而是在有效结合点的精准选取与逻辑考辨中系统展开的,这一新的研究模式存在着催生新的学术增长点的可能。

三、中国古典诗乐与现代有声语言表达艺术在功能上的高度相通性

中国古典诗乐与现代有声语言表达艺术虽然不可避免地有着时间上的跨度与空间上的阻隔,但在功能的实现上的确存在着高度相似性。这种高度相似性集中体现在审美属性的同构性、审美文化心理的同根性以及审美理想的同源性。

在中国古代历史中，音乐与诗歌是较为独特的存在，其不仅具有审美属性，而且具有极强的社会属性与政治属性，承担着考量政治环境、表达政治诉求等一系列的功能与任务。《尚书》是记录我国上古时代人物言论的文集，同时也是我国较早涉及音乐美学思想的先秦典籍，其中《舜典》一篇记录了这样一段话："帝曰：夔！命汝典乐，教胄子，直而温，宽而栗，刚而无虐，简而无傲。诗言志，歌永言，声依永，律和声。八音克谐，无相夺伦，神人以和。夔曰：於！予击石拊石，百兽率舞。"在这里，《尚书·舜典》提出了这样几个问题：其一是舜帝让夔去管理音乐，目的是使贵族子弟们为人正直而温和，处事宽厚而明辨，性格刚毅但不暴虐，态度简单而又不傲慢；其二是在舜帝看来，诗与歌的功能在于"言志"和"永言"，而要做到这一点就需要"声依永、律和声"；其三是舜帝认为诗歌的终极目的是"神人以和"。

在这里，《尚书·舜典》不但提出了诗歌和音乐的目的、功能等一系列艺术本体论和方法论意义上的理论命题，提出了"诗言志，歌永言"这一美学意义上的价值判断，而且最为重要的是，它明确地表明了诗歌和音乐同政治之间的紧密联系。在人类社会早期，诗歌和音乐的存在意义与其说是审美层面的，不如说是政治层面上的；其第一功能与其说是艺术的，不如说是教化的。故而，舜帝在向众位辅佐他治理天下的大臣们分派责任与政治权力时特意为夔安排了"典乐"的工作，其目的在于以管理音乐的方式教化民众，其最终目的则是"神人以和"——诗歌与音乐又最终通向了宗教的意义。而在人类社会的初期，宗教的存在便是政治的存在，甚至毋宁说，那时宗教就是最大的政治，是一切东西都必须对其让步的最为上位的政治。而后世诗歌与音乐美学的发展也证明了这一点：孔子的"兴观群怨"说，《诗经》"六艺"中的"风雅颂"，墨子的"非乐"说、孟子的"与民同乐"，甚至老子的"大音希声"都是在此向度的进一步阐发。

另一方面，《尚书·舜典》中的这段文字也体现了中国古代诗乐一体、诗乐不分的情况，这在早期人类历史文献中是十分可贵的，而更为重要的是，在人类社会的早期，至少是在东方早期的审美意识中，诗歌与音乐是具有极为密切的联系的，甚至可以说是不可分割的，也就是学界常常探讨的人类社会早期诗、乐、舞"三位一体"的理论命题。与我们现在能够看到的情况不同，在人类社会早期，诗歌与音乐之间的关系远比现在紧密得多。有学者指出，在中国古代，诗与音乐虽然分分合合，但却始终保持密切的联系。这可以从三个方面来看：（1）古代的诗歌总是可以歌唱的，无论四言诗、楚辞还是乐府，直到后来的近体诗、词、曲，特别是词曲，更是高度音律化了的诗歌，是诗歌与音乐极完美的结合物。所以，诗歌与音乐密切结合，是我国诗歌发展史的主要特征之一，诗歌的音律化，是我国诗歌的重要传统。（2）诗歌与音乐分离以后，歌诗不断转化为诵诗，但仍然在许多方面保留着诗歌的音乐美，这种音乐美是诗歌艺术形式的本质，是诗歌必备的品格。(3)音乐不仅同诗一样,以感情为生命,而且也同诗一样,是作用于人的感情的。正是由于感情的观照,使诗的音乐美具有了十分突出的意义。

而有声语言表达艺术正是在此向度上与诗歌、音乐具有了相同的美学属性:诗歌即是有声语言表达艺术最初的呈现内容,音乐则是其最初的高度音律化的艺术外形。所以,在此意义上,有声语言表达艺术的美学探讨直接借助于中国古典诗歌,音乐美学理论资源就具有了有效性与合理性。

四、几个核心概念的界定

为了使本研究更具针对性,所讨论的问题域更为清晰准确,对于核心概念有必要进行界定,对于所论证的关键问题也需要进行必要的学理阐释。笼统地说,本文研究的核心概念有四个,包括一个研究对象和三个中国古典美学范畴,其中研究对象是指"有声语言表达艺术",三个我国古典美学范畴是指中、和、美。

(一)语言、有声语言和有声语言表达艺术

在《辞海》里面对于"语言"这个概念的界定如下:"人类最重要的交际工具。它同思维有密切的联系,是人类形成和表达思想的手段,也是人类社会最基本的信息载体。人们借助语言保存和传递人类文明的成果。语言是人区别于其他动物的本质特征之一。共同的语言又常是民族的特征。语言就本身的机制来说,是社会约定俗成的音义结合的符号系统。语言是一种特殊的社会现象,它随着社会的产生而产生、发展而发展。语言没有阶级性,一视同仁地为社会各个成员服务。但社会各阶级、阶层或社会群体会影响到语言,从而造成语言在使用上的不同特点或差异。"这一表述可谓详尽而又得当,但是,从本文的研究角度出发,我们仍然有必要对关于"语言"词义中的几个要点再进行分析与阐释。

其一,语言虽然以人体发声器官、空气等作为产生、传播的物质媒介,但从本质上来说,它仍然是历史文化意义上的存在。动物虽然也可能通过某种方式在同类之间进行信息交流,但是由于生理结构的原因,它们的这种信息交换只能是极为简单的、机械式的,而人的语言却是随着人类个体与全体的智力水平与经验积累的不断发展而发展的,是与一定历史环境下的生产力与生产关系相适应的,所以人类语言既是大自然中的一种物质形式,更是一种社会历史文化的存在。

其二,从功能上来看,语言不仅仅是人类最重要的交流工具,而且同时又是人类思维的工具,甚至可以说,人类现存的所有文明成果无一不是经过语言结构的承载,语言是整个人类文明中不可忽视的重要组成基质。人类只有通过有效的信息交流才能群策群力、协调关系、沟通感情,进而促进社会的进步,倘若没有语言,人与人之间的联系的紧密性就会大为降低,甚至会还原到一般动物的水平,人类相应的智力也就不会得到发展。

其三，如果说以前语言对于人类来说仅仅是有着工具意义的话，那么自西方《辞海》（第六版彩图本）（辞书编辑委员会编纂上海辞书出版社，2009年9月）第2796页哲学语言论转向以来，语言更是具有了形而上的价值与意义。西方哲学经历了由本体论向认识论，再由认识论向语言论的转向，西方哲学家们认识到，"世界的本质是什么"与"我们如何认识这个世界"是一种无法证实的理论建构，我们只能回到"人类应该如何表述世界"这个问题，所以语言在此时具有了形而上的价值与意义。

其四，由于作为人类文明重要组成部分的艺术无一不是语言参与了其中的建构，所以语言本身具有美学价值和意义。从语言角度来看，艺术可分为语言艺术与非语言艺术，语言艺术中的语言本身就是审美客体，是美的承载者；而对于非语言艺术来说，其艺术形式本身就是为了传递一种带有共鸣性的强烈情感，而传递情感可以被看作是一种更为广义的语言，这也就具有了审美属性。

另外，还需要予以说明的是，"语言"这一概念存在着狭义与广义之分，狭义的语言是指人类运用口鼻、喉舌等生理器官，通过空气震动传播的信息交流介质；而广义的语言则是泛指一切以传递信息为目的的信息交流、思想交流的媒介。

大致了解了什么是"语言"，这就更加有助于我们去了解什么是"有声语言"。"有声语言"是一个偏正结构的名词短语，其中"语言"是中心词，"有声"是其修饰成分。在现有文献中，对有声语言的概念做出了学理界定的材料是很有限的，并且在这些有限的文献中，绝大多数都是来自人际关系学领域的，在这里，我们试举两例：

有声语言是指发出声音的语言，它是以语音为物质外壳，以词汇为建筑材料，以语法为结构规律构成的人与人之间的交流体系。人们利用有声语言，通过语义、声调、语速、语气等方面的变化来表达人的情感和愿望。

口语活动是重要的物质表达手段。它由语言和声音两种要素构成。有声语言表达说话者的思想和情感，直接影响听话者的听觉器官，并产生效应。它具有时间艺术的某些特点，是听话者听觉的接受对象和欣赏对象。普通话、音质、语调、语速、停顿，是有声语言的主要形式。

上述对"有声语言"的界定未必严谨，但是我们仍然可以看出，有声语言无非就是"语言"一词的狭义概念，这是我们理解该词的向度的一个方面。

理解"有声语言"一词的另一个方面在于，我们可以通过与其相对的"无声语言"的概念入手来对其加以理解。

无声语言也可以视为体态语（body language），它是在人们长期的交际过程中约定俗成的，主要借助视觉感知的图像符号系统来进行彼此的沟通，其中包括手势、目光眼神、举止动作、身体姿态、面部表情等，如点头、摇头、挥手、瞪眼睛、微笑、蹙眉等，以此来沟通信息、交流思想、传达感情、昭示心理、说明意向、强调指代、直观揭示内部反应。美国心理学家伯德惠斯特尔（Birdwhistell）也曾提出过关于"身势语"的概念，它与体态语较为类似。身势语先于语言出现，是人类进行交往的最初形式。人类学家爱德加·塞伯认为身势语是一部聪明绝顶的法典，虽无只言片语，但人人皆通。那么，有声语言就可在上述无声语言概念的基础上进行界定。

有声语言，是指口头上的、发出声音的语言形式，它是自人类社会初期就形成的自然语言，是在人类信息传递过程中使用最为频繁、最为便捷的信息传递方式。运用有声语言所进行的人际交流与信息传递的方式即为有声语言表达，演讲、朗诵、谈判、辩论、报告、播音、主持、配音、解说、话务、导游、客服、评书、广播剧、有声读物、讲台授课、同声传译等等都可以统归纳入有声语言表达艺术的范畴之中，相关人员通过对于有声语言表达艺术技法的自如驾驭、充分运用，不仅可以满足自身的业务需求，还可以为表达对象带来审美愉悦。

人们在书面上所写出的并不是完全意义上的语言，部分语势、语调、语气由于受到书面的局限，而无法全部表达出来。那么，口语形式的有声语言表达可以更加称得上是完备的人类语言，而无声语言则可视为对于有声语言的重要补充。

有声语言是人类最重要的交流工具，也是人类进行信息传递最为重要的方式，那么，"有声艺术语言"是如何与"艺术"相连而成为"有声语言表达艺术"的呢？这就需要我们先搞清楚何谓艺术。

我们知道，对于"艺术"概念的问题是一个非常艰深的理论问题，这一方面是由于"艺术"质的方面的规定性难以形成有效而广泛的共识性意见；另一方面则是由于"艺术"在量的层次上是一个浮动的能指，换句话说，随着人类思维边界的不断拓展与科学技术发展水平的不断提高，艺术的有形边界在不断变化——新的艺术形式不断产生，同时旧的艺术形式不断被边缘化，乃至被逐出艺术的王国。这样，"什么是艺术"也就变成了一个言人人殊的问题了，尤其现在是一个后现代主义观念盛行的时代，任何企图将一个概念予以固化的想法不但会被认为是本质主义的"复辟"，同时欲固化概念本身的人也会很容易因为陷入某种逻辑上的悖论而寸步难行，最终使"固化"的概念彻底成为僵死的概念，没有任何再运用与再阐释的空间与可能。所以，本文并不力图对"艺术"的概念乃至"有声语言表达艺术"的概念做出过度本质化的处理，我们只求界定出一个相对合理的范围与界限，使其仅在本文的范围内产生意义即可——这个问题是需要首先言明的。

其次，在做出有关"艺术"及"有声语言表达艺术"的阐明之前，十分有必要翻检一下相关材料，夯实相对有效的理论基础，那么，就让我们看看在相关文献中都是如何界定"艺术"的概念的。

《辞海》中说："艺术是人类以情感和想象为特性地把握世界的一种特殊方式，即通过审美创造活动再现现实和表现情感理想，在想象中实现审美主体和审美客体的互相对象化。具体说，它是人们生活世界和精神世界的再创造，也是艺术家知觉、情感、理想、意念综合心理活动的有机产物。艺术总是与想象力和创造力有关，并作为一种审美性的社会意识形态，艺术主要是满足人们多方面的审美需要，从而在社会生活尤其是人类精神领域内起着潜移默化的作用。艺术往往带有一定的审美理想和思想倾向性。根据表现手段和方式的不同，可分为表演艺术（音乐、舞蹈）、造型艺术（绘画、雕塑、建筑）、语言艺术（文学）和综合艺术（戏剧、影视）。根据作品形态的时空性质，可分为时间艺术（音乐）、空间艺术（绘画、雕塑、建筑）和时空艺术（文学、戏剧、影视）。根据作品的感知特点，又可分为视觉艺术（美术）、听觉艺术（音乐）和视听艺术（表演）。

艺术，用技巧和想象创造可与他人共享的审美对象、环境或经验。艺术一词亦可专指习惯上以所使用的媒介或产品的形式来分类的多种表达方式中的一种。因此我们对绘画、雕刻、电影、舞蹈及其他许多审美表达方式皆称为艺术，而对它们的总体也称为艺术。艺术一词亦可进一步用于特指一种对象、环境或经验作为审美表达的实例，例如我们可以说，那张画或壁毯是艺术。传统上，艺术分成美术与语言艺术两部分。后者指语言、讲话和推理的表达技巧。美术一词译自法语 beaux-arts，偏重于纯审美的目的，简单说，即偏重于美。许多表达形式兼有审美和实用的目的，陶瓷、建筑、金属工艺和广告设计可为例证。这样设想是有益的：从纯审美目的这一端到纯实用目的的另一端是一个连续统一体，各种艺术在其中占有不同的领域。这种目的的极化也反映在相关的术语"艺术家（artist）"与"工匠（artisan）中，后者指偏重实用目的的人。不过，决不能把这当作硬性的规定。即使在同一艺术形式中，主旨也可能有很大差别；因而一位陶工或一位织工可能制作一种高度实用的作品，如一只盛色拉的碗或一条毯子，而同时又很美观。另外，他也可能制作除令人欣赏外别无任何目的的作品。另一种传统分类法划分成以下几类：文学（包括诗歌、戏剧、小说等），视觉艺术（绘画、素描、雕刻等），平面艺术（绘画、素描、设计及其他在平面上表达的形式），造型艺术（雕刻、塑造），装饰艺术（搪瓷、家具设计、马赛克等），表演艺术（戏剧、舞蹈、音乐），音乐（指作曲）和建筑（往往包括室内设计）。

不同于集体编写的辞典类工具书，个人独撰的词汇解释类专著更能让我们从一个独特的视角进入对"艺术"一词的理解，其中较为具有特色的是英国新左派代表人物雷蒙·威廉斯（Raymond Williams）和他所著的《关键词：文化与社会的词汇》（Keywords： A vocabulary of culture and society）一书。该书开篇就指出："Art这个词原来的普遍意涵是指各种不同的技术（skill），这种意涵在现代英文中依然相当常用。然而art另一个与艺术、艺术家（artist）有关的专门意涵现在变成最主要的定义。"在此基础上，威廉斯首先追溯了art的词源，他认为："自从13世纪art这个词就一直在英文中被使用，它最接近的词源是中古法语里的art，可追溯的最早词源是拉丁文 artem，意指 skill（技术）。一直到 17 世纪末 art 这个词都没有专门的定义，它被广泛地应用在很多地方，譬如数学、医学、钓鱼等领域都会使用到这个词。在中世纪的大学课程里，所谓的七艺（seven arts）以及后来所谓的人文学科（liberal art）是指文法、逻辑、修辞、算术、几何、音乐与天文学。此外，虽然 artist 从 16 世纪起渐渐发展成为指技艺精湛的人（artist 事实上到 16 世纪末一直等同于 artisan [手工艺者]），或指专精于管辖历史、诗歌、喜剧、悲剧、音乐、舞蹈与天文学的人，但它也同时在 16 世纪时被首度使用在'七艺'与'人文学科'的语境中。自从 17 世纪末，art 专门意指之前不被认为是艺术领域的绘画、素描、雕刻与雕塑的用法越来越常见，但一直到 19 世纪，这种用法才被确立，且一直持续至今。不过更早在 18 世纪末，artist（艺术家）与 artisan（手工艺者）这两个词的差别就已日渐分明且被大家接受。artist 专门意指绘画、素描、雕塑（不包含雕刻，那时新成立的皇家学院不认为雕刻家是艺术家）等领域里的艺术家，而 artisan 则专门意指技术纯熟的手工艺者，已不具有学术性、想象力与创造力的意涵。由于 artisan 这个词在词义上的发展演变，以及 19 世纪中叶以后对 scientist（科学家）的定义趋向专门化，也凸显出 art 是指美术（fine arts）而非人文学科（liberal arts）。"尽管如此，该词的含义仍具有某种层面的不确定性，具有抽象概念的英文大写的 Art 有其内在广泛的原理、原则，但却很难认定说它是哪一个时期出现的。18 世纪时 Art 的定义与用法不尽相同，但 19 世纪时这些定义与用法都被接纳，因而使 Art 的定义更为广泛。这种发展主要与 Culture（文化）和 Aesthtic（美学的）的定义在历史上的发展有关。1815 年时，诗人华兹华斯（Words-worth）写信给画家海登（Haydon）说："我们的职业、我们的朋友与我们的创造性艺术（Creative Art）是高尚的。" Art 现在普遍与 creative（具创造力的）和 imaginative（具想象力的）有关，这确实可以追溯到 18 世纪末与 19 世纪初。Artistic（艺术家的、艺术的）这个重要形容词的出现，确实可以追溯到 19 世纪中叶，而 artistic temperament（艺术家的气质）与 artistic sensibility（艺术家的敏悟）的用法也可以追溯到同一个时期。此外，artiste（艺人）这个词也出现在同一个时期，专门用来指涉演员与歌手等演艺人员，而 artist（艺术家）这个词专指画家或雕刻家，并且从 19 世纪中叶起也指作家和作曲家。而且，该词的复杂性还体现在其同源词的变化与发展之中，因此，威廉斯继续阐释："观察在不同时期有哪些词汇是与 art 这个词成为对比或有所区分是一件很有趣的事情。在 17 世纪中叶之前，artless 这个词就已意指'没有技能'（unskilled 或 devoid of skill），而这个意涵至今存在。但是在更早之前 art 是以 nature 作为其对比，art 意指人类技能下的产物，而 nature 意指人类天生内在本质下所产生的东西。自从 17 世纪中叶以后，更确切地说，特别是 18 世纪末，artless 已经有正面的意涵，意指 spontaneity（自发性），甚至是指在 art（艺术）里的'自发性'。当 art 仍然意指 skill（技能）、lndustry（勤勉）与 diligent skill（经由勤勉而得的技能）时，这些词汇是密切相关的。但自从19世纪中叶，它们被各自抽离出来而意义变得较狭窄，进而产生对比时，art（艺术）变成与 imagination（想象力）有关，其余则与 utility（实用、效用）有所关联。大部分的 sciences（科学）一直到18世纪都被通称为 arts。science 与 art 这两个词在现代定义上有所区别与对比，science（科学）与 skill（技术）有关，而 art（艺术）与 effort（努力）有关，两者基本上有迥然不同的方法与目的。虽然早在19世纪中叶之前，science 与 art 有时候在词义上就已形成对比，即前者与 theory（理论）有关，后者与 practice（实用）有关，但我们还是可以说，science 与 art 这两个词的现代定义上的区别与对比，实际上是从19世纪中叶开始的。"

在这一基础之上，威廉斯进一步做出了如下梳理："'人类技能'与'人类技能的基本目的'在历史演变下会不断发生改变。要去区分它们是一件很复杂的事情，而这种区分很明显与'劳动的实际分工'与'技能的使用目的'的意义转变有关。这种区分是把'使用价值'（use values）的定义局限在'交换价值'（exchange values）上，这与资本主义下商品生产的内在变化有很大的关联。为了对应这种区分，有一些'技术'或'目的'则被专门归类为人文学科（the arts 或 the humanities）。这些各种不同形式的人文学科的用处与目的是一种抽象的概念，并非通过'立即的交换活动'（immediate exchange）就可以看出它们的价值；而这个概念也是作为 art（艺术）与 industry（工业）、fine arts（美术）与 useful arts（实用的技艺）的区分——useful arts 最后演变为一个专门的词汇技术（Technology）。"继而，art 一词及其所指在新左派视野下获得了另外的意义，即：Artist（艺术家）在这一种基本的意义脉络里，不仅是有别于 scientist（科学家）与 technologist（工艺学家，技术专家），在早期这两者皆被视为 artist，而且是有别于 artisan（手艺人）、craftsman（工匠）以及 skilled worker（技术工人）。这三种类型的人，就一个特别的工作（Work）定义与组织而言，他们是 operatives（技工）。当这些实用的区别在一个特定的生产模式里被迫接受时，art 与 artist 有着更广泛的（更不明确的）相关性，表达了一个普遍的、人文的（亦即非功利主义的）趣味，同时反讽的是，艺术作品实际上被视为商品，且大部分的艺术家被视为是属于独立自主的工匠或技术工人这个范畴（即使他们很合理地宣称自己不是工匠或技术工人），可以生产出某种非主流的商品。

综上所述，我们既可以得出"艺术"一词涵义的驳杂性，又可以看出"艺术"乃是历史生成而非自然生成的。不过，我们还是可以在现在的语境下、在本文的论域内对"艺术"的特征做一个简单而实用的总结：一是"艺术"是人类的一种与非实用性目的相关联的活动，它给人类带来的不是吃穿用度意义上的实际好处，而是心灵的愉悦和情感的满足；二是"艺术"是人类活动的产物而非自然的产物；三是艺术是与"美"相关联的，没有美的层面的感受也就谈不到艺术。而我们所指认的"有声语言表达"与"有声语言表达艺术"之间的区别正是基于以上三个特征而划分的。更细致地说,就是"有声语言表达"偏重的是诸如信息的传递之类的实用性目的,而"有声语言表达艺术"则是偏重于给声音接受者以无目的的审美享受,而这也是本文将"有声语言表达艺术"引入审美层面加以探讨和研究的合理性、有效性与可能性的理论基石。

(二) 关于三个美学范畴的界说

中国古代各种美学范畴的提出和发展,都不可避免地打上了特定时代和阶段的烙印,具有某种特定的内涵。而真正科学的范畴,由于它反映了艺术本质联系的某一方面,其意义又不限于某个时代,而具有一定的普遍性。人们对于范畴认识的历史,也和一般认识史一样,是一个近似螺旋形的循环,逐步由低级进入高级。其中每一个螺旋形的片段曲线都是整个认识活动的有机部分。它尽管有些时候出现片面性,但从总结历史的经验和教训来看,却有一定的意义,我国古代许多范畴,大都重了悟而不重论证,其内涵往往只可意会而很难言传,同时,各种范畴之间也往往存在内容交叉重叠的现象。"

中和是中国古典美学中重要审美范畴之一,其最早出现在《礼记》的《中庸》一篇中,其上曰:"喜怒哀乐之未发谓之中,发而皆中节谓之和。中也者,天下之大本也;和也者,天下之达道也。致中和,天下位焉,万物育焉。"也就是说,在古代中国儒家对世界的理解图式中,中和是万事万物最为理想的存在状态,因为这时情感虽然已经被激发,但却被节制在合适的尺度之内,使其既不显得微而不显,也不显得过犹不及,使感情信息的生发者与接受者都在合适的范围内获得审美愉悦。故而孔子对《诗经》中《关雎》"乐而不淫,哀而不伤"的评价是极高的,因为其评价的标准就在于"中和"二字。

但我们不难发现,即使在《礼记·中庸》中,从构词角度讲,"中和"并非一个单纯词,而是一个由两个单纯词构成的复合词,而且是一个内部具有递进逻辑关系的并列结构复合词。"喜怒哀乐之未发谓之中","中"即是情感待发而未发的状态;"发而皆中节谓之和","和"是情感发出但却受到礼的节制的状态。而从形而上的角度来看,"中也者,天下之大本也;和也者,天下之达道也"。而只有由"中"而"和",即"致中和",则才能"天下位焉,万物育焉"。故而,在论述"中和"时,有学者认为:"《礼记·中庸》给'中和'所作的说明,是对儒家'中和'观的经典概括。从美学角度看,'中'是一种自在未发的状态,是天地万物之本原;'和'是一种已发的合宜状态,人性发于感情而于礼节法度。只有做到适中,才能达到中正平和的审美态度和天地阴阳二气平衡协调之美。"

并且还需注意的是,"中和"这一美学范畴虽然贯穿于整个中国古典美学史,但其在内涵上仍然是一个不断流动、发展、演变的概念,有学者就认为:"中国传统文化之'中'与'和'思想，作为中华民族的原生性智慧，发端于上古的神话、宗教、政治以及社会经济生活，成熟定型于先秦诸子百家的哲学思想争鸣，发展于魏晋南北朝、隋唐的儒释道并立的思想格局之中，融摄佛道的宋明理学，继承和发扬了传统的'中''和'思想，使之提升为一套系统化的宇宙观和人生观。可以说，'中''和'思想构成了中国传统文化的深层底蕴。'中''和'思想既体现为政治上的一种执政理念，也体现为道德伦理上的行为准则，还体现为哲学意义上的本体论、方法论和辩证法，它几乎贯穿于中国传统文化的一切领域，并根植于中华民族的思想意识之中。"

而在其审美特征上，我国当代著名美学学者朱立元先生主编的《美学》一书中曾有过很好的概括，具体而言其呈现为三个维度：其一是强调适度，这包括情感的适中、人格精神的和谐、人与自然的和谐三个方面；其二是多样性的统一；其三则是天人合一，而这也是中和最根本、最高层次上的审美特征。

美也是中国古代美学范畴之一。在中国古代，"美"往往是与"善"相连的，呈现出道德伦理方面的意义。那什么样的事物可以称作"美"呢？在中国古代儒家的审美理想中，"美"是与"中""和"及"中和"这些审美范畴紧密相连的。西汉董仲舒在《春秋繁露》中说："天地之美恶，在两和之处"，而"夫德莫大于和，而道莫正于中。中者，天地之美达理也……和者，天（地）之正也，阴阳之平也，其气最良，物之所生也"，"中者天之用也，和者天之功也，举天地之道而美于和"。在董仲舒看来，这个世界是"天人合一"的、"天人感应"的，而"中"是"天"的用处，"和"则是"天"的功绩，天下之"道"都可归结为因"和"而"美"，而人间的一切美都是与天地自然之美"类之相应"的，前者是建立在后者之上的，是后者所衍生的，所以人世间的"美"也正在于"和"。以上是本文使用"中""和""美"这三个审美范畴的理论基础。

第三节　有声语言的文化功能

一、记录历史的文化功能

历史在被文字记载传承的同时，也被声音真实、鲜活地还原。声音对历史的记录，是一个文化互育、审美共享的过程；声音对历史的记录，不是静止的、割裂的，而是动态的、多维的；声音对历史的记录，是文化传播的音化过程中诸多要素的高度融合。

当中华文化成为时代的精神坐标，世界的关注对象——文化，这条源源不断的河流，以崭新的姿态成为重点建设项目，并被直接纳入国家软实力的范畴。有声语言的发展史是一部人类文化发展史，有声语言在不同的时代呈现出不同的特质，它记录了不同时代的历史声音，体现了不同时代的文化架构。

每个时代都有自己特定的声音标准，语言的发展是一部源远流长的睿智史书，语言传播发展的过程实质上就是文化要素生成与融合的过程。从口耳相传到电波传送，从舌战群儒到语结同心，从市语喧哗到大音希声，从华语自为到东西融合，我们的声音传播从凌驾走向人文，从通报走向引领，从传统走向现代，从民族走向世界！

（一）有声语言用声音记录了历史

1940年12月30日，中国共产党领导的第一座广播电台——延安新华广播电台建立。历史的触角延伸到今天，我国的播音事业已经走过了80年的光辉历程。从广播到电视，从话筒前到荧屏前，我们的声音构建装帧了一幅绵长的历史画卷，画卷中的林林总总都折射着我们时代语言的厚实和坚定。

革命根据地延安，在成立时发出了一个明朗响亮、振奋人心的声音："延安新华广播电台，现在开始播音……"这是我国第一位播音员徐瑞璋的声音，这声音代表着中国共产党的坚定豪迈，宣告了中国人民广播的诞生，标志着人民广播播音的开始。延安陕北的播音风格因为时代的需要，体现出摧枯拉朽、势不可当的气概，贯穿着爱憎分明、坚定豪迈的情感，同时又显现出稳健大度、朴素平易的气派。

1949年10月1日，新中国成立。从和平建设时期到改革开放，可以说我们的历史在更迭变迁的同时，声音记录的形式和表达的样态也在不断与时俱进，与时代贴合，与受众靠近。

我国著名播音员齐越，在1949年开国大典上，和丁一以无比喜悦的心情连续播出了7个小时的庆典盛况，他们用声音向全世界的人民传递着中国的喜悦，用声音在历史的长卷中留下了光辉的印记。1949—1956年，我国的广播事业迅猛发展，节目的形式日益多样，在抗美援朝战争中，齐越播出了《谁是最可爱的人》，他用声音鼓舞了志愿军的士气，感动了全国人民。声音的表达是一种文化的积淀、一种历史的再现，新中国成立初期的时代背景决定了需要有一种坚定的、鼓舞的、引导的声音出现，所以那个时期的播音员在话筒前对语言外化的表现，与当时的时代风格相吻合。

党的十一届三中全会以后，我国的播音事业进入了恢复、发展和创新时期。这个时期我们传递的声音更加鲜活生动，富有创造力。从第一批电视播音员沈力开始，我们对声音的呈现又有了更加多样化的渠道，声音依附于电视形象同时又作为一个独立的符号存在于广播电视发展的洪流中，声音形象因为电视文化的发展而变得更加立体丰盈。从1983年中央电视台第一届春节联欢晚会开始，中国的广播电视事业逐步开始向主持节目多样化、主持风格多元化、主持语言生动化迈进。

广播电视语言的生存发展状态，在反映观念变更的同时，实际上也暗合了人们文化心理的发展轨迹，反映了历史变迁中的社会认知，体现了时代主旋律的民族精神。改革开放40多年后的今天，我们倡导建立和谐社会，呼吁人性的回归，注重文化产业的发展，我们的有声语言也被赋予了新的历史使命，有声语言在体现"以人为本"的同时，还要真正承担起塑造文化精神、引领舆论导向、提升人文关怀、规范语言坐标的责任，在充分体现语言多样化的同时，提纯节目的播出样态，使得我们的声音在记录历史的同时，也被历史所珍视！

（二）有声语言是对历史真实的记录

1. 坚持马克思主义新闻观，努力遵循真实性的原则

马克思曾对报纸所存在的问题提出尖锐的批评："少发些不着边际的空论，少唱些高调，少做些自我欣赏，多说一些明确的意见，多探讨一些具体的现实，多提供一些实际的知识。"此外，马克思对报纸编辑提出了明确的要求："更多地联系对政治状况的批判来批判宗教，而不是联系对宗教的批判来批判政治状况，因为这样做才更符合报纸的本质和读者的水平，因为宗教本身是没有内容的，它的根源不是在天上，而是在人间，随着以宗教为理论的被歪曲了的现实的消火，宗教也将自行消火。最后，我对他们建议，如果真要谈论哲学，那么最好少炫耀'无神论'的招牌（这就像一个小孩对一切愿意听他讲话的人保证自己不怕鬼怪一样），而多向人民宣传哲学的内容。我所说的就是这些……"马克思主义新闻观与马克思主义的核心精神一脉相承，是马克思主义世界观和方法论在新闻领域的具体反映，它包含了马克思主义理论对于新闻工作的性质、意义、作用、地位等的全面认识，是我国新闻工作者用于指导实践的有力武器。

"真实性原则"是马克思主义新闻观对新闻报道的基本要求，也是新闻采写、编辑、报道各环节都应掌握的基本规律。

播音主持工作是我国新闻事业的一部分，"播音创作也必须遵从新闻学的基本规律和原则"，因此，播音员、主持人必须在马克思主义新闻观的指导下，坚持真实性原则，反映客观事实的本来面貌，而不能随意更改、编造、杜撰新闻事实。

2008年5月12日汶川地震发生后，中央电视台多个频道在滚动新闻中及时报道了地震情况，并在第一时间发布了各地的震感信息，使公众得以在第一时间了解真相，使真相跑在了谣言和恐慌的前面。截至2008年5月14日，共计113个国家和地区的298家电视机构转播或部分使用了中央电视台的节目信号。国外各大媒体对于中国地震灾情的报道也主要引自新华社、中央电视台、四川电视台等相关国内媒体。

地震发生后，在灾区交通中断、看不到电视和报纸、无法登录互联网的情况

下，广播——尤其是中央人民广播电台——的声音成了灾区人民"生活的向导、工作的帮手和精神的支撑"。灾区老百姓依赖广播、信赖广播，不仅因为当时广播成了与外界联系的唯一手段，更因为广播所具有的权威性，而权威性的获得正是源于信息的真实、可信。播音员、主持人根据事实来描写事实，准确地在第一时间内把信息传达给受众。

从唐山地震3年后才披露死亡人数，"非典"疫情暴发时最初的迟报、瞒报到2008年初抗击雨雪冰冻灾害时国内宣传机构的快速反应，再到汶川地震后中央人民广播电台、中央电视台等各大媒体24小时的连线直播，我们看到了改革开放给中国带来的巨大变化，也看到了改革开放给中国广播电视事业带来的挑战和机遇。广播电视在真实地记录一个日益开放、日益自信的中国的同时也真实地记录下了自身的成长轨迹。2008年的广播电视语言传播，必将以其前所未有的迅疾、真实、公开、透明载入中国新闻发展的史册。

新闻真实性指的是在新闻报道中的每一个具体事实必须合乎客观实际，即表现在新闻报道中的时间（when）、地点（where）、人物（who）、事情（what）、原因（why）和经过（how）都经得起核对。新闻是"正在发生的历史"，作为新闻报道的最后一道工序，由播音员、主持人之口达于受众的有声语言，是在用声音真实地记录"正在发生的历史"。因此，在新闻报道中，坚持真实性原则不仅符合受众的要求、能够满足党和政府的需要，也是在继承《史记》的实录精神，以能够给后人留下一部信史。

2. 有声语言对历史的记录是客观性与倾向性的统一

客观性是指新闻报道必须以客观实际为本源，按照事物的本来面目来反映事物。它是新闻传播关系赖以建立的基本条件，也是影响新闻媒介信誉的重要因素。作为一种报道原则，客观性总是与真实性紧密联系。新闻的客观性首先是报道的新闻事实客观存在，不能无中生有、凭空捏造；其次是表述方式的客观，报道者一般不直接在新闻中站出来发言，而主要"用事实说话"。

但是，受西方传播学、新闻学理论的影响，一些广播电视工作者认为：中国的新闻实践中意识形态的色彩太重，宣传的意味太浓，有悖于新闻真实客观的原则。而在2008年针对西藏打砸抢烧暴力事件的报道中，西方所谓的绝对客观，其实是用来掩盖其新闻报道政治性、经济性企图的幌子，是一种迷惑受众的手段而已。对于2008年3月14日发生在我国西藏拉萨的打砸抢烧暴力事件，CNN（美国有线电视新闻网）等媒体的报道令许多对西方传媒坚称的"客观性原则"存有幻想的人大失所望。为了渲染所谓的"中国政府镇压平民"，CNN在自己的网站上使用了一张描述拉萨街头解放军的军车驶向两名平民的图片，却隐去了旁边大约10名暴徒向军车投掷石块的部分；BBC网站在显眼位置登出标有汉字"急救"的救护车图片，配发的文字说明却是"在拉萨有很多军队"；德国NTV电视台也在报道中将尼泊尔警察抓捕藏人抗议者说成是"发生在西藏的新事件"……尽管从拍摄素材来说，这些可能是现场实际发生的情况，但这只是从整体中抽离出来的一小部分，无法反映整体的真实。从哲学的角度来分析，就是片面地看问题，会得出错误的结论。从这次报道可以看出，这些媒体就是执着于这样的片面，把片段区隔于时空背景之外予以无限放大，使整个事件的性质发生了颠覆性的变化。

"公正"是新闻报道必须持有的基本态度。中国共产党对于无产阶级新闻事业的政治主张毫不隐瞒，强调它不仅是党和政府的喉舌，同时也是服务于全体人民的舆论工具，承担着为党服务和为人民服务的双重职能。倾向性和客观性并不矛盾，而且我国的新闻事业，主要是在第一个层面上——新闻事实客观存在的层面上——强调新闻的客观性，强调倾向性与客观性的统一。客观报道这一概念来自新闻的客观性，既是一种报道方式，又是报道新闻经常遵循的法则。客观报道是披露事实而不是直接说出媒体观点的新闻表达形式，包括内容客观与形式客观。内容客观是指新闻报道的是客观存在的事件，形式客观是指表现事件或记者的立场要通过选择事实和陈述事实的逻辑力量来实现，尽量不显露记者的观点。作为中国的广播电视工作者，只有认清这个事实，才能够让自己不受错误思想的干扰，做好本职工作。

（三）有声语言是对历史深刻的记录

一个民族如果失去了关于历史的记忆，这个民族便会失去灵魂。民族发展、民族强盛，需要历史的积淀，需要以史为鉴。要本着对未来负责的态度认真记录历史，因为这是民族繁衍生息的千秋大业。为了让后人更准确地了解今天，有声语言对历史的记录，不仅要具有真实性，更要具有深刻性。

1. 全局意识是有声语言深刻记录历史的前提条件

所谓全局，从空间上说其有广延性，是指关于笔体的问题；从时间上说其有延续性，是指关于未来的问题。邓小平曾经说："考虑任何问题都要着眼于长远，着眼于大局，眼界要非常开阔，胸襟要非常开阔。"社会主义新闻事业的基本方针是为人民服务、为社会主义服务、为全党全国工作大局服务。讲全局、顾大局，是党对新闻事业的基本要求，也是每个传媒人所必须具备的政治品格。播音员、主持人是社会主流思想、主流文化的直接传播者，是具有巨大影响力的公众人物，要肩负起推动社会和谐发展的责任，就必须具有全局意识，并将全局作为创作活动的出发点和落脚点，准确把握新闻事件的来龙去脉，正确引导舆论，使传播效果达到最优化。

汶川地震使我们的国家蒙受了巨大的灾难，许多从一线回来的记者都坦言：灾区的现场是非常惨烈的。北京电视台记者马国颖回忆说："我把目光聚集在废墟的一个局部，除了散落的课本、书包、文具，还有就是，与碎石烂瓦颜色差不多的，孩子们的身体……"成都电视台记者杨华回忆道："挖掘机碰撞着断梁残砖咔咔作响；女人、孩子撕心裂肺的哭声撕扯着每个人的心；父亲执着地在废墟上翻动着，寻找仍埋在瓦砾中的孩子，眼神绝望得就像是丢了一件无望找回的贵重物品；老人静静地坐在遇难亲人的旁边，冷静得就好像灾难是远古发生的事……"相信这些回忆都是真实的，但电视画面没有过度渲染这样的场景。地震发生32分钟后，中央电视台新闻频道就开始了连续24小时的直播报道。整个直播报道使受众不仅感受到灾情的严重、救灾现场的紧张忙碌，更感受到党的坚强领导、政府的关怀体贴，尤其是中国人民在灾难面前所表现出的团结、自信、坚韧和勇敢。在真实报道新闻事件的同时，引导受众客观、冷静地面对灾难，树立起战胜困难的信心，极大地鼓舞了广大人民群众的斗志。这次成功的报道，体现出了媒体的责任意识，体现出了播音员、主持人的全局意识，并从实践的角度印证了一个道理：只有讲全局，顾大局，才能更准确地把握新闻事件，更深刻地揭露新闻本质，更好地达到宣传目的、实现宣传效果，更加凸显有声语言的舆论引导功能，为记录历史打下深刻的烙印。

2.透过现象看本质是有声语言深刻记录历史的特色

马克思主义哲学告诉了我们如何认识和看待事物的现象和本质。任何事物都兼具现象和本质两面，外在的表现形式是现象，事物的内在属性是本质。现象表现本质，或正确或歪曲。这就要求我们要从感性认识逐渐上升到理性认识，努力透过现象看本质，这样才能得出正确结论。"引导舆论"是新闻事业的主要功能之一，新闻媒体只有在透过现象看本质的基础上才能有效地发挥引导舆论的功能。

2008年9月中上旬，"三鹿问题奶粉事件"成为各大新闻媒体追踪的焦点。"三鹿问题奶粉事件"的爆发震惊了全国。党中央、国务院对这起食品安全事故高度重视。事件发生后，许多消费者都会关心这样的问题："我们是否还需要继续喝牛奶？如果还喝，喝什么奶？"

10月22日，中央电视台新闻频道的《东方时空》以"三鹿问题奶粉事件追踪"为题做了一期专题节目。在节目的结尾，主持人张羽说了这样一段耐人寻味的话：

"无论是三鹿的企业接管问题还是赔偿问题，相信不久就会有一个结果。有人说，三鹿奶粉安全事故就像一场地震，引发了中国乳品业的全行业危机，更暴露出了食品安全领域的许多深层次问题，比如企业的良心问题、政府的监管问题、行业的发展模式问题等。我们都知道看病不能头痛医头、脚痛医脚，而要对症下药、治疗病灶，那么，治疗这起奶粉安全事故的病也一样，否则，看好了'三聚氰胺'没准还有'四聚氰胺'。"温家宝总理说："这次事件对整个食品安全都是一个警示。通过处理这件事情，我们要认真总结和反思，把食品安全工作进一步抓好，让坏事变成好事。"

主持人张羽在说这段话时，表情凝重，语气平和。一开始他用"相信"这个词表现出对政府能公正有效地处理三鹿奶粉事件的信心，虽然只是一种猜测，但这种猜测是有理由的，因为在前面的节目中观众已经了解了党中央、国务院高度重视的态度以及彻查到底的具体情况：一是在全国范围内免费救治和筛查所有患病婴幼儿；二是立即封存市场上的所有问题奶粉，对事故原因和责任展开全面调查，同时也全面检验其他品牌的婴幼儿奶粉和乳制品，发现问题也将一律下架封存。张羽正是用这样一句平实的话语将这份信心传递给受众，在某种程度上给予了那些对中国乳品行业安全问题担忧的民众一份心灵的慰藉。

之后，他并没有单纯地就"三鹿问题奶粉事件"进行议论，而是打了个比方，将如何处理"这起奶粉安全事故"比作"治病"，提出的良方是要"对症下药"，既为相关部门提供了解决问题的思路，又让民众了解到处理此事件的根本在哪里，很好地发挥了新闻媒体的舆论监督作用。结尾处主持人张羽提到了"食品安全"，这样一个词语会使受众的关注点扩大，从对"三鹿问题奶粉事件"的关注转移到对整个"食品安全"的关注，通过"三鹿问题奶粉事件"的现象看到其本质，明确指出中国食品行业只有做好安全保障工作，消费者才能买得放心、用得放心、吃得放心。另外，"认真总结和反思"与"让坏事变成好事"形成呼应，给受众一个暗示，也许经历了"三鹿问题奶粉事件"后，整个食品行业会更加理性和成熟，日后会更认真、更负责地去对待消费者，这样，整个食品行业就真正变得安全了，也许坏事真的就变成了好事。主持人张羽通过这样一段真诚而又朴实的话语指出了"三鹿问题奶粉事件"背后更深层次的含义，透过现象看本质，通过合理的分析抚慰受众恐慌的心，还受众一份信心，有效地引导了舆论。

可见"透过现象看本质"是有声语言在信息传播过程中的特色，它不仅能准确地告知受众发生了什么，还能深入地告诉受众为什么会发生，在准确传播新闻事实的基础上，能够剖析出新闻背后更深层次的内容，实现引导舆论的功能，进而深刻地记录历史。

（四）有声语言是对历史鲜活的记录

1."树立以人民为中心的工作导向"为有声语言指明了正确的创作方向

第一，"树立以人民为中心的工作导向"与马克思主义新闻观一脉相承。

马克思主义新闻观不仅包括马克思和恩格斯本人的新闻理论，还包括马克思主义经典理论家和新闻活动家列宁、毛泽东等人的正确的新闻经验总结和相关论述。

纵观党的宣传工作史，在每一个重要的历史时刻，毛泽东、邓小平等国家领导人都能审时度势，对社会主义新闻工作的性质、作用、特点提出一系列精辟的论断。早在新民主主义革命时期，毛泽东同志就提出我们的文化要走科学的、民族的、大众的路线，反对那些脱离生活和实际的现象。他要求从事宣传思想工作的人要努力当好人民群众的学生，让自己成为普通群众的忠实代言人。邓小平同志曾明确提出做好宣传工作的三个重要条件：结合实际、联系群众、批评与自我批评，并强调宣传工作者要始终不渝地面向广大群众，精益求精，奉献给人民的一定要是最好的精神食粮。

发展是最好的继承。新一届领导核心习近平2013年在全国宣传思想工作会议上发表重要讲话，他强调："党性和人民性从来都是一致的、统一的。坚持党性，核心就是坚持正确的政治方向，站稳政治立场，坚定宣传党的理论和路线方针政策，坚定宣传中央重大工作部署，坚定宣传中央关于形势的重大分析判断，坚决同党中央保持高度一致，坚决维护中央权威。所有宣传思想部门和单位，所有宣传思想战线上的党员、干部都要旗帜鲜明地坚持党性原则。坚持人民性，就是要把实现好、维护好、发展好最广大人民的根本利益作为出发点和落脚点，坚持以民为本、以人为本。要树立以人民为中心的工作导向，把服务群众同教育引导群众结合起来，把满足需求同提高素养结合起来，多宣传报道人民群众的伟大奋斗和火热生活，多宣传报道人民群众中涌现出来的先进典型和感人事迹，丰富人民精神世界，增强人民精神力量，满足人民精神需求。"

马克思主义新闻观的根本原则是党性原则，而社会主义新闻事业的党性和人民的利益应该是一致的，党和政府的路线、方针、政策是人民利益、意志的体现，社会主义新闻事业也是党领导的人民的新闻事业，所以，新闻工作者只有密切联系群众，才能够及时了解群众的所思所想、所需所求，才能够切实地从人民的根本利益出发，真实生动地反映人民意愿，这既是对人民负责，也是对党负责。可见，"树立以人民为中心的工作导向"既是马克思主义新闻观的内在要求，又是新闻报道真实性原则和群众性原则在当代的新体现。

第二，"树立以人民为中心的工作导向"是加强和改进新闻宣传工作的突破口。

十八大报告指出："文化是民族的血脉，是人民的精神家园。全面建成小康社会，实现中华民族伟大复兴，必须推动社会主义文化大发展大繁荣，提高国家文化软实力，发挥文化引领风尚、教育人民、服务社会、推动发展的作用。"十八大报告还指出："建设社会主义文化强国，必须走中国特色社会主义文化发展道路，坚持为人民服务、为社会主义服务的方向，坚持百花齐放、百家争鸣的方针，坚持贴近实际、贴近生活、贴近群众的原则，推动社会主义精神文明和物质文明全面发展，建设面向现代化、面向世界、面向未来的，民族的、科学的、大众的社会主义文化。"这些内容充分说明在中国日益推进社会主义文化强国建设的过程中人民才是一切工作的中心。

经济建设是党的中心工作，意识形态工作是党的一项极重要的工作。习近平总书记非常重视巩固马克思主义在意识形态领域的指导地位，尤其是在宣传思想工作领域。新闻宣传工作者一定要坚持党性原则，站稳政治立场，坚持正确政治方向，坚定宣传党的理论和路线方针政策、中央重大工作部署、中央关于形势的重大分析判断，坚决同党中央保持高度一致，坚决维护中央权威。与此同时，习近平总书记指出新闻宣传工作要树立以人民为中心的工作导向。坚持人民性，就是要把实现好、维护好、发展好最广大人民的根本利益作为出发点和落脚点，坚持以民为本、以人为本。

新世纪新阶段，随着生活节奏的不断加快、受众审美水平的不断提升，人们对媒体的要求也在不断提高。人们希望通过广播电视大众传媒了解各方面信息，开阔视野，增加知识，愉悦心情。为很好地满足受众对媒体的期盼，各媒体就要努力改善传播效果，改进广播电视新闻宣传方式，提高新闻报道的吸引力和感染力。"树立以人民为中心的工作导向"为新闻宣传工作找到了改进的方法和方向。

播音员、主持人要"树立以人民为中心的工作导向"，并把"以人民为中心的工作导向"作为增强有声语言感染力的突破口。一方面深入社会生活，密切同人民群众的联系，与人民群众产生情感上的共鸣，树立真诚的服务意识；另一方面还要运用好语言表达技巧，从语言表达方式上进行改进，了解、熟悉、学习群众的语言，增强新闻报道的针对性、时效性和吸引力、感染力，真实、准确、生动地反映社会生活动态，积极、主动、热情地疏导、引领群众的思想朝着正确、健康的方向发展，使媒体舆论更加符合客观实际，更加符合人民群众的愿望，使有声语言更加富有鲜活的时代气息和生活气息。

2.鲜活地记录历史的有效创作途径

有声语言在广播电视传播中的作用，主要可以概括为，传递信息，体现态度，揭示语义内涵，表明思想实质，即帮助受众了解和认识社会的作用；传达感情，吸引感染受众，即鼓舞、教育、激励受众的作用；规范美化语言，即语言表达的审美示范作用。更好地发挥这些作用，使其更好地服务于人们的社会生活、服务于党和国家的工作大局是当今有声语言的重要目标。坚持党性和人民性，不仅准确生动地体现了有声语言的性质、目的、任务和特点，更为有声语言提供了有效的创作途径，增强了有声语言的吸引力和感染力，使其更为生动、具体、鲜活。

如上所述，播音主持的根本属性是新闻性，播音员、主持人要通过有声语言的创作把党的纲领、路线、方针、政策等及时、准确、全面地传达给广大受众；另外，播音员、主持人在广播电视中又是"上传下达"的中介，是联系党和人民的桥梁纽带，在传达党的主张的同时，还要倾听人民心声，反映人民的意愿，承担起疏导公众情绪的社会责任，并积极主动地引导正确舆论，营造良好的主流舆论环境，维护社会的安定团结。总之，教育、鼓舞广大人民群众是有声语言传播的关键。那么，如何达到预期的传播目的，优化广播电视语言的传播效果呢？直接面向受众的有声语言，成为所有创作环节的关键。

要想达到最佳的传播效果，首要的就是所做的节目要使受众喜闻乐见、乐于接受。有声语言具有规范性、庄重性、鼓动性、时代感、分寸感、亲切感的特点，将"树立以人民为中心的工作导向"作为创作途径，会使有声语言凸显固有的特点，从而更为生动和鲜活。首先，"树立以人民为中心的工作导向"要求播音员、主持人深入到人民群众的社会生活实际当中，一切从实际出发，而事实是最为生动、具体的，也是最有说服力的。其次，"树立以人民为中心的工作导向"，还要求融入火热的现实生活中，而生活是丰富多彩的，是最有感染力的。最后，"树立以人民为中心的工作导向"要求密切联系人民群众，而人民群众是有血有肉、有思想有情感的，是最有创造力的。因而播音员、主持人贴近他们，与他们产生的血肉联系当然是活泼的，对他们思想和感受的反映、对他们身边事例的报道，当然也是生动鲜活的。深受受众喜爱的节目，无不是深入了实际生活，体现了群众的意愿，说出了群众想说的、想听的话，讲出了群众能懂的话，满足了受众深层的心理需求的。

"没有传播主体与文本主体和接受主体间的思维的撞击和心灵的震荡也就没有产生深刻、独到情感和见解的表达基础。"播音员、主持人只有贴近实际、贴近生活、贴近群众，才能在表达中情动于衷、有的放矢。除此之外，汉语的历史源远流长，中华五千年的文明深深融入了语言的骨髓之中，一个普通的词语也许就是由一段历史演变而来的，一个语法规则形成的背后也可能有着深刻的文化原因。我们甚至可以这样说，中华文明之所以能够没有中断地延续下来，很重要的一个原因就是汉语一直流传至今。

作为一种表意符号，汉语表达方式多样、语法规则复杂多变、词汇丰富，追求"言有尽而意无穷"的审美境界，富有浪漫色彩。正因为如此，根植于汉语肥沃土壤之中的有声语言自然而然地也就拥有了这样的特点，播音员、主持人在使用语言时，不仅是在传递信息，也是在完成一次有声语言的艺术创作，有着审美范畴的意义和追求；同时也把有声语言本身所负载的艺术形式与内容在潜移默化间传播了出去。这也正是播音主持正确创作道路强调我们的创作要"达到恰切的思想感情与尽可能完美的语言技巧的统一，达到体裁风格与声音形式的统一，准确、鲜明、生动地传达出稿件的精神实质"的原因。所以说，播音又是一项艺术创造活动，艺术是生动的，是富有独特魅力的，是具有表现力和感染力的。

要创作出让老百姓喜闻乐见、喜闻乐听的节目，不仅要体现内容的巨大张力，还要体现形式的审美意趣，用民族的表达形式体现民族的精神内容。中国人对美的认知，强调端庄、含蓄、质朴、自然。在长期的语言实践中，无论是有稿播音，还是无稿播音，播音员、主持人都以追求内容和形式的统一为目标，使语言表达具有民族风格和民族气韵，以此来满足中国人的审美习惯。

以中央电视台《新闻联播》、中央人民广播电台《新闻和报纸摘要》这样的重点新闻节目为代表的新闻播报，继承和发扬了中国气派的新闻播音风格，以其庄重大气、稳健有力的播音，在重点新闻节目中独占鳌头。在改革开放的40多年间，它们用真实的声音体现着我们的民族精神，用质朴的表达诠释着我们的民族风格。对海外播出的《中国新闻》以新闻主播积极振奋的投入状态，明朗快捷、练达自信的播报，彰显改革开放进程中中国人民的精神风貌及日新月异的变化。

张颂认为，"播报"的语言样态为"字正腔圆、呼吸无声、感而不入、语尾不坠、语势稳健、讲究分寸、节奏明快、语流晓畅"。

具有中国作风、中国气派的新闻播音风格的形成，是播音员遵循正确创作道路、充分发挥"有稿播音"优势的结果，是播音员站在无产阶级党性和党的政策的立场上，以新闻工作者特有的敏感，把握国内外形势的发展变化和人民群众的思想实际，准确及时、高效率、高质量地完成"理解稿件——具体感受——形之于声——及于受众"的再创作的结果，是内容与形式完美统一的最好例证。

艺术来源于生活又高于生活。作为语言艺术创作者，播音员、主持人应该关注朴素平凡的生活细节，聚焦丰富多彩的生活场景，融入火热的生活进行创作，让来源于生活的艺术美感，真正触动受众的心弦。同时要提高语言传播质量，优化语言传播效果，真实、准确、生动地反映社会生活的发展进步，鲜活地记录当代的历史。

二、标识时代的文化功能

（一）标识时代是有声语言的重要特征

1.实事求是、与时俱进是有声语言发挥时代标识功能的理论依据

马克思主义新闻观的根基牢牢地扎在马克思主义理论的肥沃土壤中，实事求是是马克思主义新闻观的理论精髓。

对于播音员、主持人来讲，马克思主义新闻观为其提供了理论上的指引。在具体的工作实践中，我们又应该遵循什么样的原则来处理实际问题呢？新闻宣传必须坚持党性原则，因为党性和人民性是一致的、统一的。坚持党性，核心就是坚持正确的政治方向，站稳政治立场，坚定宣传党的理论和路线方针政策，坚定宣传中央重大工作部署，坚定宣传中央关于形势的重大分析判断，坚决同党中央保持高度一致，坚决维护中央权威。新闻宣传还应该坚持实事求是的原则，因为实事求是原则是马克思主义哲学的理论精华，是马克思主义者用来指导一切实践工作的总的方法，要坚定不移地运用到实践中去。坚持"实事求是"的原则，并在工作中认真处理好一系列的关系，才能够真正地践行马克思主义新闻观，准确把握时代的脉搏，唱响时代的最强音。

在过去的工作实践中，的确存在着只重视宣传功能，轻视服务功能的倾向，甚至将舆论引导与服务群众对立起来。认为只要领导们认可满意就行了，至于群众爱不爱看、想不想看并不重要。久而久之，有些播音员、主持人形成了固定的套路，表情动作僵化，板起面孔教育人，群众反映电视节目不好看，新闻"官气"太重，不吸引人。是不是说这样的局面就无法改善了，舆论引导就一定无法和服务群众结合起来呢？事实当然不是这样。提倡舆论引导的出发点就是要在全社会的范围内弘扬正气、弘扬爱国主义精神、弘扬先进的文化，站在群众的立场上，营造团结一心、积极向上的氛围。广大人民群众对党的方针政策，特别是与自身息息相关的政策有强烈的了解、把握的欲望。作为新闻工作者，一要认真贯彻"以人为本"的理念，想群众之所想，急群众之所急，"实事求是"地反映老百姓的心声；二要"与时俱进"地不断学习、理解党的政策，深入、具体地解读党的政策，挖掘新闻的内涵，了解群众的需要，强化服务群众的意识，将人民群众的呼声、意见及时地反映出来，积极主动地帮助群众解决问题。比如近些年来一大批民生新闻栏目涌现出来，它们将关注的焦点放在普通老百姓身上，用灵活多样的表现手法将一个个鲜活的新闻事件展现在大家面前。

在帮助群众了解新闻事实的同时，还要对新闻事件做深刻剖析，将舆论引导与服务群众的职能有机地结合起来，及时准确地反映时代、表现时代。另外，改革开放以来，伴随着传媒技术的突飞猛进，我国的新闻事业实现了长足进步，新闻工作者也始终伫立潮头，与时俱进，不断以饱满的工作热情创造了一个又一个奇迹，如港澳回归、新中国六十华诞、奥运会和世博会的精彩报道，以及汶川、玉树、舟曲等重（特）大突发灾难的应急报道，等等。在这些大的直播报道中，主持人不仅及时传播了事实信息，还正确地引导了社会舆论，充分展示了有声语言标识时代的独特功能。

2.有声语言的新闻性和时代性

播音，既具有自然属性（如声音的传播，形象建立的物理、生理属性，以及传播的特性等），又具有社会属性（如播音创作中的党性原则，民族、时代、阶级、社会等因素的限定）；既具有新闻属性，又具有某些艺术的特征……与日常生活中的言语活动不同，有声语言是新闻工作的组成部分，具有鲜明的新闻属性和时代属性。有声语言之所以要承担标识时代的使命，是因为遵从了播音主持的正确创作道路，即站在无产阶级的党性和党的政策的立场上，以新闻工作者特有的敏感，把握国内外形势的发展变化和人民群众的思想实际，准确及时、高效率、高质量地完成"理解稿件——具体感受——形之于声——及于受众"的创作过程，以积极自如的话筒前状态进行有声语言的创作，达到恰切的思想感情与尽可能完美的语言技巧的统一，达到体裁风格与声音形式的统一，准确、鲜明、生动地传达出稿件的精神实质，发挥广播电视教育和鼓舞广大人民群众的作用。

对于播音员、主持人而言，立足于无产阶级党性和党的政策的立场，就是要密切关注国内外形势的最新变化，紧跟人民群众的最新思想动态，第一时间、高质量、高效率地反映时代的最新动态，表现时代的主流精神，达到教育和鼓舞大众的目的。播音员、主持人在创作过程中的言语活动，除要反映创作主体本身的意愿、想法之外，更多的是要考虑稿件本身的内容，甚至是整个时代和社会背景的丰富内涵；作为各级广播电视机构面向受众的最后一个环节，播音员、主持人的语言内容不仅代表了电台电视台的形象，甚至还代表了党和国家的意志，所以有声语言必须具有规范性、庄重性和鼓动性。同时播音员、主持人还肩负着传播党的方针政策与最新的形势变化信息的任务，因此有声语言还应具有时代感、分寸感与亲切感，做到让受众喜闻乐见、富有时代气息。今天，中国共产党在实践探索之中已经给这段表述增添了更为丰富的内容，"树立以人民为导向的工作原则"等新经验、新认识的总结，将社会主义新闻工作与时代和社会生活现实更紧密地联系在一起，作为党和政府的喉舌，播音员、主持人有责任、有义务从时代出发，从生活出发，去发掘当下最优秀、最有代表性的精神与文化，并将这种文化普及开来，最终达到鼓舞群众、服务群众的目的。

3.有声语言承担着标识时代的历史使命

每一个时代都有每一个时代特有的声音。在不同的历史时期，播音员、主持人紧紧围绕党对新闻工作的理论指导，在宣传先进文化，教育鼓舞广大群众方面做出了巨大的贡献；在反映时代生活，引领时代思潮方面发挥着重要的作用。从最初延安新华广播电台的一枝独秀，到新中国成立后以中央人民广播电台为代表的电台的百花齐放，再到新时期的广播电视大发展，播音员、主持人始终处于新闻宣传工作的一线，留下了一大批群众耳熟能详、富有时代气息的经典播音主持作品。近几年来，我们的播音员、主持人更是把目光投向社会生活的方方面面，努力发掘新题材、新形式，创作出了一系列优秀的播音主持作品，成为群众心中不可磨灭的时代记忆。从香港、澳门回归祖国到神舟十号上天，等等，每一件具有历史和时代意义的大事中都留下了中国播音员、主持人的声音，极大地鼓舞了全国人民的士气，提升了民族凝聚力，为全国人民团结一心和建设社会主义和谐社会做出了巨大的贡献。

如今我们身处经济全球化的时代，有声语言作为中国与外部世界沟通的桥梁，作用越发突出和明显。随着中国影响力的不断提升，越来越多的人开始学习、了解中国文化，活跃在广播电视第一线的播音员、主持人成为重要的示范窗口，如何通过我们的声音将中华民族最优秀、最值得骄傲的文化介绍给世界，进一步提升中国的国际形象，扩大中华文化的影响，将是时代留给我们的又一道崭新命题。

中国的播音主持自诞生以来，始终与时代紧密相依，忠实地履行着标识时代的历史使命。在具体工作中，我们只有更加细致地观察社会生活，了解群众的需求与喜好，同时不断磨砺自身，提高业务水平，牢固树立以人民为中心的工作导向，把服务群众同教育、引导群众结合起来，把满足需求同提高素养结合起来，才能创作出感动人、鼓舞人的播音主持作品，更好地完成有声语言标识时代的历史使命。

（二）大力弘扬科学、开放、创新的时代精神

1.时代精神的内涵

有声语言要发挥标识时代的作用，首先要搞清楚一个问题：我们到底要弘扬些什么？标识些什么？只有搞清楚了对象的问题，我们的工作才能够有的放矢。通常我们说播音主持工作要"传播科学真理，宣传先进文化，塑造美好心灵，弘扬社会正气，倡导科学精神"，就是要树立良好的风气，提倡和宣传有代表性的、先进的文化与科学观念，而这一切归纳起来就是我们通常所说的时代精神。

时代精神最初由德国著名哲学家黑格尔提出，他认为，政治史、国家的法制、艺术、宗教对于哲学的关系，并不在于它们是哲学的原因，也不在于哲学是它们的依据。毋宁这样说，它们有一个共同的根源——时代精神。他认为时代精神是催生一切文化的根源，是绝对精神在每一个历史时代的体现。但这并不意味着哲学是时代精神的全部内涵。今天，我们以一种更加宽广的视野来看待时代精神，赋予了它更加多元的含义。

我们今天所探讨的时代精神是对一个社会在特定一段历史时期内精神生活的总的概括。它源自对上一个时代精神的扬弃；同时又融合了在当代社会实践中总结出来的，反映未来社会发展方向，具有典型性、先进性，为社会大众所广泛接受的思想观念、道德规范、行为准则和价值取向的集合，是一个社会精神面貌的综合体现。

2.时代精神的特点

一是时代性。每一个时代都有每一个时代独特的精神内涵，这是由人类历史与文化的时代性所决定的。人类社会自产生以来共发展出奴隶制、封建制、资本主义和社会主义四种社会形态，每一种社会形态又分为若干阶段。不同社会形态的社会结构、意识形态、生产关系都各不相同，将人类历史一段一段划分开来，形成了历史的不同时代。同样，因为地域、环境、历史发展脉络等的不同，人类的文化发展也同样呈现出地域性与时代性的特点。文化与社会形态发展共同作用，形成了时代精神的时代性。

二是延续性。尽管每一个时代都拥有自己的时代精神，但它们彼此并不是割裂开来独立存在的个体，反而拥有一脉相传的密切联系。因为人们本身无法精确地将一个个时代划分开来，所以我们也无法准确地将不同时代的精神加以彻底地区分。每一个时代精神都是对上一个时代精神继承与发扬的产物，同时也必将是下一个时代继承与发扬的对象。

三是共同性。在人类文明不够发达的时代，由于地理条件、科学技术手段等的限制，不同地域的人们无法进行直接的交流，因而人类的文明拥有鲜明的地域特色。进入现代社会之后，随着科技的进步，整个人类范围内的交流与接触开始增多，文明的发展也逐渐呈现出同步性和关联性的特点。以往局限于单个社会的时代精神开始具有人类共同性的特征。时代精神开始超越国籍、人种、地域，具有泛人类的共同性。

四是先进性。之前我们说过，时代精神是反映未来社会发展方向，具有典型性、先进性，为社会大众所广泛接受的思想观念、道德规范、行为准则和价值取向的集合，因此自然而然地就具有了先进性的特点。正如我国当代哲学家庞朴先生所说："文化的时代性内容中，那些代表历史进步方向的内容，形成时代精神。"

五是实践性。时代精神绝不是某个理论家或空想家在书斋中臆想出来的，相反其来自人类最基本、最普遍的社会实践，渗透于社会生活的各个层面。只有当某种精神普遍地存在于社会实践过程当中，为大家所接受，同时符合我们之前所描述的种种特征时，才能够被称为时代精神的组成部分。

六是变动性。不仅时代与时代之间没有明显的界线，甚至在一个时代内，社会也处在永无止境的变化之中。人类的实践活动一天不停止，从实践中总结提炼时代精神的工作也就一天都不会停止。时代精神永远处在变化和发展中，具有吐故纳新的机能与活力。因而，我们甚至无法用语言来描述时代精神当中到底有哪些内容，只能够通过类比和参照来抓住一个时代精神的主要特征，以此来帮助我们了解时代精神的精髓。

3. 科学、开放、创新是当下时代精神的最主要特征

一是科学精神。科学和真理一直是人类探索和追求的目标，因此无论在哪个时代，科学精神都是时代精神不可或缺的组成部分。而中国共产党人更是在不断总结经验教训的基础上，将科学精神用于指导社会生活的各个方面。随着人类社会的发展，人口与资源环境的矛盾越来越突出，一方面是人类的物质文化需求越来越多；另一方面是我们可以利用的自然资源越来越少。我们的任何一项工作都要考虑到未来的前景，考虑到自身的发展对身边环境和相关行业的影响，站在全局的角度看待问题，做出科学的决策。

二是开放精神。中国实行改革开放已有40多年，应该说每一个经历了这个过程的中国人都能够体会到打在中国当代精神上的深深的开放烙印，也能够理解为什么开放精神是当下时代精神的重要内容。40多年来，中国发生了翻天覆地的变化，我们的综合国力不断提高，我们的国际影响力日益扩大。应该说，我们取得的每一个成功、每一个进步都直接或间接地得益于打开国门、拥抱世界的举动。而事实也在向我们证明：在当今崇尚交流与沟通的世界，唯有相互学习、相互借鉴才是保持前进的不竭动力。

三是创新精神。中国是一个有着悠久历史的国家，在不断发展前进的过程中，历史留给我们的积淀既是一笔宝贵的财富，有时又是阻碍我们前进的羁绊。怎样有选择地继承和发扬传统文化是摆在所有中国人面前的一道命题。中国共产党人很早就意识到了这一点，因而提出了"探索有中国特色的社会主义道路"的观念。"中国特色"即指我国独有的国情与文化；"社会主义道路"则是中国人民做出的历史性选择。面对一条从来没有人走过、没有任何经验可以借鉴的发展道路，我们拿出了百倍的勇气，高举着创新的大旗，一方面在理论的指导下归纳总结实践工作中的经验教训，另一方面又用这些经验教训来对过去的理论体系进行补充、修改，使它们始终和时代保持一致。我们提出的"一国两制"的构想解决了香港和澳门的回归问题；我们用和平谈判的手段解决了与邻国的领土争议，为世界树立了典范。中国人民的伟大智慧在新时代创新精神的指引下，必将创造出更多的奇迹与辉煌。

四是科学、开放、创新的辩证统一。综上所述，科学、开放与创新是当下时代精神的最主要特征，这三个特征之间并非互不关联、相互割裂的个体，它们之间充满了辩证唯物主义的智慧。一切的开放与创新都要将科学性作为基本标准，避免盲目、片面、急躁的情绪；同样，在立足于科学的前提下，我们要想尽一切办法对现有的制度、思维、技术进行创新，要敢于引进别人的先进经验同时也不吝于将自己的经验教训与他人分享。片面地固守其中一点，要么落入畏首畏尾、故步自封的窠臼；要么掉进急功近利、妄自菲薄、夜郎自大的陷阱。只有辩证统一地对待三者，把握好开放的尺度、端正态度、迈好创新的步子，我们的事业才能够一帆风顺，再创新高。

（三）努力塑造时代的最强音

前面着力分析了有声语言的历史使命、其标识时代的理论依据与所要宣传弘扬的主要内容。但是在实际操作中这些不同层面的内容并不容易统一起来，反而很有可能会分不清主次、抓不住重点，从而顾此失彼，因小失大。因此，将三者统一到一个维度内综合地加以分析说明，让其成为一个有机整体，就是一件很有必要且有意义的工作了。

对于有声语言来说，根本属性是无产阶级的党性原则；根本任务是服务群众，传播先进文化，弘扬时代精神。从具体操作层面来讲，我们不仅要对内宣传鼓动，还要对外展示形象风采；但在工作的过程中，我们要时刻牢记自己的中国特色和无产阶级特色，无论任何时候都站在这个出发点上看问题。随着国际交流的日益深入，东西方之间的了解和沟通大大加强，有些人看到国外并没有有声语言或播音主持专业后，就对中国自己的语言规则失去了信心，觉得与国外不在一个话语空间内，继而对自己的工作价值产生怀疑，以致自觉或不自觉地接受了西方灌输的思想，以别人的话语方式讲起话来。更有甚者，还用这样的话语方式来履行对内宣传的职责，造成了群众思想的混乱。殊不知有声语言正是我们最大的特色与优势所在，它扎根于五千年辉煌灿烂的文化土壤之中，是一朵富于文化价值与艺术价值的"奇葩"。放眼世界，有哪个西方国家将播音主持的语言提升到审美空间的高度来理解，又有哪个国家拥有像中国这样多的具有历史价值和艺术价值的播音主持作品？对于那些对中国不甚了解的西方人来讲，接触之初的不理解甚至怀疑都是很正常的；对于那些因文化背景、思维方式的不同而产生的误读也不必大惊小怪。作为一名中国的播音员、主持人，用富有中国特色和艺术韵味的有声语言去感染他们，让更多的人了解中国、了解中国文化，本就是工作职责所在。倘若一味地妄自菲薄，忘记了自己所代表的文化，丢掉了自己赖以生存的话语方式，就会像无根之木、无源之水，找不到自己的位置，从而迷失在文化的夹缝中。

不仅对外如此，对内也是如此。现在许多人有感于我们优秀传统文化的流失、精神家园的荒芜，惊呼中国人已经快要丢掉延续五千年的文明了。诚然这种局面的造成有"十年浩劫"这样的客观原因，但是面对这种危机我们必须做点什么。发掘传统文化，实现文化复兴绝不意味着在故纸堆里挑挑拣拣，让"辫子""长袍"再回到我们身上，而是立足于现在的社会实际，在广泛吸收、借鉴国外先进经验的基础上，以创新的精神、开放的理念、科学的态度去寻找、发掘优秀传统文化与时代精神的结合点，完成形式与内容的双重创新，让古老的文明重新焕发光彩。实际上，在我们身边就有这方面的范例，如以《百家讲坛》《中国成语大会》《汉字英雄》《最爱是中华》《中华好诗词》等为代表的一批电视栏目，在传统文化和现代电视传播手段的结合方面做出了有益的尝试。

有声语言是对时代最及时、最准确、最深广的表达，时代的点滴变化都会得到有声语言的表述和阐释。中国经济在世界经济大潮中起伏，大众传媒以有声语言为载体，参与中国政治、经济和文化的建设。身处时代当中，要做到超越时代是不可能的，有声语言应力求把握时代的脉搏，与时代紧紧融合，标识时代，奏响时代的强音，让世界能够清晰、准确地了解中华民族的世界观和价值观，从而实现标识时代的文化功能。

三、文化传承的文化功能

（一）文化是一个民族的灵魂与根基

天行健，君子以自强不息；地势坤，君子以厚德载物。古老而悠久的中华文化激励着中华民族生生不息，繁衍至今。厚德载物的气质造就了中华文化博大精深、兼容并蓄、自强不息的品格，为中华文化带来了蓬勃的动力，使中华文化引领中华民族伫立于世界民族之林，中华文化是中华民族的灵魂和根基。

民族也称国族，指的是一群人觉得他们自己是一个被历史、文化和共同祖先所联结起来的共同体。特质可能包括地域、语言、宗教、外貌特征或共同祖先，也包括主观的特质，特别是人们对其民族性的认知和感情。在关于民族定义的要素中，语言、地域固然重要，但并不一定是一个民族形成与发展的决定性要素。以近现代为例，昔日大英帝国的国民，包括加拿大、澳大利亚、新西兰、印度、南非等英属殖民地区的居民，他们虽然有着共同的语言（英语）和共同的经济生活，但是他们从不把自己称为不列颠民族。

钱穆认为："文化只是人类集体生活之总称，文化必有一主体，此主体即民族。民族创造了文化，但民族亦由文化而融成。"他还指出："中国的民族观实为一种文化观，以文化来统摄和融凝民族国家的民族文化观，不仅是中国民族的特质，也是最契合民族和文化本质的。"我们认为，中华文化是中华民族形成与发展的灵魂与根基，离开中华文化，中华民族便无从谈起。那么中华文化的基础地位是如何体现出来的呢？

刘梦溪认为："一个民族的文化既包括传统社会的文化现象，即传统文化，又包括传统文化背后的精神连接链，即文化传统。"也就是说，中华文化包括中华民族传统文化与文化传统两方面的内容，这两方面内容构成了中华文化的精髓。在这里，中华传统文化指中华民族传统社会的文化，是一个历史纵向的概念，具体应该指晚清以前的中国传统社会的文化。中华民族的文化传统是指传统文化背后的精神连接链，是传统文化中所蕴含的规则、理念、秩序和信仰，是一个横向的、精神层次的概念。

中华民族的传统文化是证明其曾经存在的名片，是中华民族得以存在的基础。如果传统文化遗失，中华民族的历史将被遗忘，中华民族便将失去发展前进的根基。中华民族的文化传统是其信仰的支撑，是中华民族得以存在和发展的灵魂。中华民族文化传统的消失，也就意味着中华民族的消亡。

至此，我们可以得出这样的结论：是中华文化引领中华民族在世界民族之林中生存、发展；由中华民族传统文化和文化传统组成的中华文化是中华民族生存和发展的灵魂与根基。正像钱穆先生所阐述的："民族之传承，国家之创建，胥皆'文化'演进中之一阶程也。故民族与国家者，皆人类文化之产物也。"

（二）传承民族文化是一个民族自身发展的不竭动力

几千年的文明曾使中国领先于世界，然而一度的"闭关锁国"政策和落后的生产关系，使中国社会的发展远远落后于整个世界。西方列强的坚船利炮惊醒了沉睡的雄狮，从此无数知识分子为改变备受欺凌的现状，不断地从文化的角度入手对本民族的传统进行反思，并由此引发了民族主义思潮的急剧高涨和中西文化孰优孰劣的论争。在推进"科学、民主、进步"的同时，毋庸讳言，我们也付出了沉重的文化代价。中国的传统文化和文化传统于狂飙突进的呐喊声中，几度经历被全盘否定的命运。中国人身上的传统文化的痕迹越来越少，甚至到了绝迹的地步。正像时任香港中文大学校长的金耀基先生在谈到中国文化的现代命运时所说，"二十年代不想看，八十年代看不见"，中华文化处于一个前所未有的尴尬境地。

回首往昔，一次次民族文化劫难使越来越多的人认识到：一个民族的振兴与发展，绝不能以牺牲自身的文化为代价。相反，传承民族文化、多元文化兼容并包，才能使一个民族在坚实、厚重、肥沃的土壤上自生、自立、自强。

1.民族文化的"承"与"传"

中华文化是中华民族的灵魂与根基。守住民族的灵魂，夯实民族的根基，需要我们将中华文化发扬光大，"发扬光大"便是指在继承的基础上，不断地传播、创新、弘扬、发展。

钱穆先生认为，在"民族融合""国家凝成"方面，"大半要归功于其民族之德性与文化之内涵"。由此可见：基于历史背后的中华民族的文化精神，是民族文化认同的重要体现，是民族存在的前提，是民族发展的牢固基石和不竭动力。因此，对于历史留下的民族文化传统与传统文化之精神内涵，我们必须坚决继承。

但是，继承并不意味着故步自封、因循守旧，而是要去粗取精、去伪存真，取其精华、去其糟粕，锐意创新与发展。我国著名学者余英时认为："文化不仅是继承以往的成绩，还需要每一代人必须不断地、温故知新、推陈出新，文化创造没有捷径可走。但是培养和提高趣味，则永远是开创新文化的始点。"由此可见，继承的目的恰恰在于创新和发展，旨在取得民族文化身份认同的基础上，重建民族的文化传统，于"温故知新"的基础上"推陈出新"，使中华文化不断地发展壮大。

民族文化的继承与发展是一个动态的过程，是一个代代相传的过程。"传"的过程离不开传授与传播，传授与传播是民族文化传承的关键点，是民族文化传承的重要途径。民族的物质与精神文化遗产将民族的传统文化延续至今，民族的文化传统通过文化传播的途径得以发扬光大。其中教育与媒体发挥了举足轻重的作用，它们通过积极渗透优秀的民族文化精华，去感染和熏陶大众，在"传播—接受"的过程中，培育民族精神，传承民族文化。

2.传承民族文化符合国际化与现代化的需要

中华民族正处于加速国际化和现代化的进程当中，既在国际化进程中吸取异质民族文化的优秀成分，同时又能够在现代化发展中保持中华民族的自我独立性，是一个不小的挑战。

首先我们认为：传承民族文化是民族文化重建的需要。克拉孔曾指出，一个社会要想从它以往的文化中完全解放出来是根本不可想象的事。离开文化传统的基础而求变求新，其结果必然招致悲剧。中国文化重建的问题事实上可以归结为中国传统的中心观念在现代化的要求之下如何调整与转化的问题。这样的大问题自然不是单凭文字语言便能完全解决的，生活的实践尤其重要。但是历史告诉我们，思想的自觉依然是具有关键性的作用的。因此，自觉深入地思考中国文化的重建问题，显得相当重要和迫切。中华民族要想更加长远地发展，需要重建民族文化。重建的过程，即传承的过程。

另外，传承民族文化是包容外来文化的需要。唐代文化之所以博大精深，就和大胆吸收西域文化、旧传统中融入了异质的新成分有直接关系。其实这一过程就是更新的过程，是缓慢的、渐进的过程。因此也可以看作一种文化的濡化过程。这种濡化过程一般不会引发激烈的冲突，也不会破坏既存的文化秩序。但这需要文化主体极其强大，有自信力和包容精神。

在加速国际化的进程中，必然要应对外来文化强有力的威胁与侵袭；在推进实现现代化的过程中，自身的传统文化也必然要经受现代主流文化（主要指西方文化）的冲击与考验。民族文化只有足够强大，才会有足够的自信力和包容精神，才会在传承中不断地完善和发展。

中华民族有着泱泱五千年的璀璨文明，有记载的历史有三千年，而真正和平的日子不过短短二百多年。古老的民族饱经风霜，遭遇了太多的苦难和挫折，也收获了难得的坚韧、稳健、从容、平和。这来源于坚定地走向世界的文化自觉；来源于博大的包容性，包容古今，融汇东西，无论多么强悍的外敌都能含而化之，使其倾倒在中华民族柔性的文化怀抱中。文化的延续和传承以它特有的方式添加、承载着中国历史的深度、厚度和高度。

文化的传承，是中华民族融入国际、实现现代化的需要，是中华民族向前发展的不竭动力。

（三）身份认同与文化传承者的身份认同

对于广播电视有声语言的创作者而言，新闻工作者的身份认同是最基本的要求，这样的身份认同为播音员、主持人在日常工作中保持清醒的头脑、树立喉舌意识提供了保证。与此同时，我们也从来没有忘记过肩负的文化传播、文化传承的使命。特别是随着传播手段的飞速发展，广播电视传媒所负载的内容越来越丰富，广播电视媒体的文化属性不断增强，广播电视媒体已然成了文化产品的提供者。于是，播音员、主持人在新闻工作者身份认同的基础上，应对文化传承者身份的认同加以强化，这已经成了时代对播音主持从业者的新要求。

1.什么是身份认同

身份认同是人们在社会互动过程中对自身角色以及与他者关系的一种动态评估与判定，它以人的自我为轴心，并围绕着各种差异轴（如性别年龄、阶级、种族和国家等)展开和运转,其中每一个差异轴都有一个力量的向度,人们通过彼此间的力量差异而获得自我的社会差异,从而对自我身份和社会身份进行识别。所以,身份认同不是固定不变的结果,它是一个不断变化的动态建构过程。在身份认同中最重要的是价值认同,它决定着自我认同和社会认同的认同取向和身份归属。

　　对传播者而言,从表面上看,无论播音员还是主持人都是以个人的身份面对受众进行传播的,这样的形式是由广播电视媒体的线性传播模式所决定的。而实际上,播音员与主持人又绝不是仅仅以个人的身份在传播信息、发表言论、表达观点。从小处着眼,播音员、主持人处在有声语言传播的前沿,这"传者"的形象往往是电台、电视台所有幕前幕后工作人员集体智慧的结晶,所以播音员、主持人代表的并不只是他自己,而是一个集体、一个机构的整体形象。再看大的方面,我们的新闻媒体是党和政府的喉舌,是为广大人民群众服务的。广播电视所发出的声音是播音员、主持人站在党和政府的立场上,为人民发出的声音。所以,播音员、主持人既要适当地发挥"自我身份认同",摆正自己的位置,以促进更加深入人心的个人形象的形成,又要积极地运用"社会身份认同",树立正确的传播理念,从而提高传播的质量、传播的品位与传播的效率。

　　对广大受众而言,"身份认同"在传播过程中也起着不可忽视的作用。首先,媒体的发展给受众提供了相当宽泛的选择空间,他们可以根据自己的喜好进行取舍,而这样的选择往往都是在"身份认同"的影响与控制下进行的。比如老年人对革命历史题材节目的偏爱,年轻人对时尚节目、偶像剧的追捧,不是由于受到固有价值观的支配,就是由对自身所期许的目标形象的向往所造成的。而"身份认同"本身也是一个动态的建构过程,它是在社会生活中不断培养、完善的,必然会受到来自社会各方面的影响,而其中起决定作用的是价值观。在如今大的文化环境中,广播电视媒体及其营造的媒体文化已成为当代文化中举足轻重的组成部分,它既给受众提供了可供向往进而学习、模仿的认同标准、认同对象,又通过言传身教,在思想意识方面影响、改变着受众的价值观。

　　"身份认同"本身就是一个不断变化的构建过程,它时刻都有可能受到社会现实的影响,处于不断调整的进程中。而这样的进程不是机械、固定的过程,它拥有相当大的灵活性,是人们对自己的价值观不断地进行积累与辨析的产物。对民族身份认同而言尤为如此,这一认同的过程既给了人们将理论上的价值观付诸实践的可能,又为人们提供了相当大的思考空间,与民族文化相关的价值观就是这样在实践与思考的循环往复中不断完善起来的。"身份认同"会以价值观念的形式在脑海中一点一滴地固定下来,而经过之前那一番去伪存真的过程之后,这一"身份认同"才逐渐明晰。只有清晰、明确的身份认同,才能给我们提供强有力的精神支持,使我们能安心于浮躁的环境之中,理清自己的人生目标并更好地审视自己，消弭由多元化的文化环境造成的心理矛盾，与自己的民族文化建立紧密的、固定的联系。

2.文化传承者的身份认同

文化传承意识的树立应该是播音主持工作者的自觉行为。在当下功利主义盛行的浮躁环境下，这样的意识显得尤为重要。但是现实情况并不尽如人意，文化传承意识的淡薄、对文化传承者身份的漠视都不是偶然现象。对文化、语言、文化传承以及语言保护进行更为深刻的再认识，重新确立文化传承者的身份认同已成了播音主持工作者的当务之急。

播音员、主持人是广播电视中的文化传承者。在他们的有声语言创作中，不仅包含有声语言的传播技巧，还包括作为传播者的强烈的责任感。在这种使命感的召唤下，播音主持工作要站在提升全民文化水平的战略高度，每一次播音创作都应该给受众提供具有较高文化造诣、深厚文化品位的作品，让文化传承在自己的工作中潜移默化地得以实现。所以，播音员、主持人在把握自身身份的过程中，除了要明确自己是新闻工作者外，同样重要的是要认识到自己还是一个文化传播者。我们的播音主持工作传播的正是各种文化——主流文化、精英文化、大众文化等。总之，我们要扮演好文化传播者的角色，抵制各种不良倾向。

文化传承者的身份认同与新闻工作者的身份认同之间的关系是相辅相成、相互促进的。新闻工作者需要有相当的文化修养与文化传承意识，而一个合格的文化传承者也需要有一定的责任心与使命感才能鞭策、激励自己担负起守望文化视野，促进全民文化水平提升的艰巨任务。在当前急剧变革的传播环境下，有些播音员、主持人社会责任意识不强，对自身工作认识不清，甚至连新闻工作者的根本属性都不知晓。所以，我们必须大声疾呼，以引起广大播音员、主持人的注意：我们不仅是新闻工作者，我们还是文化传承者。

文化传承者的身份认同可以让广播电视媒体决策层在节目设置以及挑选主持人的过程中学会用文化的眼光来进行取舍；也可以让策划者在节目运作的过程中拥有更广阔、更深刻的创作空间，不再仅仅用简单、庸俗的噱头来提升收听/收视率，使传播的手段更加丰富；对有声语言传播的创作主体——播音员、主持人而言，更是为他们改善自身的公众形象、提高节目及媒体本身的文化品位指明了方向。这就形成了一股合力，它使得广播电视有声语言的传播更具魅力、能吸引更多更高层次的受众，也使得语言传播与广播电视媒体那与日俱增的强大影响力更加匹配。而这股合力本身也说明，在今天的传媒环境中，有声语言的传播是一个系统工程，它是塑造媒体文化形象的重要手段，是媒体综合实力的体现。它既是在民族文化的基础上发展起来的，又反哺民族文化，对文化的发展起到积极的推动作用。媒体离不开文化，文化传承也离不开媒体。

文化传承者身份认同在有声语言传播中首先体现在对语言的重视、对语言的精雕细琢上。在文化资源保护意识不断增强的今天，保护语言就是保护文化的观念早已深入人心，作为语言工作者、文化传承者的播音员、主持人对语言再不可采取无所谓的轻视态度了，对语言尤其是有声语言自身创作规律的重视再也不能停留在空喊口号的阶段了。语言功力的提高、对有声语言创作规律的熟练掌握不仅仅是在为文化创造更好的传承环境，而且这样的提高与熟练的过程本身就是提升有声语言创作主体文化素养的过程。许多从业者都有这样的感悟：对有声语言的重视与文化传承功能的实现是相互渗透、相互统一的过程。

语言功力的提高同文化传承功能的实现是相辅相成的，忽视语言功力的主持人是无法将精妙的文化展现在受众面前的，而缺乏文化底蕴的播音员也不可能自如地展示自己的语言功力。文化传承者的身份认同需要与之相匹配的语言功力。

如何向受众传递正确、健康的信息，对人们的取舍做出积极的影响是播音员主持人在今天必须正视的大问题。而文化传承者的身份认同恰恰能够在这方面为我们提供较大的帮助。

第二章　有声语言创作的技巧分析

第一节　有声语言创作的内部技巧

一、情景再现

情景再现，是播音员在播音创作中调动思想感情，使其处于运动状态的重要手段，是具有播音特点的重要术语。正确地运用"情景再现"对于播音员更好地驾驭播音作品，具有十分重要的意义。

（一）情景再现的概念

1.情景再现的定义

情景再现就是在符合稿件需要的前提下，以稿件提供的材料为原型，使稿件中的人物、事件、情节、景物、情绪等在自己的脑海里不断浮现，形成连续、活动的画面，并不断引发相应的态度、感情的过程。如：

天高云淡的潘帕斯草原、热情奔放的探戈，这就是遥远的阿根廷带给我们的最直接的印象。这里的文化孕育出了个性鲜明、狂野奔放的阿根廷球员，从肯佩斯、卡尼吉亚到雷东多、巴蒂斯图塔，他们身上仿佛都有一种风的飘逸、风的轻灵、风的狂野。长发是他们的标志。阿根廷球员踢球就像骏马在潘帕斯草原上驰骋，长发随风而动，潇洒随意，同时又透着一种狂放不羁。这也正是阿根廷的足球风格。

分析："草原""探戈""长发"，都是让人浮想联翩的形象，特定的解说词规定了具体的画面场景，这就要求播音主持创作主体的情景再现要具体可感。"天高云淡""热情奔放""潇洒随意""狂放不羁"这些词语的限定，以及"风的飘逸、风的轻灵、风的狂野"的排比手法，都给情景再现注入了新鲜活力。有声语言的表达必须从词语的感觉入手，想象它的存在、体验它的真实，最后生动地把它表现出来。

2.情景再现的内涵

（1）情景再现属于一种联想、想象活动，是对播音员、主持人再造情景这一想象特点的概括。

（2）播音员、主持人的联想与想象必须以语言内容为依据，以符合稿件的需要为前提，必须呼应稿件规定的目的、性质、范围、任务，不能信马由缰、任意驰骋。

（3）依据语言内容想象出的画面应该是连续、活动的，有内在联系的，而不是孤立、静止的。

（4）播音员、主持人进行联想、想象的目的应该是引发相应的态度、感情。

3.情景再现的展开

在对稿件进行二度创作的过程中，播音员、主持人可以按下列四步来展开自己的思想感情。

第一步，理清头绪。这一步主要是从情景再现的角度对语言内容进行梳理，它与备稿当中的划分层次有一致之处，也有不同之处。它更注重从画面的角度来理清内容的头绪，包括把握结构，明确先后顺序，把握画面的主次详略及特点。

第二步，设身处地。设身处地就是通过想象，将自己置身于稿件所描述的情景中，缩短自己与稿件所述情景的时空距离以及与人物的心理距离等，使自己迅速投入稿件所规定的情景中，获得现场感，感到"我就在"。

第三步，触景生情。触景生情是情景再现的核心问题。这里强调的是内心积极的反应，摈弃的是"视而不见""充耳不闻"式的无动于衷。在触景生情这一步，播音员、主持人还要掌握两点要求：一方面是反应积极；另一方面是以情为主，情景交融。

第四步，现身说法。当内心情感积累到一定程度时，自己就想把"亲眼所见、亲耳所闻、亲身所历、亲身所感"的情景再现给受众，并使受众产生某种情景的再现，从中受到感染。这也正是创作主体始而有意、继而实现的责任。

以上四步并非界限分明，而是联系紧密的，常常你中有我、我中有你，目的就是在表达中让播音员、主持人的思想感情运动起来。

（二）情景再现应注意的问题

1.情景再现

要以播讲目的为中心，受播讲目的的引导和制约，不要为"情景再现"而"情景再现"。

2.播音员、主持人

要善于调动各方面的积累，对情景加以丰富和补充，加深创作主体的体验。

3.把握情景再现准备与播出时的区别

第一，准备时有较充足的时间去展开想象、再现情景，而播出时语句要连续不断，一句接一句，没有时间去细致展开。如果播出时仍浮想联翩，容易造成情景分离，致使说到下句时，内心还停留在上句。第二，准备时，创作主体脑海中的画面较清晰、形象较鲜明，而播出时，往往景已模糊但情越加凸显。在这个阶段，播音员、主持人不必再细致地展开想象，只需让情景稍加显露，重要的是快速唤起自己准备时的具体感受和触动心灵的那一点，也就是说播出时想象要凝练。

（三）情景再现的运用过程

在播音主持中，情景再现可以分为三个过程，即先知过程、认知过程和感知过程。情景再现的先知过程是基础与前提，只有事先对资料做好充分的准备，才能为后续工作打好扎实的基础。认知过程是承接传授者和接收者之间的桥梁，只有对新闻本体和受众本体有所了解，才能建立良好的沟通氛围。感知过程是关键一步，只有将稿件中的情景和情感有了真切的体会，才能与受众产生共鸣、优化传播效果。因此，这三个过程不能顾此失彼，要相辅相成，缺一不可。

1.情景再现的先知过程

对于"先知"的含义，我们在汉语词典可以查到，它是指对人类或对国家的前途与大事觉察得较早的人。同样，"情景再现"的先知过程指播音员、主持人根据稿件的内容进行前期准备、中期分析和后期预测，并在此基础上产生联想和酝酿情绪的过程。首先，主持人要根据稿件内容厘清头绪，合理划分层次，对稿件内容有一个全面的了解，把握重点，形成一个便于理解和把握的脉络。其次，要根据稿件内容构思情景，充分展开联想，在脑海中呈现与内容相联系的画面。比如，有水的时候就要联想出是滔滔不绝的江水还是清澈见底的小溪，有山的时候就要联想出是连绵的青山还是孤独荒秃的山头。这就要求播音员、主持人必须根据上下文之间的联系和主要表达的感情，选择最合适的场景，并把各种画面构成一个连续、动态的整体。最后，在设置出的情境中去体会所要表达的感情，做到情由心生，即此时此刻自己就好像在这个情境中，自己就是故事的主人公。将稿件所描绘的一切作为自己亲耳所闻、亲眼所见和亲身所为的，真正融入情景之中，从而激发自己的感情，获得现场感。当然，想象不是凭空产生的，它跟每个人的知识素养、生活经历和理解能力都有极大的关系。有的人只能肤浅地理解稿件内容，有的人却能通过稿件引发丰富的联想，并在此基础上结合社会生活发展理解稿件内容，从而使播音过程更加深刻、实际，这种播音也更加贴近受众生活。因此，这种播音也更容易被接受，更容易与受众产生共鸣。所以，同一篇稿件、同样的内容由于传播者的思想深度和感情色彩不同，所引起的播出效果往往也截然不同。

2. 情景再现的认知过程

"认知"在汉语词典中的解释为，对某人或对某事物能够辨认识别。播音员、主持人在理解稿件、具体感受的时候，往往会发现，文章中所描写出的人物、事件、情节、场面、景物、情绪正逐渐被自己所认识、接受、领会，似乎是自身已经经历或正在经历着的事情，正置身其中，看着、听着、感受着、感动着。这时，透过文字的表面，其背后的客观世界正展现在播音员、主持人面前，生动的形象、发展的事件、场面的气势、景物的色彩、情绪的变化都涌现了出来，甚至可以触摸、感受到。这就是我们所说的情景再现中的认知过程。在播音主持中，情景再现是极其重要的环节，也是播音员、主持人必备的技能。要想实现情景再现，不仅要努力做到与受众共享信息，还要做到与他们产生"认知共识"和"愉悦共鸣"。通过情景再现，节目内容能更加立体、生动地呈现在受众面前，与受众形成情感上的互动。

3. 情景再现的感知过程

所谓"感知"，我们同样在汉语词典里可解读到其字面意思，即"客观事物通过感官在人脑中的直接反映"。情景再现的主要目的是增加节目的感染力、吸引力和表现力，从而增强节目的效果。播音员、主持人只有深刻地体会稿件中的情景和感情，才能将内容更为准确、生动地传递给受众，从而感染受众、熏陶受众。如果情景再现只止于先知、认知阶段，只停留在播音员、主持人那，文字所描绘的情景只能由其感受到，无法使受众获得相应的感受，那么我们的传播就失去了意义。因此，情景再现的感知过程更为重要。与前两个阶段相比，这一阶段对播音员、主持人提出了较高的要求。因为它不仅要求主持人能自己理解内容、体会感情，还要通过合适的方式，把内容和感情完整地传递给受众，由"自知"实现"他知"，最后共同"感知"。情景再现的先知过程、认知过程和感知过程是紧密联系着的，但也存在较大的差别。在先知阶段，对事件的认识要有独特视角。在认知阶段，要根据新闻事件中的场景展开联想并体会感情，在此过程中，对稿件内容的分析可以非常细致，在引发感情的细节上既可以心驰神往，又可以反复体味，以加深印象。在感知过程中，则要求播音员、主持人的思绪比较连贯，唯有如此，在进行有声语言的表达时才不会造成语言的不流畅。因此，这就要求播音员、主持人在准备稿件的过程中对内容有深入的理解，能合理地安排播音层次和重点，使思想感情的运动状态比较扎实、稳定，能牢固地保存在记忆中。这样一来，在播音的时候，语言文字的刺激就会立即引起连锁反应，情景再现就可以十分顺利地展开，播音主持的过程也就更加流畅。

（四）情景再现的能力要求

1. 扎实的语音基础

播音员、主持人并不是面对面地直接与受众进行交流，既看不到受众的面部表情，又不能及时得到受众的反馈，播音手段的单一性和交流的间接性给播音主持工作带来了困难。与电视节目相比，播音主持传递信息的难度更大。因此，播音员、主持人要具有扎实的语音基础、娴熟的播音技巧。在播音主持过程中，要在"目中无人"的条件下，努力做到"心中有人"，也就是要对受众进行具体设想，从感觉上把握受众的存在，时时与受众进行思想感情的交流、呼应，也就是要提高对象感。由于无法同受众进行正面交流，播音员、主持人只能通过更多的外部技巧来增强播音效果，这就要求播音员、主持人在重音、停连、语气、节奏上多下功夫，并借助音响等外部设备增强表达效果，使受众也能够有种身临其境的感觉，与主持人产生共鸣。

2.丰富的社会阅历

要做到情景再现，需要主持人知识渊博、阅历丰富，对多方面知识都有所了解，这样才能在播音主持中把握主旨、准确领悟、深刻体会，并对情景加以丰富和补充，增强表达效果。在社会中的不断磨砺是主持人胜任主持工作的基础，只有这样，才能随机应变、从容应对。这来自工作中的积累，也来自平时勤奋的学习和观察，有的播音内容看似比较简单，但如果笼统地按照字面语言去展开联想的话，就会失之于干瘪。那么碰到这类情况时，播音员、主持人就要进行丰富的联想，用自己的经历、经验和各种知识去补充，使文字语言变得更加形象、生动、丰富。当然这些联想和想象要依据文章内容进行，千万不能牵强附会，更不能南辕北辙。

因此，播音员、主持人除了要掌握必要的播音技巧外，还要学会在生活中多观察，要不断地更新所学，充实自己，要时刻感受身边不断发生着的变化，更好地把握时代主题，紧扣时代脉搏，贴近群众、贴近生活。这样，才能在播音主持的过程中更好地运用情景再现，更好地与受众进行沟通。

二、内在语

在播音创作中常常有这样的情况，一篇稿件，初看平平常常，深入揣摩却意味深长，其中的内在含义往往与字面表达的意思不同。由于性别、性格、语言习惯等原因，或限于说话的场合、环境以及说话双方的身份、地位，或出于得体、礼貌和策略的需要，人们说话经常要委婉、含蓄，不那么直接。不仅如此，生活当中的交谈还会出现"话里有话，弦外之音"的情况，比如下面的这段谈话。

甲："我最有孝心。"

乙："我的孝心最强，我从不违背我爸妈的意愿。"

丙："我也从来不做对不起爸妈的事情。"

甲（慢条斯理地）："还是我最强，你们想想看，自从我上大学以来，什么时候让我爸妈操心了？"

听到最后，甲的话不是能够立刻弄明白的，再一琢磨，才知道其中的含义。这个过程是需要动脑筋思考的。这就是我们所讲的内在语，它是播音员、主持人的心理活动，为播音语言的表达提供充实的内心依据。

（一）内在语的含义

播音的内在语是指那些在文字语言中所不便表露、不能表露或没有完全显露出的语句关系和语句本质。其中，语句关系是语句之间的逻辑关系，可以通过内在语明确地看出它们是怎样衔接成一个整体的。要弄清楚全篇语句之间、小层次之间、段落层次之间的内在联系，使我们获得或并列，或递进，或因果，或转折，或分合等逻辑关系，从而明了文章上下衔接、前后照应的程序。接着，再以内在语的形式把我们理解、感受到的逻辑关系显示和引发出来。这样一来，内在语的衔接转化作用，可以帮助我们找到自然贴切的语气，造成一气呵成、浑然一体的效果，增强有声语言的活力。语句本质就是语句的内在含义、感情态度，揭示了语句的本质，就可以引发贴切的语气进而使得有声语言深刻丰富、耐人寻味，对表达起到深化含义的作用。

既然内在语没有明确地在文字中显示出来，那么就需要我们努力挖掘文字后面更深刻的含义、把握鲜明的语句关系。明晰、准确的内在语会激活我们的有声语言，使我们自然、真实地把稿件的话变为自己心里要说的话，传达给受众。内在语并不在播音员的有声语言中出现，它是播音员的内心意念，使思维与感情处于运动状态，对有声语言的表达起着引发、深化的作用。

（二）内在语的把握

对内在语的把握应注意两个方面：一是语句本质的差异，二是语言链条的承接。

内部语言具有片段性的、不完整的特质，有时是一个短的词组，有时甚至是一个词、一个问号或感叹号。它并非必须有完整的语句形式，甚至要防止事先写好大段的独白。在背诵稿件时，应生动、灵活地再现这些思考与判断的过程。

人的思想活动虽然是在内心进行的，但能从外部的各方面反映出来。播音员、主持人在进行有声语言创造时，要积极寻找各种外部表现手段和机会，把体验到的内心独白鲜明地体现出来，使人物的内心活动充分地展现在观众面前。

1.语句本质的差异

在一般情况下，语言和内在的含义是一致的。但有时语言和内在的含义又是不致的，往往语言表面上是"这个"意思，但思考一下，会发现实际上它是"那个"意思。而且，这两个意思还不一样，甚至是相反的。有声语言的创作是否正确、恰当，被内在语制约着，不是简单地把文字转化成声音就大功告成了。在播音主持中，如果把内在的意思给播反了，立场、态度和观点就都变了。一般来说，把语句的意思播反了,很大一部分原因是用错了内在语,当然,也有表达方法不得当的原因。

来看小故事《中计》,看看其中内在语的用法。

七月初的一天,在辽宁省海城县一个小山村里。住在张大伯家的某部侦察排的战士们刚刚起床,就看见房东张大爷气冲冲地走进屋来。张大爷绷着个脸问道:"昨天,你们谁进了我家东菜园,把菜地弄得乱七八糟?"一句话把全排战士给问怔了,互相看了看,谁也没吭声。

这时候,有一个小战士脸一下子红到了耳根。他叫洪松彪,是今年才入伍的新战士,原来,昨天晚上是他悄悄地跑到菜地里,帮张大爷干活的。小洪心里直打鼓,他想,是不是我铲地的时候伤了苗?是不是水浇多了淹了菜?小洪越想越不安。这时候,张大娘又跑进来火上浇油地说:"老头子,别跟他们说了咱们去找指导员说个清楚。"

话音未落,就拉着张大爷的袖子往外走。

刚刚十八岁的洪松彪,哪见过这个场面呀,小伙子沉不住气了,马上开口说:"大爷、大娘别发火,昨天是我跑到菜地里去的。我看你们二老年纪大,大爷成天忙着队上的事儿,顾不了家,就抽空帮你们干了点活。谁知道我不会干,给你们添了麻烦,真对不起你们,有多大的损失我一定赔。"说着就伸手掏钱包。张大爷看到这个情景,倒哈哈大笑起来。大娘也跟着笑起来,她疼爱地拉着小洪的手说:"孩子你受委屈了。"小洪纳闷地抬起头来看着两位老人,张大爷得意地说:"孩子,你中计了,打从你们到我们村来搞训练,就给大家伙干了那么多的好事。可我们就是不知道是谁干的,昨天晚上我和你大娘一合计呀,就想出这个小计策来。果不出所料,你们还真中计了。"

全排战士这才恍然大悟,和张大爷、张大娘一块笑了起来,洪松彪,这个虎头虎脑的小伙子却像大姑娘似的,羞涩地低下了头。

分析:张大爷说的"中计"不是真的上了圈套的意思,所以这句话的语气应该是感谢、诚恳、疼爱的,而非字面意思上的得意洋洋。内在语为"(好)孩子,你中计了"。

2.语言链条的承接

语言链条的承接是指在语句、段落的前面或后面,运用内在语的转折、连接作用,造成一气呵成、浑然一体的效果。它有以下作用。

(1)发语作用。在语句、段落之前,借助内在语把语句、段落播好。见下面这个材料。

据新华社电,昨天是西方母亲节。中华母亲节促进会会长、全国政协委员李汉秋表示,他已与45位全国政协委员联名申请设置中华母亲节,日期将定在孟母生孟子之日,即每年的农历四月初二,以纪念伟大的母亲孟母。李汉秋表示,今年中华母亲节（阳历5月18日），北京、天津、南京、福州等几十个城市的一些学校将率先开展起来。

分析：这篇新闻的导语如在前面加上内在语"中国现在时兴过'洋节'"，就可以把播音员、主持人的态度和消息的目的统一起来，告诉人们要维系中华文化血脉、培育中华民族精神，过我们的中华母亲节。

（2）转换作用。由上一段、上一句到下一段、下一句，在需要转换的时候，可以借助内在语"过渡"。示例是上面这篇新闻的主体，在导语与主体之间，我们可以加上内在语"近年来，大家都知道已经有母亲节了"，这样就能够起到承上启下的过渡作用。

（3）回味作用。上文结束后，使用内在语，可以使全文不管是漾开缓收，还是戛然而止，都会给人以语已尽而情尚存的印象。上篇新闻的结尾如下。

另外，我国传统节日以及上了岁数的人的生日多以农历计，只要社会重视，即使是以农历计的节日也不怕不好记。建议每年的日历在这天标出中华母亲节，这样就更不会遗忘了。

分析：本文的内在语是提倡过中华母亲节，尽管可能有农历计日的麻烦，但也是可以解决的。新闻结束时，这样的内在语体现了倡导设置中华母亲节的可行性。

（三）挖掘稿件的内在语的方法

在播音主持工作中，怎样才能更好地发现文章的内在语呢？可以从下述三个方面着手。

首先，通读稿件，确定播出目的。

其次，在稿件的大层次间往往能够看出承接的特点和意图，主要是体现在语句的衔接上。

最后，在每个具体的语句中探察作者的态度和感情，看看作者在文字的后面藏着什么意思。

总而言之，内在语是潜藏在台词下面的人物的思想、愿望，是台词的真实含义。斯坦尼斯拉夫斯基说："潜台词就是使我们说出角色台词的那个东西。"潜台词存在于一切台词之中。一句简单的话就可能有多种潜在意思，即所谓的"弦外之音""言外之意"。当人物采取直接的方式表达思想感情时，他的台词与潜台词是一致的；而当人物采取曲折的方式表达思想感情时，他的话中就有了"弦外之音""言外之意"。

在进行稿件朗读时，应充分运用语言技巧，使观众能清楚地感受到台词中的"言外之意"。

三、对象感

在广播电视节目中,播音员、主持人在主持节目时,必须针对节目的特点对稿件进行认真研究。应把握好稿件所对应的受众的知识层次和接受程度。面对话筒,播音员、主持人在播出过程中如何把握稿件的对象感非常关键,可以说它是展现节目魅力的灵魂所在。那么,什么是对象感呢?

所谓"对象感",就是播音员、主持人必须设想到对象的存在和对象的反应,必须从感觉上意识到听众的心理,包括要求、愿望、情绪等,并由此而调动自己的思想感情,使之处于运动状态。由此可见,对象感是播音员、主持人的主观表象、意象,也许同客观现实有出入,但他们的主观联想和想象一定是建立在对客观现实的积累、分析和取舍之上的。

(一)对象感的获得

怎么才能获得对象感呢?我们可以抓住以下三个关键方面。

1.把握节目的特点

观看众多节目后我们可以发现,有些类型的节目其受众十分广泛,比如新闻类节目、社教类节目、生活类节目等。它们的受众不分性别、不分年龄,包括各种身份、各种职业、各种兴趣的人。但是,节目特征的典型化和受众市场的细分,使节目和受众的关系更为复杂和微妙,比如,有的人喜欢看中央电视台的《新闻1+1》《新闻联播》这样政策性强、新闻时效性高的节目;有的人喜欢中央电视台李咏主持的《非常6+1》;有的人对深圳卫视的《饭没了秀》情有独钟;有的人则是重庆卫视《拍案说法》、中央电视台《今日说法》节目的忠实观众,通过聆听专家、律师对案例的分析、解释,自己可以了解一些与生活息息相关的法律知识。因此,不同的节目对播音员、主持人对对象感的具体把握提出了不同的要求。同时,主持人的声音、形象、个性、气质、素养要和节目的特点与风格贴合。

2.掌握受众的情况

掌握受众的情况主要包括两个方面:一是客观情况,包括受众的性别、年龄、职业、学历、人数、环境等;二是主观情况,包括受众收听、收看的动机、兴趣、情绪、心理等。对这些情况的了解可以帮助主持人分析各个阶段的主持效果如何,为什么会这样,应实施怎样的对策等。

3.把握自身与受众的关系

播音员、主持人与受众的关系是朋友式的,是可以改变的。播音员、主持人主要应从两个方面正视与受众的关系。首先,不能有"受众要什么我就给什么"的思想。不能因为缺乏冷静的思考就倾向于那些媚俗的风气。其次,不要有"话语霸权"的优越感。如果以为媒体的权力掌握在自己手里,想说什么就说什么、想怎么说就怎么说,那就大错特错了。比如有的娱乐类节目主持人十分自我,动辄我认为、我不喜欢、我怎么怎么，这是不可取的。

播音员、主持人获得对象感最重要的是使对象感运动起来，否则所谓的对象感还是空的、死的，不能牢牢地抓住受众，节目就失去了意义。运动的对象感应建立在播音员、主持人把握受众对有声语言表达的反应上，要把握得及时、迅速、准确、得当。对有声语言表达的反应包括两个方面：一是对表达内容的理解和感受；二是对表达形式和状态的反应。此二者都取决于播音员、主持人表达的功力和水平。在播读专业性较强的新闻节目时，它和主持节目截然不同，需要字正腔圆、语速减慢、理清逻辑、简洁有力，连贯性和流畅性非常重要，绝对不能卡壳或者读错。

另外，播音员、主持人还要根据受众的接受能力，运用恰当的表达技巧，把稿件的内容经过自己的理解、感受转化成有声语言传达给受众。随着稿件内容的变化，播音员、主持人再做出相应的有声语言表达的调整。只有当播音员、主持人的对象感主动地运动起来后，它才是真正活跃的。前面说过，播音员、主持人与受众的关系是朋友式的，为了使对象感真切、具体，笔者尝试着这样做，设想一位自己最愿意与其推心置腹地进行交谈的朋友坐在面前，这个朋友是真实存在的，在生活中他最善于也最喜欢聆听你讲话。看着他的眼睛，告诉他稿件的内容，这内容是他不了解却是很想了解的，你觉得这个内容是他非常需要的。在讲述的过程中，可以凭借曾有的经历来重现他的表情和态度，根据他的反馈，调整说话的技巧，甚至忘记自己的声音（因为你的声音已具备播音员的基本功底，不需要再考虑这方面的问题）。在整个过程中，你始终关注的是说话的内容和朋友的反馈。按照这个方法，反复地练习，很快你就能感觉到单向交流的真实感。

下面结合案例《自然灭蚊法》来分析《为您服务》的主持人王小骞是如何通过对象感体现亲和力的。

咱们出去旅游的时候，一般酒店里都会有一些杀虫剂、电蚊香什么的，可有人不喜欢这个味道，不喜欢化学杀虫药品。今天小骞有主意要介绍给你，来听一下。

那就是自然灭蚊法。这旨自然的、全生态的，但是对于这个方法我要特别实在地说，我还没试过。但是据很多试过的人讲，非常管用。因为北京现在还没有蚊子，我无从试验嘛。那先跟大家讲，您可以试一试，假如真的有用的话，请告诉我们。方法简单极了，您就拿一个空瓶，装矿泉水的、可乐的、油的都行，然后是白糖。蚊子跟我一样，我也喜欢吃甜食。往里放上这个，甜一点吧，蚊子喜欢吃甜的。

打开，然后放在蚊子出没比较频繁的地方，像床头、写字台旁边、窗户处都行。用过的人说，第二天早上就可以看到会有很多的蚊子毙命在这个瓶子里。

分析：节目中，主持人并不是一上来就介绍自然灭蚊法的具体操作方法，而是有一个简短的开场白，这段话为内容铺垫了场景、人物，再接着介绍灭蚊法，就显得自然、亲切、顺理成章。

为了使对象感不笼统，具体、生动，我们应该具体设想：这样的稿件，这样的内容，这样的形式，在今天，应该播给什么样的人听？哪些人最需要听？听完了又会有什么样的反应？给什么样的人听最能增强我们的播讲愿望，最有利于达到播讲目的？这些设想是播音员、主持人的内心活动，只有通过设想调动播讲的积极性，才能达到我们的目的。

（二）在理解对象感时避免走入误区

在理解对象感方面，人们往往会产生一些错误的认识。例如，有些人主张用"对象交流"来说明宣传中要有对象、要有受众，并要和受众"交流"；又如，初学者容易产生"谁在听，我就播给谁"这样空洞的想法。笔者认为"交流"是有来有往且互为因果的。播音员、主持人在相对封闭的环境中，对于受众在想什么、想说什么、会有什么反应，不可当即得知，只能凭借自己的假想，故将其谓之"交流"欠妥。因此，在节目中，应学会去设想对象的存在，那么，该如何设想呢？

首先，从量和质两方面去进行，其中质的方面又是最根本的。所谓量的方面，是指性别、年龄、职业、人数等，是有关对象的一般情况；所谓质的方面，是指环境、气氛、心理、素养等，是有关对象的个性要求。重要的是，我们在设想对象的过程中，必须从稿件、栏目、受众人群、接受方式等诸多方面进行全方位的设想，深入到每一个细节。只有这样，才能把握全局、有的放矢。

其次，在备稿中，在主持节目前，对具体对象的设想就要完成。一旦开始主持节目，具体对象就应立刻在感觉上出现。其形象也许十分清晰，也许并不明显，但必须把握住对象感。如果对象感时断时续，甚至消失，那就会"心中无人"，影响播音主持节目的感染力。

（三）稿件中的对象感必须具体的原因

只有在稿件中找到了具体的对象感，才会对播音主持工作发挥积极的作用。要展开对对象的设想，必须从量和质两方面进行，质的方面又是最根本的。但量和质两方面的具体设想又是相辅相成的，不可孤立对待。播音员、主持人，可以把面对的话筒和镜头当成一位朋友，似乎看到朋友正在听自己诉说。电视播音员、主持人播讲时要看着镜头。这样，当你的形象出现在屏幕上时，就能正好迎上观众的目光，从而产生视觉上的"对象感"。这种想象中的"对象感"，越具体、越明确越好。下面我们来具体分析一个案例。

中央电视台一套每周日中午11：40播出的《本周》栏目的主要目标观众是残障群体，节目主持人是央视著名播音员贺红梅。在该栏目改版后的第一期节目的开头，贺红梅是这样说的："朋友们好！我是贺红梅，从今天开始我将和大家一起走进新栏目《本周》，您刚才看到的都是一些小生灵，我们之所以用它来作为我们第一期节目的开篇，是因为我们把《本周》这个节目看成了一个可爱的新生命，虽然是刚刚出世，但是希望受到人们的关注，在我们的编辑人员中，绝大多数人还没有当爸爸和妈妈，但是我们对这个节目付出了做父母的情感，我们衷心希望《本周》这个节目能和这些小生命一起健康成长……"

分析：从这期《本周》的开始语中，我们可以看到，"对象感"对播音员、主持人的播讲状态有着十分重要的作用。这个节目针对性很强，面对残障群体，播音员、主持人的状态应该是温情的，"对象感"必须是具体的。在镜头前，播音员、主持人首先必须想到的是，这样的开始语，哪些人最喜欢听？听了以后会有什么反应？播给什么样的人听最能增强我们的播讲愿望，最有利于达到播讲目的？从贺红梅的屏幕表现来看，她在镜头前的"对象感"是很强的。

总而言之，为了获得对象感，在量和质两方面的具体设想是相辅相成的，不可孤立对待；为了获得对象感，我们还应尽可能多地熟知各种对象的情况，让这些具体对象成为我们最了解、最熟悉的人。就某一篇稿件、某一个特定栏目而言，我们设想的具体对象应该是稳定而统一的。同样的稿件、同样的节目，不同的播音员、主持人完全可以设想出不同的具体对象。

（四）如何在具体实践中把握对象感

在"对象感"的把握上最重要的是播音员、主持人对自我感觉的调节。

第一，一定要从稿件的内容出发。在播讲中要防止注意力转移，因为传达内容是首要的，其他的如形象、视线、口型等辅助手段都应在进入演播室前完成练习，在摄像机镜头前只能想你要播的内容。

第二，一定要做到心中有人。在播讲的过程中，眼神不能虚，也不能东看西瞅。电视播音员、主持人是独自待在没有观众的演播室里的，需面对镜头寻找感觉，要能意识到观众的存在和反应。进入演播室面对着摄像机，镜头前的自我感觉良好的时候，就能意识到这是在对着观众说话，视线所及之处就好像看到了观众们期待的目光。此时此刻，播音员、主持人的眼神就会发亮，语言随之有了着落，神态也会松弛、自然起来。

需要注意的是，播音员、主持人视线的高低程度也是很有讲究的。视线抬得过高，容易导致屏幕图像出现翻白眼的感觉；视线过低，又容易产生蔑视状。最好的方式是视线平视中稍下的位置，即稍微带点俯视为好。当然，播音员、主持人视线的高低还要根据各电视台的摄像机与播音台位置的高低来调整，有的视线在摄像机镜头底沿处为好，有的则看着镜头最好，还有的要看镜头顶部，不能一概而论，需要播音员、主持人自己在实践中摸索、总结。

（五）对象感对于播音工作的重要性

首先，对象感有利于播音员掌握播音稿件的背景和发现新闻背后的新闻。因为，以播音稿件或文艺作品形式出现的文字语言是播音再创作的依据，对于播音员来说，所谓掌握稿件或作品的内容，不仅是要看懂或记住它，还要努力把作者的话变成自己想说的话，努力把他们的写作意图变成自己的播讲愿望，努力把他们寄寓文字之中的思想感情变成支配自己播音的思想感情。而要做到这些，播音员就必须深入地分析、理解并充分地感受体验稿件或作品。在分析理解并感受体验内容的过程之中，我们不难发现这样一个规律：记者、编辑或作家的文字创作，一方面来源于他们对于社会生活的了解认识、理解和感受；另一方面也受到了他们写作时产生的一种对象感的刺激。郭沫若在论写作时曾经讲："写文章的目的是给人家看的，不是给你自己看的，所以不能只有你自己懂，主要是要使人家懂。要把你的思想表达出来，传达给别人，你自己先要有准确的概念和见解，然后如实地表达出来你所看到的客观事物。"可见，确实存在一种写作对象感。它是指作者在写作时产生的一种同读者及听众进行思想感情交流的心理状态。因为对象感是一切言语活动的要素之一，而写作使用的书面言语也是一种特殊形式的言语活动，所以，它也具备着言语对象感这一基本特征。不过，言语对象感在书面言语的领域内表现为写作对象感，它是作者基于调查、研究、分析、体验社会生活而产生出来的写作愿望，具有一种"火上浇油"的刺激作用。写作对象感与写作目的和针对性结合在一起，融合在稿件或作品的字里行间，体现在主题和基调之中。不同内容的写作对象感帮助作者形成了不同的写作目的和针对性，帮助作者形成了稿件或作品的不同内容、不同风格和特色。譬如，写给少年儿童与写给青年人看的不同，写给文学爱好者与写给体育爱好者看的不同等。所以，播音员要想真正准确、细致、完整地掌握稿件或作品的内容，不仅必须尽可能深刻地领会作者对社会生活的了解，还应该尽可能深入地去领会作者的那种写作对象感和写作意图，尽可能深入地去领会作者与读者及听众交流思想感情的那种心理状态。

其次，播音具有对象感，有利于优化播音员、主持人在话筒前的传播状态。播音员在话筒前的状态，对播音效果有重要影响。什么样的话筒前状态比较好呢？一般来说，在运动着的思想感情驱动下的积极言语状态就很好。当播音员坐到话筒前准备播音时，可以浏览一下稿件，或者回忆一下备稿时的理解感受及创作设计，也可以重温一下目的性和针对性，从而使自己的思想感情运动起来，产生一种表达愿望，即播讲愿望。这种播讲愿望从根本上来说，是一种企图转告人、说服人、回答人、批驳人、教育人、感染人、打动人、启发人的愿望。这种愿望一经产生，便能自发、本能地渴求言语对象并指向一定的言语对象。倘若播音员在话筒前没有产生播音对象感，倘若没有对象感的诱发刺激，还会影响其准确、细致、完整地传达稿件内容。因为，如果没有传达给听众那种真切的交流感，势必把握不住言语的目的性和动作性，播音就会显得苍白无力、浮浅无味。失去了对象感，也就失去了针对性，使播音显得无的放矢、目中无人。播音员、主持人的心中也无人，播出来的话漫无着落，像在对着空气发言，言语信息也像气体一样在空中消散。

最后，没有对象感就脱离了正常的说话轨道，因而播音语言必然是死板、笨拙的；必然显得不自然、不真实、不灵活，使播音无生气、无灵魂、无生命；势必钻进公式化、程式化、刻板化的死胡同。从根本上来说，倘若播音员在话筒前没有产生播音对象感，就不会进入正常的说话状态，往往会违背生活言语的规律，或者像念经那样唱字，或者像浙东人说的"阿宝念书"那样机械地见字发声，又或者像不高明的朗诵，忽高忽低、忽快忽慢、端着架子，没有对象感的播音，有时连语义都表达不出来。因为失去了正常的说话状态，语法关系也就失去了自己存在的根基，变成了一种僵硬的模式，难以驾驭，长句子更是抓不住要领，全篇听来，支离破碎。

在此，有必要对稿件中"倾情交流"的理论知识和其重要性进行讲解。倾情交流除了要注意对象感、内在语等内部技巧外，还应该注意非语言符号的运用，主要体现在眼神和手势方面。

首先，交流需要注意的是眼神。眼睛除了用来注视之外，还应用来交流。眼神交流技巧一般有以下三种。第一种，一上台就抬头张望，环视四周，扫视全场，或点视、凝视某物某人。这样，通过或明亮有神，或热情友善，或充满智慧，或正直博大，或坦荡敏锐的眼神，告诉观众你是一个坦诚、灵活、自信的人，一个修养良好的人。第二种，在主持过程中，注意用眼神的变化来表达自己内在的丰富感情，主持人的思想感情总是随着内容而起伏变化的。比如说到高兴处，应睁开眼，让它散发出兴奋的光芒；说到哀伤处，可让眼皮下垂，或让眼睛呆滞一会儿，使感情显露出来；说到愤怒时，可瞪大眼，固定眼珠，让眼睛射出逼人的光芒；说到愉快处，可松开眉眼，让眼神充满令人喜悦的光彩。如果希望得到观众的认同、重视，你可无声地、冷静地用期待的目光注视着你的观众。第三种，在主持过程中，目光一般是平视。但根据内容需要，视线可近可远，或闪烁不定，或轮转环视，或用询问眼光与某一观众交流，或用亲切友好的目光寻求观众的支持，总之，你可依据现场情况，选择具有特定含义的眼神，也可以几种方法配合使用，同时，注意与观众之间的眼神交流，以求在语言表达之外获得更多的信息和更多的支持。

其次，交流需要注意的是手势。手势是主持人运用手掌、手指、拳和手臂的动作变化来表达思想感情的一种态势语言。它是一种特殊的语言，其方向、位置、速度和力度都与情感有关。在主持中，恰当地运用手势，对于弥补语言的不足，构成主持人的体态形象，增强主持人的吸引力、说服力和感染力以及丰富的表现力，都有着重要的作用。手势活动的范围可分上、中、下三个区域，另外，还有内区和外区之分。上区指肩部以上，手势在这一区域活动，一般表示理想、希望、喜悦、祝贺等。中区指从肩部到腰部，手势在这一区域活动，多表示叙述事物和说明真理，一般不带有浓厚的感情色彩。下区指腰部以下，手势在这一区域活动，一般表示憎恶、反对、批判、失望等。手势向内、向上（手心向上），一般表示积极、肯定的意思；手势向外、向下（手心向下），一般表示消极、否定的意思。由于手势具有丰富的含义，因此，在播音主持中，手势决不能乱用。一般而言，手势的运用要遵循这样的原则：凡出一手必有所指，凡出一脚必有所因，手莫乱动，脚莫乱行。同时要富有鲜明的个性。这种个性由主持人的性别、年龄、身材、气质、性格所决定，要准确、鲜明。所谓"准确"，是指手势要能恰当地传情达意；所谓"鲜明"，是指手势要明朗化，要简练、适度、自然、雅观。

总之，播音员播音时要懂实情、要有激情，在播音时不能任意做作，更不能用一种刻意修饰的语调、声音、形体语言去面对观众。而是要用一颗真诚坦荡之心，用自然、热诚的态度，使自己内心的情感得以自然流露，并与新闻基调融为一体，借助情感因素这一"催化剂"，去赢取观众情感上的共鸣。

第二节 播音与主持语言创作的外部技巧

重音、停连、语气、节奏，是有声语言表达的外部技巧。播音员的再创造劳动，最终体现为把文字稿件转化为有声语言。它是把文字这种视觉形态转化为声音这种听觉形态的过程，在这个再创造的过程中，需要有对文字形态的稿件的认识，还需要有将其转化为有声语言这种听觉形式的构思，而有声语言的表达技巧，就为构思提供了重要且必不可少的方法，包括重音、停连、语气、节奏四大外部技巧。

一、重音

在播音中，我们所说的重音，是就语句而言的。词组内部的轻读、重读我们称为"轻重格式"，段和全篇的重要句子或层次我们称为"重点"。语句重音，是指那些最能体现语句目的，而在播音中需要着意强调的词或词组。它解决的是播音中语句内部各词或词组之间的主次关系问题，在有声语言的表达中，"重音"这种技巧的作用是很大的，它可以使语句的目的更突出、逻辑关系更严密、感情色彩更鲜明。

1.理解重音概念时应注意的问题

在播音中，那些根据语句目的、思想感情需要而给予强调的词或短语就叫重音。

（1）重音存在于具体的语言环境中，反映句子的主次关系，不是人为强加的。因为当一个孤立的句子的重音位置变了的时候，其语句的目的和表达的意思也会改变，必须根据语句所要表达的目的和具体的语言环境来分析。

如以"今天下午五点整我请你吃饭"为例，重音的字下面加点：

今天下午五点整我请你吃饭（强调的是具体哪天——"今天"）。

今天下午五点整我请你吃饭（强调的是大概时间——"下午"）。

今天下午五点整我请你吃饭（强调的是确切时间——"五点整"）。

今天下午五点整我请你吃饭（强调的是"我"而不是别人请客）。

今天下午五点整我请你吃饭（强调的是请"你"而不是请别人）。

今天下午五点整我请你吃饭（强调的是"吃饭"而不是其他事）。

由此可见，重音在不同的位置就会产生不同的表达意思。

（2）重音不同于词的轻重格式。词的轻重格式是一种比较稳定的语音现象，是指音节之间的音强比较。在多数情况下，词的轻重格式在语流中是不变的，即相对稳定，受语音规律的限定。再则，重音存在的单位是语句，一般以单句、复句为主。注意，不能把重音局限在"意群"的范围内。因为"意群重音"的所辖范围太小，有的句子包括很多个意群，以意群为单位确定重音容易使重音过多，从而使语句的目的显得不明确。

（3）重音不等于重读。"重读"就是加重声音朗读，它只是加重声音这一种表达方法。而重音是有主有次的，如果主要重音用加重声音来处理，次要重音也用加重声音来处理，就会显得没有主次之分。另外，重音并不是一成不变的，不能要求每个人强调的重音必须一致。

（4）重音是播讲人在准备稿件过程中，通过感官接触到稿件中所反映的事物、现象，然后经过认识感受，使稿件内容在头脑中有一个概括的印象，再在此基础上将主要重音和次要重音从稿件中提取出来，加以概括而形成的。到表达时，重音的强调已是播讲人从感性认识到理性认识的一个飞跃了。每个人的感受能力、概括能力各不相同，重音的表达也不可能只有一种方法——重读。同时，如果重音都用加重声音来强调，也会显得单调、呆板，不符合思想感情运动的需要。特别是在较轻松、舒展的稿件中，更不能仅用加重声音来强调重音，很多应用语气来体现。

2.在稿件中确定重音的方法

确定语句重音的方法就是通过分析语句的目的，把语句的目的落实到强调的词或词组上来。具体而言，寻找重音的方法有以下两种。

（1）体现直说性目的的重音。它浅显易明，直接指向重点，重音明显。重音一经指出，目的立即显露。如：

六月一日是儿童节。

分析：强调"儿童"，造成了"什么"节日的清晰语意，"六月一日是一个节日"这个意思必须是上文中已有所表述、不在话下了。因此"节"就没有了强调的必要。并且强调"儿童"之后，并不仅仅解决了"是什么"节的问题，还含有"不是建军节""不是妇女节"等意味。而这种排他性，正是这句话的主旨所在。

（2）体现隐含性目的的重音。它可能音在此而意在彼，甚至言犹在此而意竟在彼，有时简直只能意会，不可言传。隐含性目的失去了文字的直观依托，深入到了创作依据的里面，需要创作主体做多方考察，不可草率行事，轻易就下结论。如：

雨住了一会儿，又下了一阵，比以前小了许多，祥子一口气跑回家，抱着火，烤了一阵，他哆嗦得像风雨中的树叶。

分析：如果联系《在烈日和暴雨下》的全篇，"像风雨中的树叶"就不是一个简单的形容"哆嗦"的明喻。烈日的烤灼、暴雨的浇洒，这不是一般人的偶然遭遇，这其实是祥子命运的真实写照，这也是黑暗的旧社会中所有如祥子一样为生活苦苦挣扎的人们命运的真实写照。这正是从创作依据全局出发而确定的语句目的。

语言传播者要从传播目的的高度，在对创作依据全局有了理解与感受的基础上，深入到创作依据或节目的态度感情的脉络中，明确具体语句在全篇稿件或节目整体中所处的位置，然后再确定语句重音。

3.重音的分类

我们将重音分成十种：并列性重音、对比性重音、呼应性重音、递进性重音、转折性重音、肯定性重音、强调性重音、比喻性重音、拟声性重音、反义性重音。

（1）并列性重音。并列性重音是指在段落、语句中有并列关系的某些词或短语。我们要通过有声语言显示它们之间的并列关系，而且也要在那些具有并列性关系的词或短语上确定重音。

例1：利用纽扣、花边、花结对服装进行修饰。

例2：山峰润起来了，水涨起来了，太阳的脸红起来了。

（2）对比性重音。作者在创作中，常常把一些对立的事物放在创作依据中。作者通过比较、对照，使事物的特征表现得更加突出、事物的形象更加鲜明，这样的构思，用语言表达出来，就是"对照式"结构，在这种对照式结构明显的句子中，我们应找出对比性重音。

例1：目前组成希腊联合政府的三大政党在这个问题上意见不一，新民主党赞成保留美在希腊的军事基地，泛希社运主张进行谈判，左翼与进步联盟则要求美国撤走军事基地。

例2：骆驼很高，羊很矮。骆驼说："长得高多好啊！"羊说："不对，长得矮才好呢。"

(3) 呼应性重音

停连中有呼应性停连，有"一呼一应""一呼几应"等类型。呼应性重音也是揭示上下文呼应关系的一种有效的方法。①问答式呼应性重音。如：他还有一个美名，叫什么呢，叫"大雁儿"。②领起综合式呼应性重音。如：只见那些珍珠，有大如羊奶子头的，有小如红豆的，光华夺目、熠熠生辉。

(4) 递进性重音。创作依据中所描写的对象与所说的道理，往往不是凝固不动的，而要一步步地向前发展，一步步地深入。这种递进结构的创作依据，我们用的是递进式重音。如：

决心上阵不利则守城，守城不利则巷战，巷战不利则短兵相接，短兵相接不利则自尽以殉国。

(5) 转折性重音。递进性重音是揭示同一方向进展的内容，而转折性重音和它正相反，它是通过对相反方向的内容变化的揭示表现说话者意图的。如：

"轰"的一声，敌人坐上了"土飞机"。哨位完好无损，战友安然无恙，公培波却被强大的气浪冲倒，昏了过去。

(6) 肯定性重音。稿件在表达对事物的肯定态度时，一般都用肯定性词语。有声语言不能单纯地看这些肯定性词语，而是要看整句话的意图是什么。一般有两种情况，一种是要肯定"是什么"，一种是要肯定"是"还是"不是"。

例1：不要开枪，大伯，是我。

例2：可要给我送礼，好事就变成了坏事。羊肉我不能收。

(7) 强调性重音。强调性重音即把句子中表达感情色彩的词或词组加以强调，以突出某种感情。

例1：老遢为了护林，硬是把烟瘾往肚里憋，一直憋了十年。

例2：不该得的钱，一分钱也不要。

(8) 比喻性重音。比喻可以化抽象为具体，变深奥为浅显，使语言顿生情趣，令受众难以忘怀。在有声语言表达中，把那些比喻性词语作为重音，就叫比喻性重音。如：

大运河穿过威尼斯，像反写的"S"，这就是大街。另有小河道418条，这些就是小胡同。轮船像公共汽车，在大街上走。

(9) 拟声性重音。所谓拟声性重音也就是句子中的象声词。拟声性重音和比喻性重音一样，也应注意不是所有的象声词都可以做重音，而要看它在句子中的位置是否重要。

例1："轰"的一声，敌人坐上了"土飞机"。

例2：屋瓦上响起了"哗哗哗"的声音，击打在人的心上。

(10) 反义性重音。在创作中，为了揭露事物的本质，有时会利用正话反说或反话正说的修辞手法，目的在于把要否定的事物的不合理性表达得更充分，将创作者的愤怒和憎恨之情表达得更强烈；把要肯定、赞美的事物的特点表现得更鲜明，从而渲染作者喜爱、欢乐的感情。我们在表达这样的语句时，就需要抓住反义性重音，把赞成或反对的态度表达出来。如：

你们把困难全都"要"走了，一点都不给我们剩，可真够"自私的"。

4.稿件中重音的运用

即使把一句话中的重音位置都找对了，但如果不懂得重音运用的方法，也是不可能达到理想效果的。其实，重音本身是相对于非重音而言的一种对比方式，其运用方法也不外乎强弱对比、快慢对比、高低对比、虚实对比四种。

（1）强弱对比。强弱对比指全句中除了需要用重音强调的中心词外，其他词语都使用较弱的声音。这要依情况而定，有时甚至需要反过来，将全句的非重音词语用较强的声音表达，重音词语反而用较弱的声音加以强调。如：

动物是不是也会有睡眠呢？

分析：这里"睡眠"肯定是重音，但在不同的语言环境中，重音的表达方法是不同的。我们设想，如果是一个母亲问一个四岁的小朋友这样的问题，就需要用弱中显强的方法来强调"睡眠"二字。

（2）快慢对比。快慢对比指利用语速的急缓、声音的长短等变化来表达重音。如：

贵州省毕节市委19日晚研究决定，对5名男孩意外死亡事件负有领导和管理责任的七星关区分管民政工作的副区长唐兴全、分管教育工作的副区长高守军等8人分别给予停职或免职处理。

分析："5名男孩"是一个重音，"意外死亡"是个次重音，"停职或免职"也是一个重音且是慢重音，在这里要运用快中有慢的表达方法。

（3）高低对比。任何事物都是相对的，有高就有低，有声语言也是一样。要想通过加强语气来强调某个重音，必须同时把次重音或非重音相对放低，这样才能显示出重音与非重音的高低对比。如：

中国地震局网站11日消息，据内江市防震减灾局报告，11日8时58分发生在四川隆昌的地震造成隆昌县圣灯镇辖区内1人轻伤（髋关节骨折住院治疗），土坯房倒塌19间，农房受损574间，其中圣灯镇房屋倒塌19间，受损296间，响石镇农房受损210间，古湖街道农房受损2间，龙市镇农房受损36间，黄家镇农房受损30间。

分析：这句话中的数字很多，如果都强调的话，则会造成听觉的混乱和语意的不明确。从受众的角度分析，大家更为关心的是此次地震造成的后果及人员的伤亡。因此消息的开头"四川隆昌""1人轻伤"需高声强调，而后出现的数字则需低声带过，以形成明显的高低对比。

（4）虚实对比。为了突出重音，一般应该用响亮实在的声音，但有些语句中也可以用声轻气多的虚声加以表达。如：

大雪下了整整一夜。今天早晨，天放晴了，太阳出来了。推开门一看，嚯！好大的雪啊！

分析："天""太阳"可用虚声，表示感叹的词"嚯"可用实声，通过虚实对比，更好地突出瑞雪兆丰年的景象。

在这里需要注意的是，在实际的运用中，需要将上述四种方法进行合理、有效的综合运用。在强调重音的时候，既要保证重音的突出，又要保证非重音部分的明晰。只有这样，才能使重音的表达效果得到提升，令播音语言更加丰富多彩、灵活多样。

5.重音的重要作用

一般来说，任何人在表达自己的思想感情时都有明显或潜在的目的，都需要在说话时强调相应的词组或句子。唯有如此，我们才能更好地传递思想，更好地与人沟通、交流。同样，在播音实践中，在选择重音的同时准确地强调重音，对于播音创作工作有着重要作用。因此，播音员、主持人在进行有声语言的创作时，要细心揣摩重音的运用方法，牢记"十六个字"的方针，即"加强对比、协调适当、讲究变化、切忌呆板"；牢记"重音的确定要少而精"的原则。只有这样，才能做到主次分明、重点突出、逻辑清晰，最终真实、准确、完整地传播稿件。

二、停连

停连，是播音员借以表情达意的语言技巧之一，播音员必须学会运用停连组织语句。停连，就是指停顿和连接。在播音当中，在有声语言的语流中，那些表情达意所需要的声音的中断和休止就是停顿；那些声音不中断、不休止，特别是在文字稿件上有标点符号而在播音中不需要中断、休止的地方就是连接。停连的作用表现在许多方面：它们有的使语意明晰；有的造成转折呼应，使逻辑严密；有的可以强调重点，使目的鲜明；有的使内容完整；有的体现思考与判断，使传情更加生动；有的则激发人的想象，创造意境。它常常和其他技巧一起共同服务于表达。

1.停连的含义

停连，包括两个方面的问题：停指停顿，连指连接。有停顿、有连接才能更好地传情达意。

在播音中，有声语言的部分之间、层次之间、段落之间、小层次之间、语句之间、词组或词之间，总有休止、中断的地方，时间有长有短，但都属于停顿的范围。而那些不休止、不中断的地方，特别是文字稿件中有标点符号而有声语言不休止、不中断的地方，就是连接。停顿和连接都是有声语言表达中抒发感情的方法。无论停或连，都是为了满足思想感情发展变化的需要，而不是任意所为的。

2.停连的重要性

停连，是同有声语言同时存在的。首先，它是一种生理需要。其次，也是更重要的一点，停连是一种心理上的需要。根据思想感情的运动，需要在哪里停顿，就要在哪里停顿；需要停顿多长时间，就要停顿多长时间；需要在哪里连接，就要在哪里连接。这样才能发挥有声语言运用停连表达思想感情的各种作用，达到引人入胜、感人至深的效果。所以，在有声语言表达的过程当中，停顿应该是积极的、主动的。因此，在停连的运用上，生理需要必须服从心理需要，不可因停断情。

需要强调的是，停顿是思想感情运动状态的继续和延伸，而不是思想感情的终止、中断和空白。

3.停连运用的基本原则

（1）标点符号是参考。标点符号只显示了文字语言的停连关系，如句与句之间有句号、问号、感叹号等，而停顿和连接才是有声语言的"标点符号"。我们必须强调，在播音创作中要勇敢地甩掉标点符号的羁绊，掌握我们有声语言自己的标点符号——停连。

（2）语法关系是基础。理解稿件以及有声语言的表达，只有借助作品中符合语法规范的词句才能实现。也就是说，我们播的每一句话都有语法，稿件的语句系列、词或词组系列，离开语法是不可能存在的，它是我们进行有声语言创作的基础。

（3）情感表达是根本。究竟在哪里停顿、在哪里连接，要根据稿件内容和情感表达来决定。按文意、合文气、顺文势，是我们运用停连的原则。

4.停连的分类

以稿件的内容、脉络、听者心理为依据，我们将停连分为以下十类。

（1）区分性停连。区分性停连是书面文字转化为有声语言时，对一个个汉字进行再创造的组合、贯通的技巧，它所包括的内容比较多，也比较灵活，稿件中词或短语之间，句与句、层与层、部分与部分之间都有区分性停连。

（2）呼应性停连。有声语言的行进，在停连上应有前呼后应的性质。播读中运用呼应性停连必须解决哪个词是呼、哪个词是应、二者如何呼应等问题。"呼"和"应"是一种内在联系的表现，在作品中、在语句中，有呼无应，显得不完整；有应无呼，显得没头脑。总之，有呼无应和有应无呼都会造成语言序列的紊乱，给人以"前言不搭后语"之感。运用呼应性停连也有某种区分作用，但主要是凸显呼应关系。

（3）并列性停连。它是指在稿件中属于同等位置、同等关系、同等样式的词语之间的停顿及各成分内部的连接。凡属各并列关系之间的停顿，要求停顿位置类似、时间相近，以显示其并列关系。而它们各自内部的连接较紧，有时有些小停顿，时间也不可长。

（4）分合性停连。在并列关系之前，往往有领属性词语；在并列关系之后，往往有总括性词语。在领属性词语之后，或在总括性词语之前，都有较长时间的停顿，比并列关系之间的停顿要长。这样就形成了"合–分–合"的分合关系。分合性停连包括先分后合、先合后分两种情况。先合后分再合是这两种情况的联合。我们把握了分合关系，对于运用区分性、并列性、呼应性等停连也更有利。

（5）强调性停连。在句子之间、词组或词之间，为了强调某个句子、词组或词，就在前边或后边，以至前后同时进行停顿，使所强调的词句凸显出来。在其他不强调的词句中，即使有停顿处也相对缩短一些时间，这就是强调性停连。

（6）判断性停连。既然是判断性停连就应该有思维过程，在思维过程中的感受就应该明显。因此，需要做出判断时，就应在判断、思索的地方进行判断性停连，以表达出此时的思维过程。停顿不是思想感情的空白，不仅是在播讲中已经"明其意"，还要表现出正在"成于思"，即有思维过程。为了表现思索、判断的过程，便可以运用判断性停连的方法。

（7）转换性停连。在稿件内容发展和展开的情况下，有声语言必须随之变化。在由一个意思变成另一个意思、一种感情变成另一种感情时，这中间应该有相应的停顿。为了表现语意、文势、感情，就要运用转换性停连。这种停连在稿件中的运用也较多。在层与层、段与段、句与句之间都有这样的停连。

（8）生理性停连。在某些稿件中，由于人物生理上的异态，常常产生语流不畅、断断续续的情况，此时就要学会运用生理性停连。这些生理变化形式的停连，在播讲中只给予必要的、象征性的表现，而不强调夸张的呼气和吸气声音。运用这种停连也需要有播音员的感情色彩做陪衬，重要的是表现出语句的内容是什么、说话的情态怎么样。至于怎么说，抓住一两处富有特征的词或词组稍加停顿，能给听者造成有某种生理变化的感觉就可以了，不必自始至终、字字句句地模拟那种声音形态和气息状态。

（9）回味性停连。有的词、句、段在播完之后，需要给受众留下想象、回味的时间，这样的停顿就是回味性停顿。回味性停连，关键在于"回味"。它一般用在稿件中需要展开想象的地方。运用这种停连，停的时候时间要给足，在强调的词后边停顿才叫"回味"。

（10）灵活性停连。有声语言应该生动、活泼，能够吸引人。任何停顿和连接都不应是呆板的、生硬的，无论在停连的位置上，还是在时间上，都没有万能的公式。再加上每个人的文化修养不同、声音条件不同，表达方法就不可能完全一样。而且，多种技巧之间又是相互渗透、相互交叉的，因此，不一定非要一是一、二是二地分清这里用什么停连、那里用什么停连、非要在这里停或那里停等。在语意清晰、语言链条完整、思想感情运动状态活跃的基础上，或移动停顿位置，或延缓、缩短停顿的时间，或增多、减少连接……改变了某些固定的处理，便会给人以新鲜活泼的感觉，特别是在急稿的播讲中，不可能把每个停顿都安排得妥帖，而语言艺术的生命力也在于"变化"二字，故我们应该在停连处理上保持较大的灵活性。

以上谈到的十种停连的类型，在播讲中并不是孤立的，它们是交错使用、并行不悖、融会贯通的，只是有时因为要表现具体语意、具体感情而以某种停连为主。同时，在表达过程中因为内容不同、稿件体裁不同，再加上播音员本人的素质不同等，停连的运用也会千变万化，故绝不能生搬硬套。正确的使用方法应该是在掌握基本方法后，在不断的探索与发展中进步。在运用时，我们既不要拘泥于文字，又不要削足适履，而要根据思想感情的运动状态去确定和把握停连的使用。

5.停连在稿件中的意义和作用

播音员的备稿过程，是对稿件进行组合、加工、创造，最终使书面语言变为适合人们听的口头语言的过程。如果备稿过程中，对于停连的运用不加以仔细分析，那么就会使句子内容产生歧义。比如"强烈谴责某国支持暴力"这句话，如果在"某国"后面出现停顿，那么这句话就给受众留下了我国对某国不满之感，这势必造成严重的甚至不可挽回的后果。"在埃及政府积极斡旋下，巴勒斯坦伊斯兰抵抗运动（哈马斯）和以色列达成了停火协议。虽然据观察员观察，冲突有降温之势，但以色列18日并没有停止轰炸加沙。巴以燃起的战火能在国际社会的调节下结束吗？很多人存疑。"此段话中"虽然据观察员观察"与"冲突有降温之势"之间虽然有逗号，但我们在播读时应将这两句话连接起来，不断句，这样在表达其内容时才能显得完整，否则就会有支离片语之感。由此可见，正确运用停连至关重要。

播音员、主持人在传播信息时，是在有限的时间范围内逐句地把文稿的内容播出。期间，不可能同时播出几句话，也不能把后面的话提到前面来说，因此，播音的言语活动相应地受到了时间的限制。受众也只能一句话一句话地来感知言语，最终达到对文章的理解。停连的作用表现在许多方面，有的使语意明晰；有的造成转折呼应，使逻辑严密；有的强调重点，使目的鲜明；有的使内容完整；有的体现思考判断，使语言更加生动；有的令人回味想象，创造意境。由此激发了受众收听、收看的主观能动性，使播音收到更好的效果。

总之，停连的作用就是为了帮助受众更加准确、积极、迅速地获取有效信息。而在领起句后面不安排停连，否则，语句会显得比较零碎。

6.案例分析

《补旧》

来到吴家花园，起初组织上还是要给彭总派护士、派公务员，但是他不要，他说："我没有病，要什么护士，现在是个闲人了，还要人家来打扫卫生、料理生活，那真是岂有此理！"

从此，一切生活上的事，如扫地、洗衣服、补衣服，都是彭总自己动手。他的夫人浦安修同志那时在北师大做领导工作，只有星期日才回来。

冬天来到的时候，彭总找出了他的旧棉衣在屋檐下补着，边晒太阳，我看他干得十分吃力，对他说："眼花手笨的，还是我来吧。"他说："你呀，未必有我这两下子。"

我接过一看，针脚整齐，横是横，竖是竖的，补得就是不错。彭总从老花镜上边看着我，有些得意地说："多多评头论足吧。"就在这次，他给我谈了他的身世：他童年丧母，家庭很穷，他不但要给人家当苦工，还要照顾两个弟弟。"那时候，什么活没干过，什么苦没吃过！"彭总感触很深地说，"今天，住到了这个圆明园，皇帝老子住过的地方啊！"

他的这身棉衣，是在抗美援朝期间，有次回国来，为了外出方便买来穿上"打掩护的"。质料很一般，外头连罩衫也没有。就是这身棉衣，伴着他在吴家花园度过了六七个寒冬，后来又穿着它到了西南，一直到他被林彪、江青派来的一伙人揪上北京，我们最后分别时，他穿的还是这件黑蓝颜色、上头闪着一层油光的土布棉衣。

不记得是哪个冬天了，也是一个风和日丽的日子，彭总在院子里补衣服，我带着家里人照相玩，走过他面前，故意逗趣地说："这位大爷，照相吗？"我们都以为他不会干的，还会说"我这个人长得丑"之类的话，谁知这一回他抬起头来，笑呵呵地坐正了，说："照相吧！"

笑声中，我给他拍了一张"老人补旧"的照片。

这张照片的主人已经不在人世间了，照片本身也在一场浩劫中化成了灰烬，但是当时的情景，却永远留在我和妻子的心中。

分析：

①区分性停连。其作用是区分语意、顺畅语气，以求听众听就懂，不会造成歧义、产生误会。在稿件中词与短语之间、句与句、层与层、部分与部分之间都有区分性停连。如"彭总从老花镜上边看着我，有些得意地说：'多多评头论足吧。'"在"上边"的后面是区分性停连，并且"上边"还要做重音处理。因为不这样做，在语流一带而过的情况下，容易给听众造成误解，难道彭总站到老花镜上往下看不成？

②并列性停连。这是最容易理解和掌握的一个类型了，因为有标志性的连词和标点符号在提示我们。当句子中有"和、与跟、同"或者顿号时，就涉及并列关系了。并列词的两端或者顿号的两端是不是平等关系，停连的时间和方式是否一定相同，要灵活处理。

③分合性停连。它一般用在分合句式上，这种句式一般都有领起句、分说句和总括句，停连的位置一般在分合的交叉点上。比如，"从此，一切生活上的事，如扫地、洗衣服、补衣服，都是彭总自己动手"是总括句。宜在总括句前停连，而在领起句后面不安排停连，否则，语句会显得比较零碎。

④强调性停连。它与重音有密切的关系，也是用得最多的一种。同样是"彭总从老花镜上边看着我，有些得意地说：'多多评头论足吧。'"这句话，在"上边"这个重音后停连是为了强调彭总的动作和神态。强调性停连有时候反映一定的观点倾向和感情色彩，比如，"我没有病，要什么护士，现在是个闲人了，还要人家来打扫卫生、料理生活，那真是岂有此理"这句话宜在"那真是"后面停连，强调"岂有此理"，体现彭总不居功自傲的伟人品格。

⑤呼应性停连。在理清语句本意的基础上，再分析前后语句之间的照应关系。要分清是一呼一应、一呼多应还是多呼一应或先呼后应。在一呼多应中，要理清多应之间的关系，是并列、递进还是其他关系。比如，"他的这身棉衣，是在抗美援朝期间，有次回国来，为了外出方便买来穿上'打掩护的'"这句，"他的这身棉衣"是呼，后面的分句是应，在应的部分说明了这件棉衣购买的时间、地点、原因、目的，内容很丰富，在连的方式上要讲究一些，语势、语流不能太平。还要注意大呼大应之间可能有小呼小应，小呼小应的时间和分量不能超过大呼大应，小呼小应之间的关系也要照顾到。

⑥判断性停连。它用来清楚地表达思维过程的脉络和其中的感受，主要是在判断和思索的地方进行停连。如"我接过一看，针脚整齐，横是横，竖是竖的，补得就是不错"这句话，"一看"后面的停连表示作者定睛一看，做出判断——"不错"。这样一来，就形神兼具了。

⑦转换性停连。它是指利用停连将语意和感情色彩的转换表现出来，注意先在心里实现转换，这样嘴上才能出声。比如，"'这位大爷，照相吗？'我们都以为他不会干的，还会说'我这个人长得丑'之类的话，谁知这一回他抬起头来，笑呵呵地坐正了，说：'照相吧！'"，在播读这句话时，不能见到标点就停，而应在"谁知"前停，表示转换。

⑧回味性停连。这是为了加深听者的印象，引发其思考和回味。比如，"他的夫人浦安修同志那时在北师大做领导工作，只有星期日才回来"，"同志"后的停连给了听者一个回味的时间，解释为什么这些事彭总的夫人不做而是彭总自己做。最后一段，"这张照片的主人已经不在人世间了，照片本身也在一场浩劫中化成了灰烬，但是当时的情景，却永远留在我和妻子的心中"，"永远"后的停连引发了内在语——"彭德怀同志永远活在亿万人民心中"。

第三章　有声语言表达技巧与表达规律

从有声语言和副语言传播的角度看，如果说对语音、发声的熟悉、掌握是播音主持艺术创作的基础，它锤炼的是播音主持创作主体有声语言表达的工具、武器，那么对节目创意策划、采编制作流程的介入、理解则是播音主持艺术创作的前提，它锻炼的是播音主持创作主体把握时代脉搏和受众心理，确定如何将某种题材内容与语体形式结合起来以满足受众需要的能力。通过对播音主持艺术创作表达系统的学习，把对节目的策划、采编，最终转化为受众能听得到、看得见的有声语言、副语言形态，使传受双方得到心灵上的沟通与交流。

第一节　有声语言表达的内部技巧

有声语言表达的内部技巧，特指播音主持创作主体以情带声的心理活动和内部语言的组织意识。其过程可分解为二：一是内心感受，二是情感调动。

一、内心感受

内心感受是指播音主持创作主体透过文本或语境，觉察所反映的主客观事物间的关系，主动从心理上接受文本或语境的刺激，激发自身的感受和体会，产生一定的态度和情感，为自如表达做好准备的心理过程。

内心感受的特征是：从有意识到无意识、潜意识。

感受可分为形象感受、逻辑感受（又称具体感受）和整体感受。

1.形象感受

形象感受是指视觉、听觉、味觉、嗅觉、空间知觉、时间知觉等能通过词语序列引发的对主客观事物感知的心理过程。如：

眼前这位苗族汉子矮小、苍老，40岁的人看过去有50开外，与人说话时，憨厚的眼神会变得游离而紧张，一副无助的样子，只是当他与那匹驮着邮包的枣红马交流时,才透出一种会心的安宁。

作者对这位苗族汉子貌不惊人甚至有些局促的外形描写,让我们从视觉感知开始,从全景到特写,深入他的内心。"矮小""苍老"的描述,用一句"40岁的人看过去有50开外"补充,"游离而紧张"的眼神,用"一副无助的样子"形容,其间两个逗号停留的短促处理,显示了有声语言运用标点符号的独特性。一个转折词语"只是",将前面的铺垫推至高潮,突出他与枣红马深厚的感情:多年来是枣红马陪伴他完成一系列乡邮任务,攀悬崖、过险关,因此,枣红马实际上是中介、代表,完全拟人化了,他把对人民的感情都托付给了枣红马。这里的"交流""会心"两词表达时要放慢速度,显现出这位汉子内心的安宁,意味深长。

下面重点感受一下李白的《将进酒》一词:

"君不见黄河之水天上来,奔流到海不复回;君不见高堂明镜悲白发,朝如青丝暮成雪。"

黄河从天而落,青丝变成白发,都是作者情感和想象力的作用使然。前后两个"君不见",让7字句成了10字句,显示了作者的不拘一格。而关键在其后的不同气势和情境对比,让不可思议的、平时不可能看见的事物变得有可视性,有空间感,有时间感,形象具体,感人心魄。

"人生得意须尽欢,莫使金樽空对月。天生我材必有用,千金散尽还复来。"

得意人生,应当尽情地畅饮,别让酒杯白白地对着月色。抽象的人生得意、欢乐通过具象的饮酒器具得以表现,相信自己的才华终会有发光之时。通过散尽千金这一看得见的物质财富仍会通过另一种形式回来,表明了自己的某种信念。前后两句无论是措辞用意还是平仄安排,都可见作者的良苦用心。

这首诗语出惊人,比喻夸张,如数量词的运用:

"烹羊宰牛且为乐,会须一饮三百杯。岑夫子,丹丘生,将进酒,杯莫停。与君歌一曲,请君为我倾耳听。钟鼓馔玉不足贵,但愿长醉不复醒。古来圣贤皆寂寞,惟有饮者留其名。陈王昔时宴平乐,斗酒十千恣欢谑。"

作者设想的这个情境,以今论古,以古推今,对象感十足,节奏感极强,逻辑链条脉络清晰,情感变化跌宕起伏。讲完历史回归现实:

"主人何为言少钱,径须沽取对君酌。五花马,千金裘,呼儿将出换美酒,与尔同销万古愁。"

播音主持创作主体只有抓住时代背景及作者当时的情境与心境,又懂得平仄规律,借助平仄,展示节奏,才不至于因追求表面气势而失去受众对作者内心情感的关切。狂歌纵酒的表层下蕴藏着诗人蔑视权贵、乐观自信的豪迈气概,才能通过有声语言淋漓尽致地表达出来。

2.逻辑感受

逻辑感受是指先后顺序、主次对比、并列递进、转折总括等能产生语言关系及表达脉络感知的心理过程。如：

没有什么可以轻易把人打动，除了正义的号角。当你面对蒙冤无助的弱者，当你面对专横跋扈的恶人，当你面对足以影响人们一生的社会不公，你就明白，正义需要多少代价，正义需要多少勇气。

整个句子是说正义行为能把人打动，却要付出代价。第一句用"没有……除了"句型，先扬后抑，"除了……"是补充说明第一个条件。第二句开头连用三个并列句，先微观后宏观，层层深入，又形成这个句子假设关系的前半部分，这个句子的后半部分"需要……需要"，呈递进关系。这是语言表达受语言系统制约的明显例证。再如毛泽东的《沁园春·雪》：

北国风光，千里冰封，万里雪飘。望长城内外，惟余莽莽，大河上下，顿失滔滔。山舞银蛇，原驰蜡象，欲与天公试比高。须晴日，看红装素裹，分外妖娆。

江山如此多娇，引无数英雄竞折腰。惜秦皇汉武，略输文采，唐宗宋祖，稍逊风骚。一代天骄，成吉思汗，只识弯弓射大雕。俱往矣，数风流人物，还看今朝。

作者在词的上阕描绘长城内外，万里山河被冰雪覆盖，是写景。一个"望"字，辽阔的空间大地尽收眼底。一个"须"字，点出了景之比较，景之特色。下阕则由景入事，纵论千古，想象未来，是写史。一个"惜"字，将悠久的时间长河囊括笔下。一个"俱"字，归纳了史之结论。情感、气魄通过叙述评说，将史实逻辑寓于字里行间。这说明，有声语言的表达，除熟悉背景知识、运用情景再现的技巧外，还必须懂得将形象感受和逻辑感受一并落实，才能有效地将词的意蕴充分发掘出来，让受众想象和体悟。

3. 整体感受

整体感受是指将各种感受整合到传播意图上来，合理安排表达具体感受的心理机制。

既有形象感受，又有逻辑感受，那么，谁为主，谁为次，依据什么来定夺呢？这就是整体感受的功能所在。我们强调目的为魂。如马致远的《天净沙·秋思》：

枯藤、老树、昏鸦，

小桥、流水、人家，

古道西风瘦马，

夕阳西下，

断肠人在天涯。

这里的每一个词组都是一个形象，每一个句子都能构成一幅画面，形成一种意境，都含动、静两种状态，都有平仄与押韵。断肠人在太阳落山时出现，使这首小令的整体意境和感受别样生动。有声语言的表达，如果不能将这些词组、意象组合成物我一体，就不会有那么集中、深刻、感人的意境。

传播学者威尔伯·施拉姆说过："把一个人的语言保持在听众能够适应的抽象程度上的能力，以及在抽象范围内改变抽象程度的能力，以便在具体的基础上讨论比较抽象的内容，使读者或听众能够不感到困难地，从简单熟悉的形象转到抽象的主题或概括上来，并在必要时能够再回到原来的形象上去"，是"有效传播的一个秘密"。

内心感受中，形象感受、逻辑感受是具体感受，整体感受将形象感受、逻辑感受融为一体，它为情感的调动与凝聚起了先行铺垫的作用。

二、情感调动

情感调动特指播音主持创作主体通过对文本和语境的感觉、感受，形成凝聚内心情绪与组织内部语言的心理状态。作为播音创作的核心，情感调动包括三个要素：

1.情景再现

情景再现是指播音主持创作主体理清头绪，设身处地、触景生情、现身说法的心理过程和语言呈现。说俗了就是：过电影，并且是边过电影边出情绪和态度。如下面这段体育解说：

天高云淡的潘帕斯草原、热情奔放的探戈，这就是遥远的阿根廷带给我们的最直接的印象。这里的文化孕育出了个性鲜明、狂野奔放的阿根廷球员，从肯佩斯、卡尼吉亚到雷东多、巴蒂斯图塔，球迷们从他们身上看到了一种野性的美，他们身上仿佛都有一种风的飘逸、风的轻灵、风的狂野。长发是他们的标志。看阿根廷球员踢球就像在潘帕斯草原上驰骋，长发随风而动，潇洒随意又透着一种狂放不羁。这正是阿根廷的足球风格。

"草原""探戈""长发"，都是让人浮想联翩的形象，特定的解说词规定了具体的画面场景，这就要求播音主持创作主体的情景再现具体可感。"天高云淡""热情奔放""潇洒随意""狂放不羁"这些词语的限定，"风的飘逸、风的轻灵、风的狂野"的排比手法，都给情景再现与形象感受注入了新鲜活力。有声语言的表达必须从词语的感觉入手，想象它的存在、体验它的真实，最后生动地把它表现出来。

2.内在语

内在语是指播音主持创作主体揭示语句本质的心理活动及其所产生的内部语言。通过语言意义和语句间相互关系的分析、确定，播音主持创作主体产生一定的态度情感和语气分寸，流露于语言表达过程之中。

内在语包括发语性内在语、寓意性内在语、关联性内在语、提示性内在语、回味性内在语、反语性内在语等类型。播音主持创作主体通过对语句关系的分析，如句子间递进、并列、因果、转折等逻辑链条，发现语言现象与主客观存在本质间的矛盾构成，挖掘出语句的本质即语句的内在含义和感情态度，从而推动自身思想感情的运动、转换和发展。这是播音主持创作主体根据文本内容联系播出背景、明确传播目的、确定播音基调的重要一环。如：

从前，有一个皇帝特别喜欢弹琴，弹琴成了他的唯一的嗜好。可是他弹不成调，听的人简直无法忍受。他在皇宫找不到一个知音，十分苦恼。

有一天，皇帝突然想出了一个主意。他叫太监找来一个等待处死的犯人，对他说："只要你说我的琴弹得好，我就免你一死。"

皇帝开始弹琴，犯人站在一旁听着。一曲未尽，犯人便跪在地下请求："圣君，求您别再弹了，奴才宁愿早死！"

这里的发语性内在语是："各位观众，现在我给您讲个故事。"寓意性内在语是："这个皇帝喜欢弹琴却不会弹琴，不学无术，一厢情愿还硬要面子。"

关联性内在语则主要体现在表明因果、转折、连动、并列、假设等语句逻辑关系或语法意义的词语衔接所应呈现的语气上。如这一段中，皇帝弹不好琴，让人无法接受是转折关系；他为找不到知音而苦恼是因果关系，等等。若不能在语气、语势上有所呈现，有声语言的表现力便无从谈起。

3. 对象感

对象感是指播音主持创作主体围绕传播目的说话时目中无人、心中有人，目中有人、心中仍有人的心理感觉与感受。这个"人"不只是现场嘉宾和观众，更重要的还有收音机、电视机、电脑、手机那头的听众、观众和网民。

这是播音主持创作主体为达到一定的传播效果，不断调整内容结构和形式结构的重要依据。如央视以往举办的青歌赛，有参赛歌手演唱、文化知识考核、评委打分、专家点评等四个环节。就电视直播而论，仅满足现场观众还不够，还必须考虑这四个环节的时间比例对收音机听众、电视机观众等的可接受程度。播音主持也是如此。

在播音主持创作主体情感调动"三要素"中，情景再现是使文本主体"活"起来的前提，客观物质世界和主观心理世界通过情景再现得以呈现；对象感是引发播音主持创作主体情感、情绪的中介，接受主体的外在形象和内心需求通过对象感变得具体；内在语是传播内容与形式的核心，接受主体的收视需求和文本主体的内涵实质通过播音主持创作主体的内在语得以表现出来。

内心感受和情感调动作为表达内部技巧的两个有机组成部分，两者的关系可以表述为：一方面，内心感受是基础，没有内心感受，情感调动就成了空洞虚假之物；另一方面，光注意内心感受，不注重情感调动，内心感受就成了"孤芳自赏"之物，达不到与人交流的目的。我们要求内心感受必须引向情感。

第二节 有声语言表达的外部技巧

有声语言表达的外部技巧，特指播音主持创作主体运用有声语言时采取的既符合语法逻辑，又满足情感抒发和生理、心理顿歇需要的表达手段。它是播音学根据人们日常听觉要求，从播音主持创作主体表达特点和一般人接受习惯出发，打破书面标点符号对口头转化造成的束缚，借鉴戏剧、电影台词表达技巧和广播电视传播特点总结出来的有声语言自己的标点符号。它不只对文字语言的转化有提示作用，也对内部语言的转化有指导作用。它既可以在书面记上标志性符号，也可以由播音主持创作主体在心里自行做出调节。

一、语气

语气是指播音主持创作主体思想感情运动状态支配下语句的声音形式。语句本身由语法形式构成，通过播音主持创作主体带有思想情感运动的嗓音表达，便有了由气息、口腔、声音等方面变化组成的具有一定声音发展趋向的形式，即语势。张颂先生在《朗读学》一书中总结的波峰类、波谷类、上山类、下山类，以及半起类，就是对语势的形象描绘。而对语气的表达，关键是要求播音主持创作主体在两方面做出努力：一是对所表述的内容产生具体的思想情感和态度分寸；二是必须通过一定的语法形式和声音形式，将文本内容流露与呈现出来，否则就难以发挥有声语言的传播和感染作用。

思想情感、态度分寸包括爱憎、是非等内容。

爱憎，是指爱、恨、惧、疑、冷、怒等感情方面的具体性质。是非，是指正确、错误、赞成、反对、支持、批判、严肃、郑重、亲切、活泼等态度方面的具体性质。

感情分量是指随爱憎、是非判断程度的不同，给予不同的语法形式和声音形式以不同的分寸火候。如：

蜜蜂在花园里忙碌着，嗡嗡嗡，嗡嗡嗡。它把花蕊里的蜜采出来，再送回蜂巢去。一趟，两趟……阳光下，它脸上的汗珠亮闪闪的，可它干得很起劲。

花园里高大的树上，正歇着一只鹰。鹰盯着忙忙碌碌的蜜蜂看了好一会儿，终于开口了："蜜蜂，我真可怜你呀！"

蜜蜂停下来，擦擦汗，抬起了头，笑着问："为什么呀，鹰大哥？"

鹰说："你这是在白忙啊！谁看见你采蜜的技术了？你把辛辛苦苦采来的蜜往家里的蜜箱里一倒，谁证明你采过蜜了？你这样劳碌一辈子，死后都没有谁记得你！"

"瞧我！"鹰张开翅膀，扇了几下，扇得地面灰尘飞扬，扇得蜜蜂跌了个跟头。

鹰接着说："我只要拍拍翅膀，立刻能冲天而起，轻易地飞上云霄。这时，没有一只鸟再敢起飞，跑得再快的山鹿也躲得不见影子。就连人都得紧张地盯着他们的羊群。哈哈哈哈！"鹰仰头大笑。

蜜蜂终于懂得鹰的意思了。它说："鹰大哥，您很幸福，因为您有力量和信心。"

鹰骄傲而威严地笑了笑。

蜜蜂又说："我呢，我不要荣誉。看见蜂房的蜜箱我就高兴，因为其中有我采来的一滴。"

鹰愣住了，它开始尊敬这个小家伙了。

在这篇寓言里，我们可以听见蜜蜂忙碌的嗡嗡声，看见蜜蜂奔波的身影，也可以感受到鹰过于聪明的姿态和蜜蜂不为名利，诚实、勤奋的精神。鹰体贴蜜蜂又藐视蜜蜂的语气："蜜蜂，我真可怜你啊！"用的是波峰类语势；"我只要拍拍翅膀，立刻能冲天而起，轻易地飞上云霄。这时，没有一只鸟再敢起飞，跑得再快的山鹿也躲得不见影子。就连人都得紧张地盯着他们的羊群。"分别用了上山类、波峰类和波谷类语势。蜜蜂尊重鹰的选择，却坚守自己信念的语气，特别是最后一句："我不要荣誉。看见蜂房的蜜箱我就高兴，因为其中有我采来的一滴"，通过波峰类、上山类和半起类语势呈现，说得越真实，感染力就越强。鹰先是"愣住"，转而感动，并且开始尊敬蜜蜂这个小家伙了。这一情感发展过程的呈现，说明播音主持创作主体思想感情的运动状态必须附着于一定声音形式的语气的流露，才能触及受众心灵，引起受众共鸣。否则，如果前面没有一系列语气的铺垫，到最后结尾，用下山类、波峰类处理"鹰愣住了，它开始尊敬这个小家伙了"，就显得依据不足，不容易产生震撼作用。

二、节奏

节奏是指由全篇稿件生发、由思想感情波澜起伏造成的抑扬顿挫、轻重缓急的声音形式的回环往复。这种回环往复，主要指"语气的色彩、分量，语势的相似体的不断显露"与"转换"。节奏主要通过对比来表现，如欲抑先扬、欲扬先抑，欲快先慢、欲慢先快，慢中有快、快中有慢，慢而不断、快而不乱等。由于情感色彩不同，节奏有不同的类型，如高亢、紧张、轻快、低沉、舒缓、凝重等。

请看例句：

那就是白杨树，西北极普通的一种树，然而实在不是平凡的一种树。

那是力争上游的一种树，笔直的干，笔直的枝。它的干呢，通常是丈把高，像是加以人工似的，一丈以内，绝无旁枝；它所有的丫枝呢，一律向上，而且紧紧靠拢，也像是加以人工似的，成为一束，绝无旁逸斜出；它的宽大的叶子也是片片向上，几乎没有斜生的，更不用说倒垂了；它的皮，光滑而有银色的晕圈，微微泛出淡青色。这是虽在北方的风雪的压迫下却保持着倔强挺立的一种树！哪怕只有碗来粗细，它却努力向上发展，高到丈许，参天耸立，不折不挠，对抗着西北风。

这就是白杨树，西北极普通的一种树，然而绝不是平凡的树！

赞颂白杨树普通却又不平凡，它笔直、高大，一丈以内无旁枝，丫枝也不旁逸，连叶子也不斜生，最重要的是在北方风雪的压迫下，它参天耸立，不折不挠，与西北风对抗，倔强挺立。层层叠叠的排比句、对偶句、递进句，使得有声语言的表达更多地呈现波峰类和上山类走势，气势昂扬宏伟，节奏高亢有力。若用轻快、舒缓的节奏表达，白杨树挺拔倔强的力度便荡然无存，这篇散文的意图也就难以表现出来了。

下面这段叙述与高亢相对，语气平和、节奏舒缓。有声语言表达不能不考虑原作者对托马斯个人风格的了解，以及原作者所运用的笔调：

我们住在斯德哥尔摩的南区，我们的地址是史威登堡街33号（现在改名为篱笆门大街）。我的外公和外婆住在附近，在布莱金厄大街，转弯就到。

托马斯·特朗斯特罗姆这样描述。顺着他外公外婆曾居住的布莱金厄大街很容易就到了篱笆门大街。火柴盒样式的公寓楼被翻新过，看不出已经有90年的历史。那个街区有些荒凉。

托马斯就坐在单人椅上，落地灯照在他身上，脸上的皮肤满是时间留下的皱褶，让人想起他写的那句"直到光线赶上我/把时间折起来"。窗外下着大雪，大海和桥，就像托马斯写的那句"一座桥/慢慢地/自动地盖住天空"。

客厅有托马斯的大钢琴，钢琴上散落着一本托卡塔的琴谱，有时他会用左手弹琴。1990年，托马斯中风，到现在已经20多年了。诗人北岛在他的一篇文章中这样描述中风后的托马斯："他后来在诗中描述了那种内在的黑暗：他像个被麻袋罩住的孩子，隔着网眼观看外部世界。他右半身瘫痪，语言系统完全乱了套，咿咿呀呀，除了莫妮卡，谁也听不懂。"就算在中风以后，托马斯还是出版了不少诗集。托马斯的朋友、汉学家马悦然说，去年他在诺奖颁奖典礼上遇到获得诺贝尔生理与医学奖的得主，按这位科学家的观点，像托马斯这样中风后能再写诗几乎是不可能的。可是托马斯做到了。

内心也许热烈，外表却显得沉静、孤独，原作者对托马斯，这位2011年诺贝尔奖获得者居住环境和个性意志的描写、叙述，简洁细致，视觉所触发的内心感受和想象，凝固于这一具体语境。播音主持创作主体如果没有将自身的敬慕之情在一种宁静、舒缓的节奏中展露出来，就不容易将受众带入特定的情境，对受众的气氛感染就不会深刻。因此，使用多连少停、起伏不大、下山类语势形成的节奏，就能很好地衬托出托马斯中风后内心的平静与执着。

播音主持总是沿着一定的序列表达语句的，播音主持创作主体表达语句的同时必须显露语气、展示节奏，才可能产生感染力、感召力。停连、重音正是在语气、节奏的呈现过程中发挥各自的作用。因此，一方面，停连、重音总是服从、服务于语气和节奏的，语气、节奏对停连、重音有着一定的影响、带动作用；另一方面，处理停连的长短快慢，强调重音的变化发展，反过来也会促使语气、节奏的进一步形成。我们既然懂得了语言表达的内外部技巧的含义和特点，就应当将它们当作一个整体，灵活运用，强化语言表达的实际效果。

第三节　有声语言表达规律

从有声语言传播的创作实践出发，张颂先生总结出八条有声语言表达规律。

一、思维反应律

思维反应律是指播音主持创作主体依据文本、语境反映的主客观世界，做出辨析、判断和选择。而在有声语言和副语言表达上，播音主持创作区别主次、突出重点，给予稿件恰切的语气分寸，以达到预想的传播目的。

思维是人类特有的精神活动。通过大脑皮层对主客观世界做出积极反应，既可以自己跟自己交流，也可以通过言谈、书写表达出来与他人交流。在没有与人交流之前，我们可以称思维是"具有交流潜在性的大脑活动"。播音主持通过有声语言和副语言反映主客观世界，实际上是播音主持创作主体的思维活动在起作用。思维过程的基础是表象、概念，通过播音主持创作主体的分析、综合、判断、推理，实际上是对主客观世界的一种提炼和升华。所谓有思想，就是思维活动在某一方面运动的结果。形象思维、逻辑思维或曰具象思维、抽象思维，只是思维的不同路向。这种不同路向的思维活动，展示了人类大脑皮层活动的活跃与多元。语言文字始终伴随着思维活动，当思维处于潜在状态时，未必能一一呈现相应的词语，而一旦要将思维活动交流于外，词语的建构就成了必须。有声语言和副语言传播是一种公开性交流，语言的呈现要求和思维状态基本同步，这是因为有声语言和副语言传播本身已经有了一个预想目的，思维状态不能脱离这个预想目的。

播音主持中的所谓思维反应，是指播音主持创作主体对于不同文本、不同语境经过自身思维运动后快速形成的一定的内心表达框架和外在表达形态。这里重要的是有不同的反应，没有固定的模式。如针对有稿、无稿、录播、直播等各种情况，不同的题材、不同的体裁、不同的语境、不同的受众，需要有不同的反应，产生不同的思路、不同的纹路、不同的表达方式。不论有无文字依据，都必须很快地联想到主客观实际，融入自己的感受、态度，同时应具备有层次、有主次、有重点的表达意识，无论具象呈现还是抽象认识，都必须围绕播出目的展开。

因此，从微观角度看，如遇到新闻播报、新闻评论、生活服务或综艺娱乐节目，只有对这些体裁特点和一般表达方式有一定的知晓度和分辨度，才可能产生较快的思维速度。从宏观角度看，广播、电视在有声语言和副语言表达上有不同的要求。广播直播和电视直播，主持人的表达手段和表达方式也有不同的特点：广播无画面，有较大的想象空间，主持人可以对事实进行详细描述，听众不会觉得烦；电视有画面，直观性很强，不需要主持人再去细描，而要求主持人的话语有助于画面的理解，也就要求更精练。

播音主持的实践告诉我们，思维反应律可以指一篇稿件内不同变化的处理能力，也可以指不同稿件、不同节目栏目组合后的调节控制能力，还可以指不同媒介交叉使用后播音主持创作主体的应变创新能力。它实际上是对播音主持创作主体社会文化知识和语言表达能力的综合考验。

掌握思维反应律的关键点：

一是积极活跃的思维运动。启发诱导出深层意蕴，避免浅层次思维反应。

二是敏锐迅捷的思维速度。体现思维深度准确有序，防止杂乱或表面文章。

三是周密全面的综合效应。既有表象、想象、情感的介入、渗透，又有抽象、概括、理性的权衡、取舍。

二、词语感受律

词语感受律是指播音主持创作主体面对词语这第二信号系统，通过想象、联想，产生与之对应的主客观世界的感同身受，有感而发，并渗透于词语序列表达的准则。

思维反应要求播音主持创作主体联想主客观实际，融入个体感受，不是空泛的，而是具体的。力求对内容形式恰如其分地表达，并在词语序列中一一呈现，也就成了播音主持创作主体每一次创作活动的基本要求。

词语感受包括文字词语感受或内部语词语感受，因为就词语出声角度而论，两者是相同的。如"高"和"低"两个字，可以表示不同物体的水平程度。无论是看着文本说，还是脱离文本说，只有说出口的感觉和看上去、听上去的感觉一致了，才能说把不同物体"高"或"低"的不同程度表达准确了。

播音主持的基本特点是有声语言表达，但有声语言并非只是表达有声语言本身，还要表达主客观世界的变化。同时，主客观世界通过语言（文字语言或有声语言）这个第二信号系统或曰"中介"表达时，因为语言符号的存在，往往容易阻碍播音主持创作主体对它的感受。而忽略这种感受，语言就容易与主客观世界产生隔阂，失去它的生命活力。因此，播音主持创作主体必须勇于和善于激活这个感受，才可能让表达充满活力。

词语感受首先是可感，在可感的基础上要求准确。所谓可感，就是要求将词语和现实生活中的主客观事物相对应，不仅感受它，还能形象地描述它，而不是只有词语的概念表述，如说到山高、说到林茂。什么样的山，黄山、泰山还是你家门口的小山？它高，高到什么程度？你都要有具体想象、具体体会，然后再上口表达。林茂也一样，是你在参天大树下行走，感叹它的繁盛似有无法走到尽头的困惑，还是远望树木成排成片，密密麻麻，你从心里敬佩当年栽树者具有前瞻性的举动？只有真心感受，才能赋予词语以灵性。有些词语无形象，但一定有含义，你必须弄懂它，即使一些虚词，也要知道它在语用中的功能，努力实践语言传播"无一字无依据"的创作高标准。

掌握词语感受律的关键点：

一是要让词语活起来，具体可感，准确贴切。

二是不停留在词语的概念上，而要抓心灵感受。

三是要突出传播目的，体现色彩变化。

表达客观事物时，要注意日常对词语的感受力，避免生硬地背腹稿，或刻板、随意地"说"。

三、对比推进律

对比推进律是指播音主持创作主体通过文本或语境产生对主客观世界的思维反应和主体感受后，在词语序列的主次关系，重点、非重点关系，思想情感的色彩分量、分寸火候，以及声音的变化等方面，使有声语言表达产生对比、流动而有序推进的准则。

对比是一切艺术的审美规律，是克服审美疲劳的途径之一。央视青歌赛上女主持人一天换一身服装，那还是从外表上的对比处理，所谓外在美。电影《庐山恋》女主角当年拍摄时，导演也如此要求，当年一些人的非议，今天看来已经不算什么了。其实从另一角度也表明，人们的审美眼光越来越高了。有声语言和副语言的对比，首先是内容带来的，但形式有时也反作用于内容。中国人喜事穿红，丧事戴黑，就是一种服饰标志，一种我们称之为"副语言"之一的服饰形式上的对比。有声语言的对比，主要有语气对比和节奏对比。语气对比表现在感情色彩是欢快、轻松还是凝重、深沉上；节奏对比表现在语调的高低和语速的快慢上。

掌握对比推进律的关键点：

一是对比显出差异：强弱、高低、快慢、刚柔等。声嘶力竭或平淡机械都不可取，都缺乏艺术性。

二是对比有内容也有形式。依据有：感受、态度、情绪；停连、重音、语调等。

三是有对比才有变化，有变化才有推进，才能显露目的、方向，才能使接受主体感受到词语的意义与活力。

四、情声和谐律

情声和谐律是指播音主持创作主体在处理有声语言情、声、气三者的关系时，坚持感情给足、声音有节制、气息自如的表达准则。

情声和谐最能体现播音主持艺术的特色。声音和情感是一对永远需要认真对待的矛盾。"改变状态，引向情感，以熟为生，留有余地"，目的都是为了能有效、自如、完美地表达。思想感情的运动状态、分寸把握，又与声音处理密切相关，必须经常用"第三只眼"检查、审视自己，以达到完美表达的境界。

情声和谐，首先要调动情，情动、气动、声动。情动得有度，这个度要靠声来把握。练声的意义就在于将声音训练得能高能低，能近能远，能刚能柔，能实能虚，所谓收放自如。情声如何能结合得完美？它依据的标准是什么？就是内容与形式。这样的题材、这样的体裁、这样的思想、这样的情感、这样的媒介、这样的语境，就该用这样的形式表达。表达是否到位，情声是否和谐，都得因时因地因事因人而定，只有播音主持创作主体和接受主体产生了共鸣，有了积极的想象空间，这条规律的作用才算得到了有效的发挥。

掌握情声和谐律的关键点：

一是声情并茂才能吸引受众，将受众的无意注意变为有意注意，使受众由被动接受变为主动接受。

二是要懂得声音节制的意义：①"无一字无依据"，避免"情不足，声来补"；②既不一味追求洪亮，也不一味压低声音；③留有余地，声音才能灵巧自如。

五、呼吸自如律

呼吸自如律是指播音主持创作主体依据文本和语境有感而发、因情用气，保持呼吸自如、不僵不散、有多有少、有快有慢。这也是保持最佳气息状态的准则。

呼吸自如主要是针对播音员、主持人在话筒、镜头前的用声表现而言的。它要求播音主持创作主体正确用嗓，以情带声，以气托声。让气息随着内容发展自主运动，不急不躁，不紧不慢，不喘粗气，不冒杂音、尖音。播音主持发声有两种常见现象：一是"只闻声，不闻气"，强调声音的响亮、坚实，二是"既闻声，又闻气"，强调声音的深沉、柔和。新闻类节目的播音主持，偏于前者，非新闻类节目，特别是文学类节目，偏于后者。具体运用时要根据内容有所侧重，或兼而有之。

掌握呼吸自如律的关键点：

一是因情而动，气随情动。

二是状态灵活，不拘一格。

三是呼吸自如，不紧不松。

六、自我调检律

自我调检律是指播音主持创作主体在有声语言酝酿、表达过程中，通过听觉等感觉器官，对"走思""走调儿""失味儿"等各种不利于实现传播目的的现象及时予以纠正的表达准则。

自我调检是针对播出过程中播音员、主持人表达状态的一种自我检查和自我调整。如感情色彩的浓淡、音调变化的高低强弱、语节的疏密、语速的快慢，经过适时处理，使之更能符合文本主体的内涵实质，符合语境需要，也更符合接受主体的视听意愿。

自我调检如同戏剧理论中的"第三只眼"，它并不中断播音主持活动，却要分出一部分精力，对现场发生的问题迅速予以纠正。

掌握自我调检律的关键点：

一是注意用听觉检测，以大脑判断。

二是注意心理的调节，状态的变化。

三是注意目的的落实，不偏离主线。

七、副语言的表现形态、创作功能与表达规律

内容提要：本章第一、二节通过介绍副语言的表现形态和创作功能，说明副语言和有声语言的表达相辅相成、相得益彰，有不可替代的独特作用。第三节介绍副语言的表达规律，说明播音主持创作主体应依据不同语境，遵循不同规律，实现较好的传播效果。

电视节目，尤其是电视新闻节目的播音主持创作主体的面部表情、神态体态和动作，都会影响有声语言的表达效果，成为信息传递的重要组成部分。

（一）副语言的表现形态

播音主持副语言特指播音主持创作主体在电视屏幕中的发型、妆容、服饰、面部表情、神态、动作等。其中，尤以面部表情和眼神最为重要，因为它们和有声语言的表达密切相关。

1.发型、妆容、服饰

不同类型的节目对主持人的发型、妆容、服饰有不同的要求。例如新闻节目主持人的发型、妆容、服饰应端庄大方、合乎潮流，体现时代、社会的精神风貌。

（1）发型。男播音员的发型设计和头形、脸形、年龄等都有关系，因人而异。女播音员的发型设计更需要和五官、服饰、体态相搭配。如高鼻子的将头发柔和地梳理在脸庞的周围；低鼻子的将两侧的头发往后梳，使头发与鼻子距离拉长。大耳朵的宜留盖耳长又蓬松的发型；小耳朵的不宜将太多、太厚的头发夹在耳朵

上。宽眼距的不宜留长直发，头发可做得蓬松一点；窄眼距的发型两侧不一定要做得很对称。瘦长脸形且颈部较长的，宜采用两侧蓬松横向发展的大波浪发型；脸部饱满且颈部较短的，宜采用略长的短发式样，两鬓服帖，后发际线略尖。短小体型的宜留短发，留长发时在头顶部扎马尾或是梳成发髻，使重心上移；高大体型的宜选择中长发；溜肩体型的在肩颈部周围可以留丰盈的中长发。

（2）妆容。人的脸形根据"三庭五眼律"（发际至眉心、眉心至鼻尖、鼻尖至下颏三段距离等分，两眼间、内眼角至外眼角间、外眼角至鬓角发际间距离相等），也就是面部纵轴三等分、横轴五等分协调搭配。修容主要是对不足部位稍作修饰，让人感觉五官端正、轮廓鲜明、落落大方。

（3）服饰。由于目前电视摄像机只能在20：1的反差范围内有还原的效果，因而服饰颜色对比反差不宜太大。

具体到个人，除了注意性别、年龄、体态的区别，更要结合节目宗旨，既与众不同，又让人有赏心悦目之感。

（二）面部表情与眼神

播音主持创作主体在使用有声语言传播内容信息的同时，也使用发型、妆容、服饰等副语言，它们是接受主体对播音主持创作主体的第一印象。而在传播过程中，接受主体的注意力能否被播音主持创作主体始终吸引，面部表情和眼神才是主要元素。它们直接反映播音主持创作主体的内心感受，是情景再现、对象感、内在语等播音主持内部技巧的直接流露。

以2012年12月12日中央电视台《新闻联播》有关朝鲜"光明星"三号卫星发射成功的报道为例：

据朝鲜官方媒体今天报道，朝鲜"光明星"三号卫星今天上午发射成功，卫星进入预定轨道。

是赞成？是谴责？是遗憾？作为中央电视台播音员的播报，显然代表中方的立场态度。如果没有对"光明星"三号卫星发射背景的深入了解，就很难体现这种立场态度。

从20世纪80年代起，朝鲜就开始研究用运载火箭发射卫星。联合国安理会分别于2006年和2009年通过1718号和1874号决议，要求朝鲜以全面可核查和不可逆的方式放弃所有核武器和现有的核计划，立即停止一切有关活动。因而，俄罗斯外交部称俄方对朝鲜发射卫星的举动"深感遗憾"，认为朝方的行为违反了联合国的相关决议，增加了地区的不稳定性，并呼吁相关国家保持克制，不要加剧紧张局势。美国白宫国家安全委员会发言人发表声明，称朝鲜发射卫星是"极具挑衅性的行动"，说朝鲜的举动直接违反安理会有关决议，违背了朝鲜的国际义务。韩国总统则紧急召开国家安全保障会议，商讨应对举措。日本内阁官房长官表示，朝鲜发射火箭是破坏地区和平与稳定的行为，极其令人遗憾，不能容忍，日本政府表示严正抗议。

中国外交部发言人代表中方对朝方在国际社会普遍表明关切的情况下实施卫星发射表示遗憾，希望有关各方冷静对待，共同维护半岛和平稳定大局。因此，当播报结尾"卫星进入预定轨道"一句时，播音员是像以往那样以微笑姿态和观众一起观看卫星发射现场场面，还是显露一定的带有我国特有立场态度的关切神情，传播效果显然大不相同。

消息的客观报道意味着不应将主观意志强加于人，却并不等于可以削减播音主持创作主体的主观认识与理解。客观报道中蕴含着播音主持创作主体的主观感受，报道的客观性、真实感才更有生命活力，而不只是将文字稿转变为有声语言。播音员李瑞英在这则新闻中给了一个既冷静对待又热切关注的眼神，体现了应该具备的政治素养，在表达上拿捏住了恰切的分寸火候。

又如2012年12月17日中央电视台《走基层：寻找最美乡村医生》开始语：我们来认识一位33岁的壮族小伙李前峰。作为广西横县大浪村的村医，过去10年间，李前峰拖着病痛的身躯，用一根扁担挑着药箱，走遍了大浪村方圆100多平方公里的8个村寨。

（三）副语言的创作功能

播音主持创作主体在话筒镜头前，自觉运用副语言，有利于节目内容主题的推进与深化。

1. 补充

所谓补充，是指通过播音主持创作主体的眼神、表情、动作等副语言创作，体现播音主持创作主体的情感态度，起到补充信息的作用。

2013年6月9日，德国慕尼黑发生了一起交通事故，一辆双层巴士撞上了一座铁道桥，造成40多人受伤。（播音员神情稍显凝重，补充说明播音员对伤者的关注与关切）从事故现场的画面，我们可以看到这辆双层巴士的上层前半部分已经被撞毁，车体的铁皮因受到挤压已经完全变形。

2. 替代

所谓替代，是指播音主持创作主体不直接运用语言（包括文字和声音）信息，而以眼神、表情、动作等副语言展示内心活动，起到比语言信息更具感染力或说服力的作用。

例如：祝大家周末玩得好、吃得好。今天我看到一句特别深沉的话，我觉得说得特别好：你的世界是什么颜色的？（左手比画）不是来自你看到的，或者来自你听到的，而是取决于（伸出食指以提示）你相信谁。（此时主持人左右扫视，似乎在思索，然后脱口说出）我觉得说得太好了！（主持人若有所思，身体从右转向正前方，接着说）明天我要去北京，我（稍作停顿）相信口罩。主持人最后一句以幽默的口吻点题，表达了主持人盼望早日治理雾霾的心情。

3. 强调

所谓强调，是指播音主持创作主体有意识地运用点头示意等副语言来突出或明确表达内容。

如2013年3月22日至3月30日，习近平主席首次访问俄罗斯、坦桑尼亚、南非、刚果（布），并出席金砖国家领导人第五次会议。随同的播音员在刚果机场播报新闻时，点头成为表达新闻要素的标志性符号：

这里是刚果共和国布拉柴维尔玛雅国际机场（点头），现在是当地时间3月29号的中午（点头），应刚果共和国总统萨苏邀请（微微点头），国家主席习近平（稍抬头）今天抵达这里（点头），开始对刚果共和国（稍抬头）进行国事访问（点头）。

又如下一则新闻：

各位观众，这里是美国加利福尼亚州安纳伯格庄园（点头），现在是当地时间2013年6月7日的下午。中国国家主席习近平同美国总统奥巴马（稍作停顿）即将（点头强调）开始会晤。两国元首在这次会晤中，将就中美关系发展做出规划，并就共同关心的国际和地区问题广泛深入地交换意见。（紧接）毫无疑问，安纳伯格庄园已经成为这些天（稍作顿歇并抬头）全球瞩目的地方。（点头）

4. 否定

所谓否定，是指播音主持创作主体通过眼神、表情、动作等副语言，表达否定的态度、情感。

如2013年6月6日凤凰卫视《媒体大摄汇》中的消息《医生称睡前关灯玩手机或致眼睛黄斑部病变》。主持人在报道时，称有人睡前还在玩手机，看微博、看微信，成了"黄脸婆"。主持人用手在自己眼睛旁，画了三个圈，表示否定这种行为。

5. 重复

所谓重复，是指播音主持创作主体通过眼神、表情、动作等副语言，表达肯定的态度、情感，以加深接受主体的理解和印象。

如2013年6月10日凤凰卫视《媒体大摄汇》中的消息《78岁老人拉筋养生，轻松下腰练就"一字身"》。

现代人太忙，忙我们也要关心一下自己的健康。虽然呢，我们改变不了身份证上的年纪，（主持人用手比画身份证的形状）但是我们可以改变看起来的年龄。（主持人用手比画自己的身体，提醒观众注意）现代人筋骨很重要，（用手做出握拳、松拳的动作）早上起床之前，赶快拉拉筋、松松筋骨，其实对身体是有好处的。（点头以示肯定）

八、副语言的表达规律

（一）情境感受

播音主持创作主体必须考虑传播的国际性、世界化，考虑节目的具体情境。不论是文本语言的转化还是内部语言的转化，都应如身临其境、入情入境，才可避免表情的刻板、生硬。

如报道地震灾区的孩子灾后恢复正常生活的消息。在电视画面上，是孩子们一张张欢乐的笑脸。播音员在播报消息导语时，虽然不能看见画面，但必须通过文字联想到现实情景。

情境感受的关键点：一是要认识电视是现实世界的缩影或反映；二是要善于通过文本符号联系现实；三是要善于感受形象世界并自觉入情入境。

（二）眼神传情

新闻评论节目和专题娱乐节目中的一些特写镜头，播音主持创作主体的眼神应与有声语言配合，以产生更好的传播效果。

如播报地震、水灾、道路交通事故时，播音员严肃的神情；播报农业丰收、国际比赛夺冠时，播音员喜悦的神情，都能感染受众。

眼神传情的关键点：一是要通过眼神流露出符合播出目的的情绪；二是要抓住要点流露眼神；三是要依据不同内容、对象，赋予眼神不同的表现。

（三）微笑交流

微笑是日常人们见面、交流的基本方式之一。无论是新闻联播、专题采访还是综艺晚会，无论是节目开始还是结尾，用微笑迎送观众，是关心、体贴、尊重、感谢观众的一种体现。要根据不同内容，抓住不同微笑的根源依据所在，避免傻笑、干笑等不自然的笑。

如每天的新闻播报和天气预报，播音员主持人面带微笑，易于拉近与受众的距离，产生亲近感、亲切感。根据不同内容，播音主持创作主体应表现出不同的神情和状态。

微笑交流的关键点：一是要将微笑看成是一种职业需要；二是学会发自内心而非表面的微笑；三是要结合内容与对象掌握微笑的分寸。

（四）点头示意

适当地点头，既能表现出对受众的尊重，也能很好地传达意义。例如，在新闻播音和现场报道中对新闻要素的强调，在专题采访中对提问要点的突出，在综艺娱乐节目中对笑点、看点的提示，等等。专注倾听和适时地点头或微笑，都能起到一般有声语言起不到的作用。

如"神舟十号"系列报道中，提到航天员在国际空间站生活六个月之后，身体十分虚弱，就好像是一个八十岁的老人。太空中为了维持人体的各个器官组织的正常运转，国际空间站的航天员"每天至少进行两个小时的体育锻炼"。在讲到"两个小时"处，播音员的点头就是对航天员以顽强意志进行刻苦训练的一种肯定。

点头示意的关键点：一是要明确点头是为了表示意义；二是应注意紧随表达内容而适时点头；三是要避免不点头或频频点头这两个极端的倾向。

（五）手势辅助

在对具体事物的描述和具体事件的解释说明中，手势辅助往往有助于准确、生动地传情达意。

如在介绍"神舟十号"航天员的空中生活时，演播室摆放了一个"神舟十号"的轨道舱（生活舱）模型，让观众产生具体的感受与想象，主持人还时不时地用手势比划航天员怎么在有限的空间内换衣服、挂衣服等。

在一些综艺娱乐节目中，主持人通过手势能更自由地辅助有声语言传情达意。

手势辅助的关键点：一是应认识手势对有声语言的辅助作用；二是对有声语言难以描摹的事物应借助手势；三是要避免手势的单一化、模式化，学会灵活运用。

（六）动作展示

利用电视中景、全景及特写镜头的拍摄，播音主持创作主体的四肢与躯干有机、协调的动作展示，往往能给观众留下深刻的印象。

如中央电视台《星光大道》主持人为说明玩游戏有熟悉过程、得练的道理，在节目中又旋陀螺又甩鞭的动作展示；又如2013年6月5日，在中央电视台《我爱满堂彩》的节目《嫦娥与玉兔》开场白中，两位主持人分别扮演嫦娥、玉兔，进行符合角色和扮相的动作展示……都是为了吸引受众。

动作展示的关键点：一是要明确主持和表演的不同内涵，敢于和善于根据内容进行"角色转换"；二是要注意动作展示的不同场合特点；三是应避免出现多余的或无谓的动作。

只有自觉地认识并运用这些副语言表达规律，播音主持创作主体才能更有效地进行传播。

第四章　有声语言创作中撕裂音使用

第一节　实验语音学基础上的撕裂音界定

撕裂音是对声音的艺术化使用，在声乐演唱及有声语言创作中均有出现，但尚未有研究对其作明确的界定。音乐领域中，有将撕裂音作为流行唱法中具有特殊表现意义的控制型"破音"进行研究；在《演员艺术语言基本技巧》中，对演员使用撕裂音的表述是"角色遇到意外的刺激，呼天喊地发出一种可怕的吼叫时，都可以运用'破音'这种手段，但这同演员在音高与音量负荷上超越了自己的声带可以承担的限度时，所产生的声音上的撕破或岔音完全是两回事。"可见撕裂音由于在听觉上给人以"瑕疵"感，常会被人与破音相混淆，甚至常有将撕裂音判定为噪音的情况。

在现有实验语音学基础之上，可通过实验语言学仪器与声学软件，进行声音信号的采集，将诉诸听觉的声音进行图像化呈现，通过对比进行撕裂音与破音、噪音的区分，对撕裂音进行明确界定。

一、基于语音实验的撕裂音与破音辨别

撕裂音经常与"破音"混为一谈，然而两者之间是有明确界限的。要对"撕裂音"进行科学的界定，首先就要理清两者之间的不同。

"破音"是发声者由于缺乏发声技巧或生理、心理上的问题，导致在发声过程中突然产生短暂、失控、非正常的音色变化，有可能呈现出嘶哑、残破、尖锐、开叉等异常声响或短暂失声。无论是在演唱或有声语言创作过程中，出现破音的现象都会影响到声音的美感与作品的表达，发声者的生理与心理均会受到负面影响。相比之下，撕裂音是可控的，是对声音的艺术性使用。撕裂音是发声者运用科学的发声技术，形成的可控、有层次变化的带有撕裂感的声音，往往呈现出近

似破裂、摩擦感、分叉感、轰鸣感等的特殊声效,当这种有听觉"瑕疵"的声音运用于特定的演唱或有声语言创作中时,能够给听者以强烈的听觉冲击,增强音乐或有声语言作品的表现力与感染力,使作品的层次感更加丰富。从二者分别的分析中我们可以得出,尽管破音与撕裂音在音色上表现出某些相似之处,但实则在生成方式及对声音作品呈现的影响上,二者有着质的区别,产生的效果可谓是一负一正。

从生理上看,声带是人体发声器官的主体,在呼吸时两片声带处于打开状态,发声时两片声带拉紧并向中间靠拢闭合,从肺部呼出的气流冲击闭合的声带使其振动,从而发出声音,为维持声带与气流压力之间的平衡状态,保证发声的均匀、顺畅,需要喉部肌肉发挥协调与支配作用,此时发出的声音是悦耳、自然的。声带正常发声振动的过程如图4-1所示:

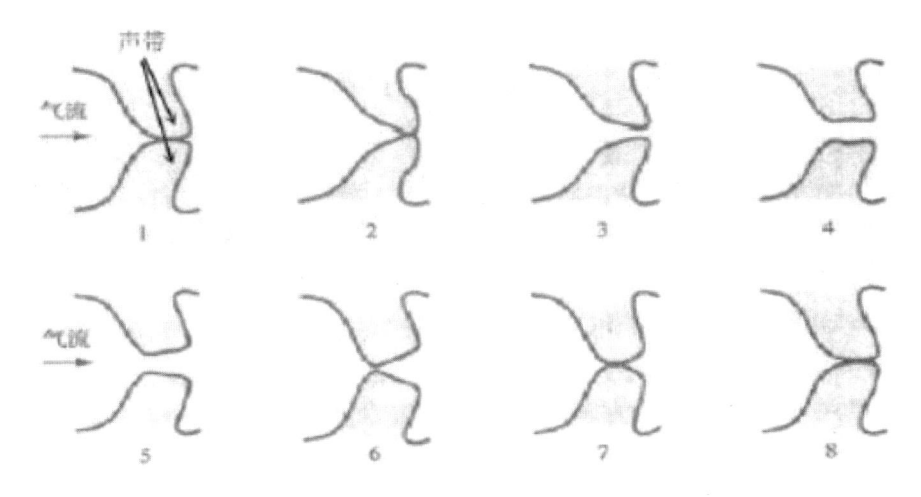

图4-1:声带正常发声振动过程

研究表明,声带振动是一个开闭交替的准周期过程。但是,当这一相对稳定的状态被打破,喉部肌肉控制与肺部呼出气流压力间配合失衡,导致声带振动出现异常时,便会产生非正常音色,即破音。根据这一原理,可以尝试捕捉在正常发声、撕裂音发声以及破音三种情况下,声带的状态,以判断撕裂音与破音的区别。为此,使用实验语音学仪器——喉头仪(EGG),来对三种不同情况下的声带状态进行初步观察与判断。

(一)喉头仪工作原理与EGG信号波形图分析方法

喉头仪(EGG)通过测量经过声带区域的电流,间接反映声带的运动状态,声带的开合会引起通过声带电流大小的变化,进而得到EGG信号的变化,研究证明,EGG信号与声带接触面积呈正相关关系:当声带接触面积增大,信号增强;当声带接触面积减小,信号减弱。图4-2为典型的EGG信号参数定义示意图,横轴为时间,自左向右表示时间推进,纵轴为声带接触面积。

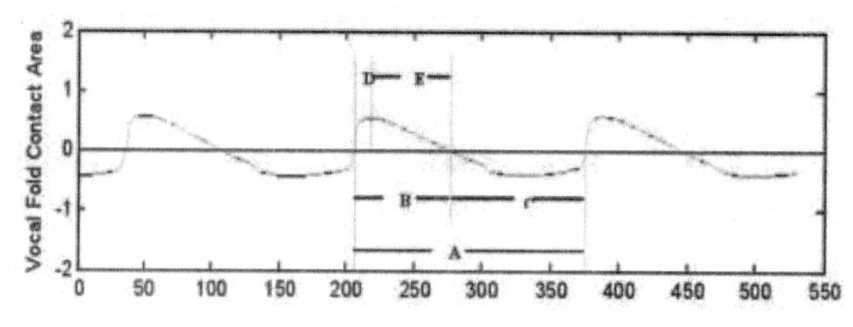

图4-2　EGG信号裁数定义示意图〔孔江平，2001〕

图4-2中，A表示一个嗓音周期，即上一个声带关闭点到下一个声带关闭点之间的区域；B表示一个闭相，即声带关闭点到声带开启点之间的区域；C表示一个开相，即声带开启点到下一个声带关闭点之间的区域；D表示一个关闭相，即从声带关闭点开始，声带接触面积逐渐增大至最大值之间的区域；E表示一个开启相，即从声带接触面积最大值逐渐减小，直至声带开启点之间的区域。

此外，如图4-2所示，正常发声时，声带运动呈相对稳定状态，振动时声带的接触面积值变化相对固定，因此，单位时间内的EGG信号波形图为规律的周期性曲线。在掌握EGG信号波形图分析方法的前提下，接下来通过实验，分别对正常发声、撕裂音发声以及破音状态下，喉头仪采集到的EGG信号波形图进行对比，进行撕裂音与破音的辨析。

1.实验设计与实验过程

（1）实验设计。①研究手段。主要使用麦克风、喉头仪（EGG）等设备，进行不同发声状态下的嗓音信号收集，利用SPEADS、Adobe Audition软件，进行EGG信号波形图的呈现与音频的录制，重点探究撕裂音与破音的区别。②被试对象。被试对象共6人，包括有声语言艺术行业从业者1人、播音与主持艺术专业教师及研究生3人，非有声语言艺术专业研究生2人，基本情况如表4-1所示。

表4-1　被试者基本情况

被试代号	性别	职业
甲	男	播音与主持艺术专业研究生
乙	男	影视剧、话剧演员
丙	女	播音与主持艺术专业研究生
丁	女	播音与主持艺术专业教师
戊	男	电影学专业研究生
己	女	汉语国际教育专业研究生

③语料采集。语料采集的文本依据为李白经典诗歌作品《将进酒》，要求被试对象分别尝试用传统朗诵发声、撕裂音发声与破音状态朗诵该作品，同时用Adobe Audition软件进行音频录制。为保证语料采集环境的同一性,被试对象均于山东师范大学文学院3140语音实验室进行音频录制。

（2）实验过程按照甲、乙、丙、丁、戊、己的顺序,由被试者甲开始,依次用传统朗诵发声进行《将进酒》的朗诵,同时用喉头仪采集不同被试者发声时的EGG信号,用SPEADS软件对EGG信号波形图进行实时呈现,获取样本1。随后,要求被试者按照同样的顺序,由被试者甲开始,依次尝试用撕裂音发声进行《将进酒》的朗诵,用相同的手段获取样本2。最后,要求被试者按同样的顺序,依次尝试朗诵《将进酒》时出现破音,用同样的手段获取样本3。如图4-3、4-4、4-5,分别为样本1、2、3中被试甲在SPEADS软件中的图像呈现界面。

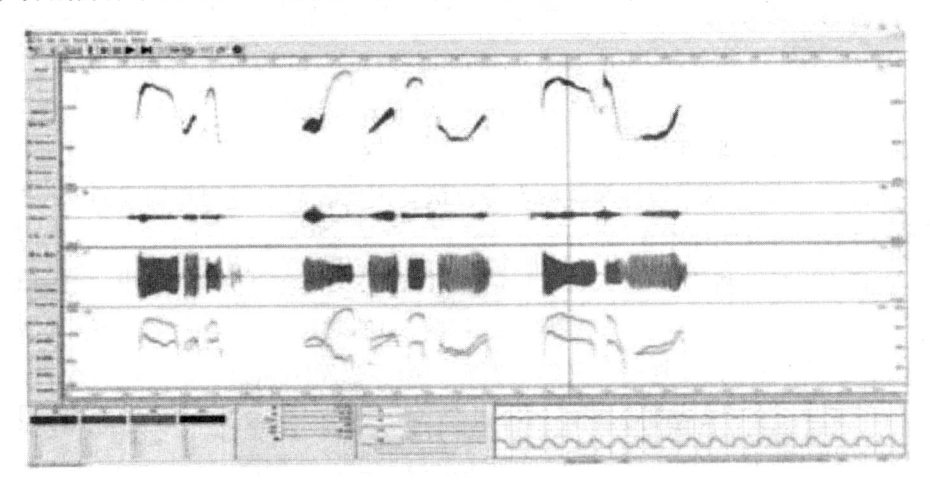

图4-3　样本1（被试甲传统朗诵发音）

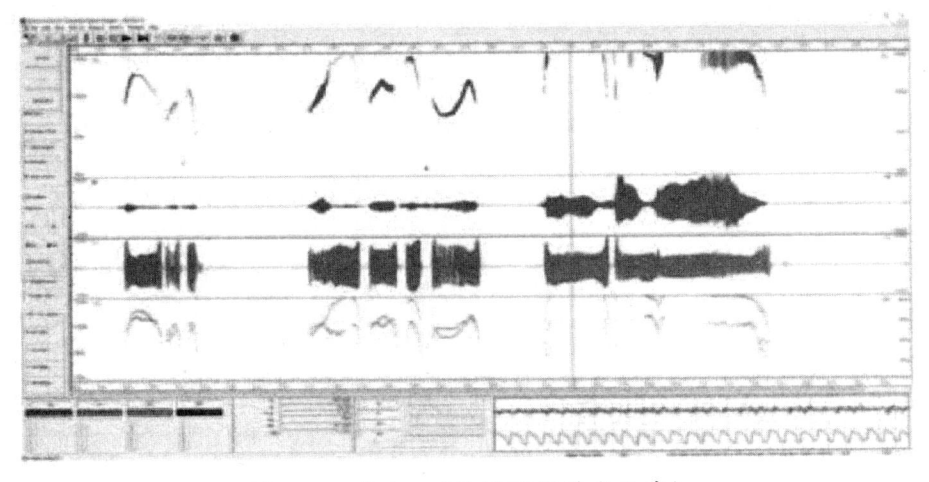

图4-4　样本2（被试甲撕裂音发声）

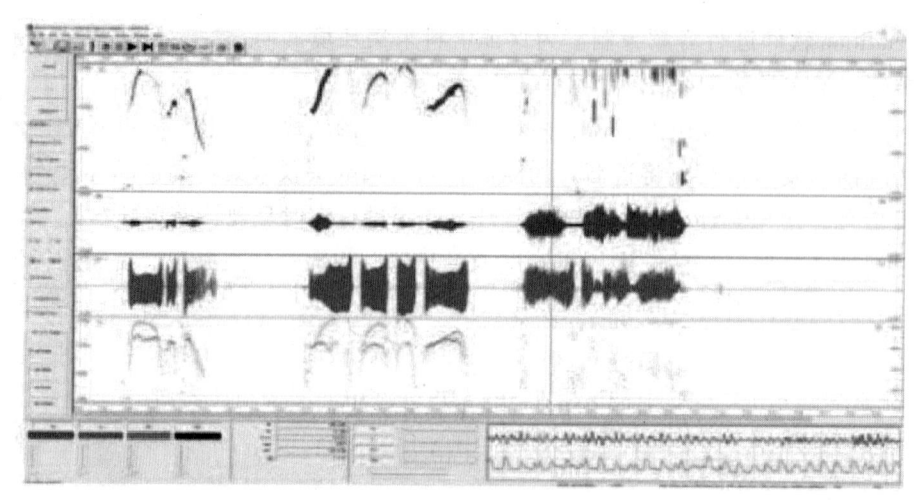

图 4-5 样本 3（被试甲出现破音）

实验过程中，成功采集到了甲、乙、丙的样本 1、2、3，戊与己由于是非有声语言艺术专业者，未掌握撕裂音的发声方法，因此，只采集到传统朗诵发声与破音状态下的样本 1 和样本 3。

2. 样本对比分析

以样本 1、2、3 中被试甲的 EGG 信号波形图的对比分析为例，"君不见，黄河之水天上来"一句，分别用传统朗诵发声、撕裂音发声和破音，重点表达"天"、"上"、"来"三字，由此得到三组对比图像，如图 4-6、4-7、4-8 所示。图像中上方蓝色曲线为声波信号图，下方绿色曲线为 EGG 信号波形图。

第一组图像为"天"字在三种不同发声状态下，单位时间内呈现的图像，主要对比图像中下方绿色的 EGG 信号波形图：

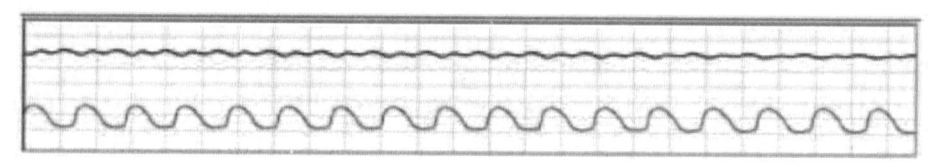

图 4-6 "天"传统朗诵发声

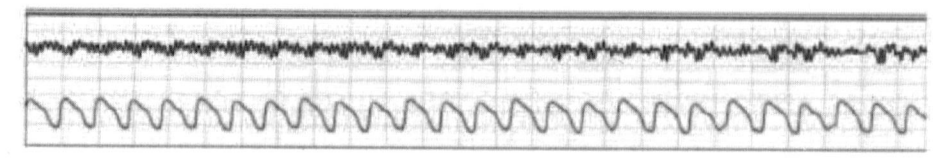

图 4-7 "天"撕裂音发声

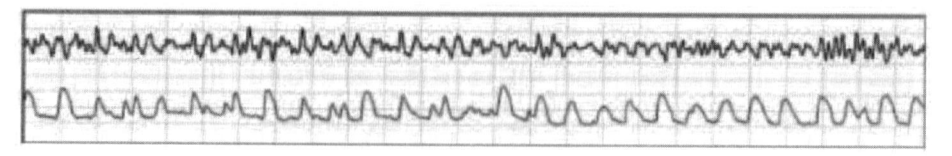

图 4-8 "天"破音

图4-6为"天"传统朗诵发声时的图像，声带运动处于相对稳定状态，因此EGG信号波形图为规律的周期性曲线；图4-7为"天"撕裂音发声时的图像，与图4-6相比，EGG信号波形的形状有所改变，单位时间内波动的次数更多，但波形依旧呈现为规律的周期性曲线，说明撕裂音发声状态下的声带运动仍处于相对稳定状态，且声带运动的频率更高；图4-8为"天"破音时的图像，与图4-6、图4-7相比差异明显，EGG信号波形图呈现出明显的非规律性变化，说明破音状态下的声带运动处于不稳定状态，与对破音的定义描述相一致。

第二组图像为"上"字在三种不同发声状态下，单位时间内呈现的图像，主要对比图像中下方绿色的EGG信号波形图，如图4-9、4-10、4-11所示。

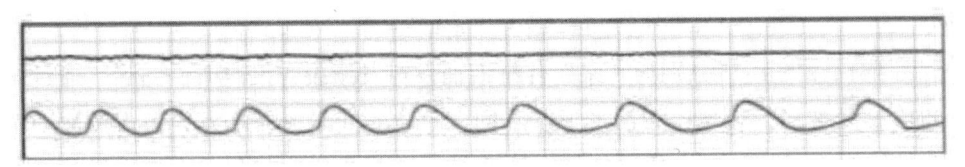

图4-9 "上"传统朗诵发声

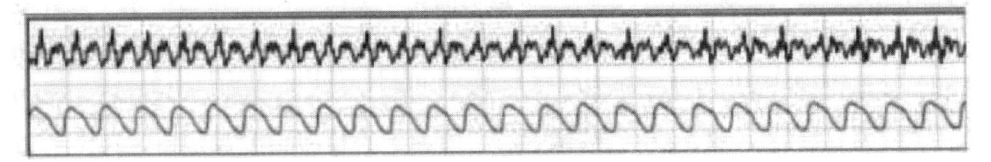

图4-10 "上"撕裂音发音

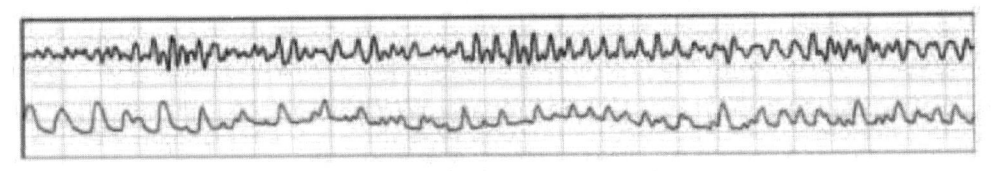

图4-11 "上"破音

图4-9为"上"传统朗诵发声时的图像，图4-10为"上"撕裂音发声时的图像，对比发现，两图EGG信号波形的形状不同，但都呈现为规律的周期性曲线，说明两种发声状态下声带运动都处于相对稳定状态，且撕裂音发声单位时间内波形的波动次数明显增多，说明声带运动的频率更高；图4-11为"上"破音时的图像，与图4-9、图4-10对比有明显差异，EGG信号波形图呈现出鲜明的非规律性变化，说明声带运动处于不稳定状态。

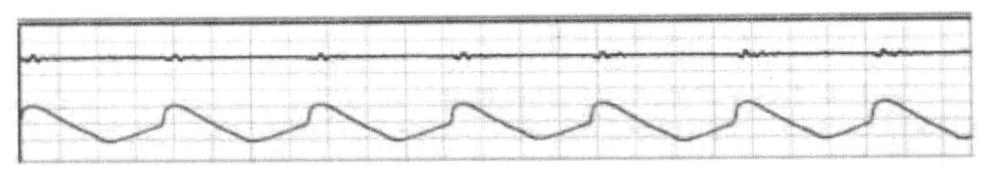

图4-12 "来"传统朗读发音

第三组图像为"来"字在三种不同发声状态下，单位时间内呈现的图像，主要对比图像中下方绿色的EGG信号波形图：

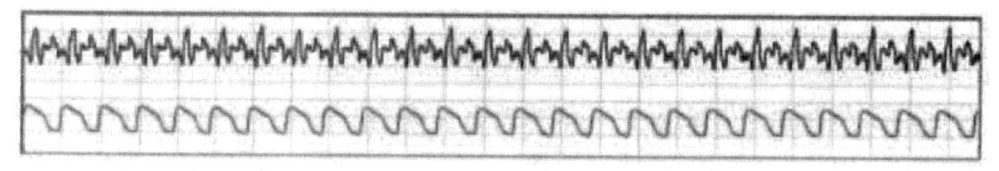

图 4-13 "来"撕裂音发声

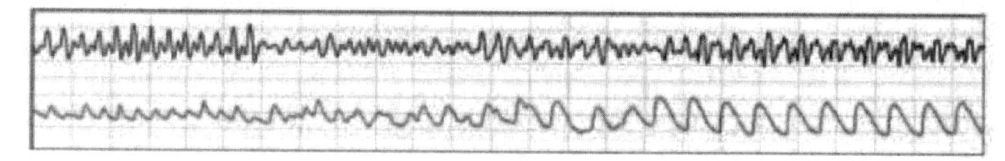

图 4-14 "来"破音

图4-1、2图4-13分别为"来"传统朗诵发声及撕裂音发声时的图像，通过对比EGG信号波形，发现两图波形形状不同，单位时间内撕裂音发声波形的波动次数明显增多，但都呈现为规律的周期性曲线，说明两种发声状态下声带运动都处于相对稳定状态，且撕裂音发声时声带运动的频率更高；图4-14为"来"破音时的图像，与图4-1、2图4-13对比差异明显，EGG信号波形图呈现明显的非规律性变化，说明声带运动处于不稳定状态。

通过对比样本1、2、3中，被试者乙、丙、丁的EGG信号波形图，及样本1、3中戊、己的EGG信号波形图，同样发现，传统朗诵发声与撕裂音发声时，图像的波形形状不同，但都呈现为规律的周期性曲线，说明两种发声状态下的声带运动都处于相对稳定状态，单位时间内撕裂音发声波形的波动次数明显增多，说明声带运动的频率更高，而破音时的EGG信号波形图呈现明显的非规律性变化，说明声带运动处于不稳定状态，与对破音的定义描述相一致。

3.实验结论

通过对样本1、2、3的对比分析，结果表明，撕裂音发声时的声带运动状态为相对稳定状态，与传统朗诵发声时的EGG信号波形图都呈现为规律的周期性曲线，但撕裂音发声时声带运动的频率更高，声带振动更加剧烈。而撕裂音发声与破音时的EGG信号波形图对比差异鲜明，破音的波形图呈现出明显的非规律性变化，由声带运动状态的不稳定所造成。因此可以初步得出，撕裂音发声与破音，在发声时的声带运动状态有着质的区别，撕裂音并不是破音，而是在声带运动处于相对稳定状态下的艺术化声音使用。

（二）基于声学分析的撕裂音与噪音区分

撕裂音除了会跟"破音"混淆外，还会因听觉上的摩擦破裂感而被单纯定义为"噪音"，使人听到"撕裂"就避之不及，那么有必要进一步明确撕裂音与乐音、噪音之间的关系。下面借助Adobe Audition软件的频谱频率显示器功能，在将声音的声学特征进行可视化的基础上,进一步探究撕裂音的物理特性。

1.乐音与噪音的声学图像分析

声音有噪音与乐音之分,无论是语音学研究、音乐学研究中,都遵循此声学区分方法。语音学中指出,乐音是有一定频率的,也就是有规律的音波;噪音是同时传来的许多不规律的音波的混合,没有一定的频率。音乐学研究中提出,从物理角度看,凡是发声体做有规律的周期性振动,发出的有固定频率的纯音和复合音,统称为乐音,反之则是噪音。因此,可以通过将声音的频率图像化,观察对比声音的频率状态,区分乐音与噪音。下面是小提琴声与打雷声在Adobe Audition软件中呈现出的频谱频率图,小提琴声(图4-15)是典型的乐音,打雷声(图4-16)则是典型的噪音。

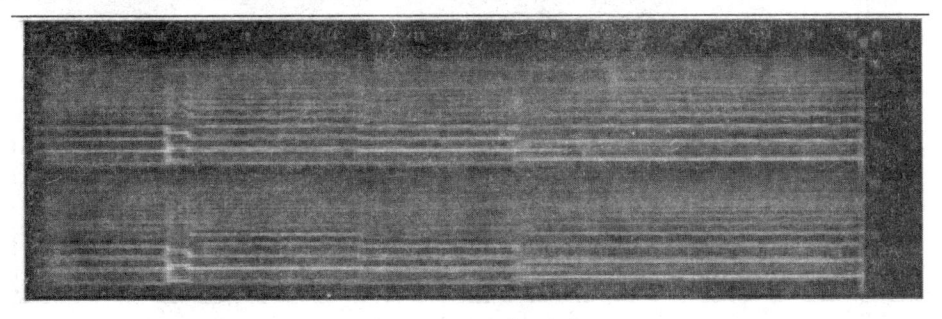

图4-15:小提琴声

图4-16:打雷声

频谱频率图中,图像上方的横轴为时间轴,自左向右表示时间的推进;纵轴为频率轴,单位为Hz(赫兹),由低到高频率数值递增。在频谱频率图中,图像颜色的明暗,代表了声音在某一时段中频率分布的强弱,最明亮的黄色部分代表声音在某一频率处最强最集中,随着颜色的亮度渐暗,频率的强度递减,直至最暗的黑色表示声音中不含某频率。

图4-15为小提琴声所呈现出的频谱频率图像,由于乐器发出的乐音有着相对固定的频率,因此,可以发现黄色的频率线条,呈现为与横轴(时间轴)平行的一系列规整的、较平滑的平行线,随着音调旋律的变化产生高低错落的不同,但始终保持着稳定的平行线的状态。图4-16是打雷声所呈现出的图像,打雷声是典

型的噪音，噪音没有固定的频率和相对稳定的状态，因此我们看到的图像是大片颜色分布混乱的、不成规则的图形，与小提琴规则的平行线形成鲜明的对比。在此基础上，对比人声演唱与有声语言表达中，通俗演唱与摇滚撕裂音演唱、传统朗诵表达与撕裂音朗诵表达的频谱频率图，探究撕裂音与乐音、噪音的关系，声音采样者为同一男性，在相同的录音环境下进行演唱与朗诵录制。

2.撕裂音的声学图像分析

下面是通俗演唱片段"我和我的祖国，一刻也不能分割"（图4-17）与分别是摇滚撕裂音演唱片段"愿赔上了一切超支千年的泪"的干声录音（图4-18）在Audition软件的频谱频率显示器中所呈现出的图像：

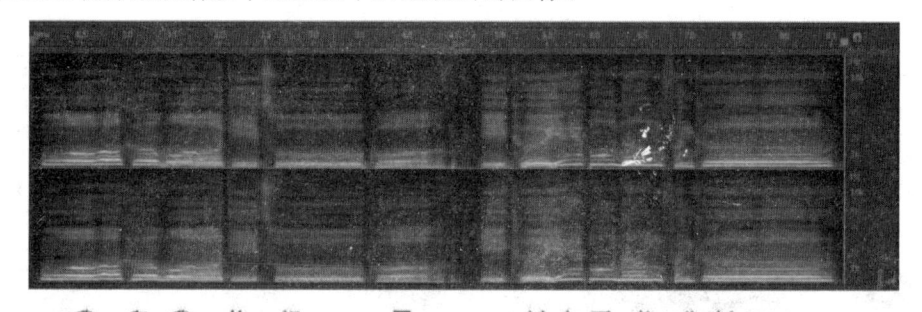

图4-17：通俗演唱

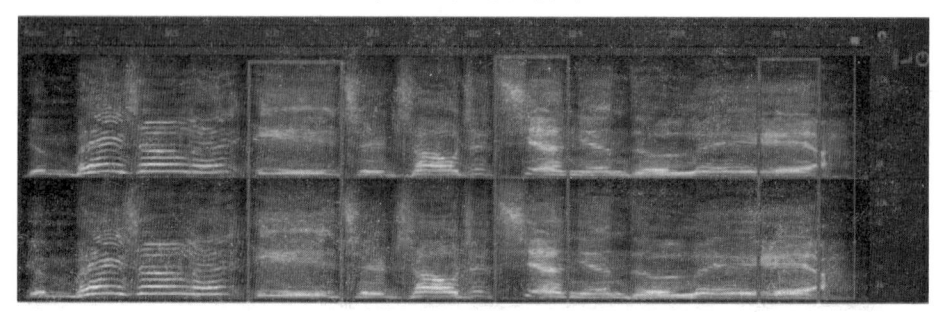

图4-18：摇滚撕裂音

图4-17中黄色的频率线条与横轴平行，形成一系列较规整的平行线，随着音调旋律的变化呈现高低错落，与小提琴的图像类似，乐音特征明显。图4-18中蓝色边框圈出的为使用撕裂音的部分，通过对比可以看出：在未使用撕裂音的部分，黄色的频率线条呈平行线状，而在使用撕裂音的部分，则出现成片模糊的特征，与打雷声的图像有相似性，由此可以得出演唱中的撕裂音有明显的噪音特征，但图像并非完全模糊，而是呈现出一种在平行线之上的叠加复合效果。

对通俗演唱与摇滚撕裂音演唱对比后，进一步对比有声语言表达中，传统朗诵表达与撕裂音表达的频谱频率图的区别。图4-19、图4-20分别为"君不见，黄河之水天上来"的传统朗诵表达与撕裂音表达的频谱频率图。

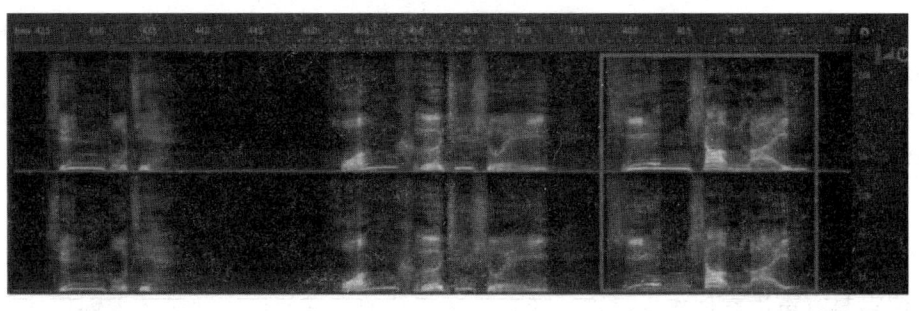

君不见， 黄河之水 天上来。

图 4-19 传统朗诵表达

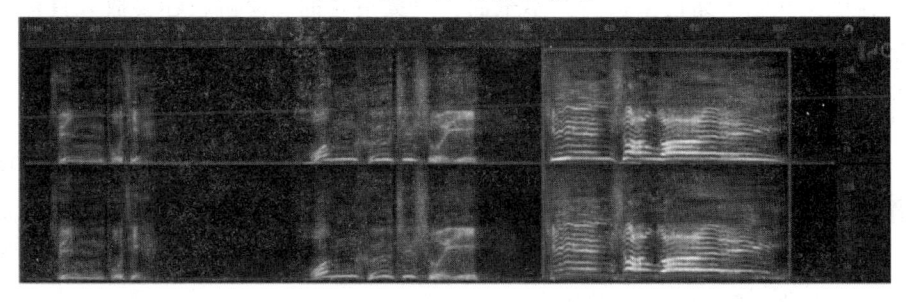

君不见， 黄河之水 天上来。

图 4-20 撕裂音表达

图 4-19 中黄色的频率线条，多呈现规整的平行线条，受声调的变化与发音时间相对较短的影响，线条发生高低曲折的变化，总体上看，频率线条特征与小提琴、通俗演唱的图像类似，有明显乐音特征。图 4-20 中使用撕裂音的部分用蓝色边框圈出，与图 4-19 圈出部分对比可以看出：两种表达的频率线条都以平行线条为主，但使用撕裂音的部分出现成片模糊的特征，与打雷声、摇滚撕裂音演唱的图像相似，噪音特征明显，但图像并非完全模糊，呈现出一种叠加效果。

3.声学图像分析结论

由以上"通俗演唱和摇滚撕裂音演唱""传统朗诵和撕裂音表达"这两组声学图像的对比分析可以得出，从物理属性上看，在摇滚演唱与有声语言创作中的撕裂音，不能被单纯定义为噪声。确切地说，它应当是一种在乐音基础上制造出来的带有噪音属性的复合声，属于一种特殊的艺术表达的样式。

（三）撕裂音的界定

撕裂音是一种听觉上有撕扯破裂感的声音，撕裂音的发出需要用大量的气息冲击闭合良好的声带，引起声带的强烈震动，同时喉部肌肉保持一定的紧张度，使声门处于临近失控的极限状态下，产生撕裂沙哑的声音。撕裂音对使用者的膈肌力量、声带激张力和喉部肌肉的控制能力都有较高的要求，又因为需要强劲持久的气息做支撑,所以非常强调腹式呼吸的作用。撕裂音与破音、噪音有明确的区别,是在声带运动处于相对稳定状态下的艺术化声音使用,同时,是一种在乐音基础上制造出来的带有噪音属性的复合声。

通过实验发现,非有声语言专业者未掌握正确的发声方法,不能发出撕裂音,只能正常发声与出现破音,由此可见,撕裂音是有声语言创作中的艺术性声音使用,而破音则是发声时声带振动出现异常的生理性现象。

撕裂音形式上似乎靠近噪音,但是它的出现与使用有着特定的需求,在摇滚乐演唱与有声语言创作中,这种带有噪音特征的声音使用实际是艺术创作的一部分,它恰好与审美主体的身体节律相吻合,从而产生美感。因此对撕裂音的研究判定,单纯从物理角度来进行并不全面,对撕裂音的美学解析还要放入具体的艺术形式中,从心理角度与审美效果上进行探究。

(四)撕裂音的使用特点

撕裂音作为声音的艺术化使用,在不同的有声语言艺术形式中,起到多样化的作用,因此,可初步总结撕裂音的使用特点。撕裂音在使用中有强度的区别变化,有相对特定的使用位置,使用主体呈现出性别优势,对撕裂音使用特点的分析从强度变化、使用位置、使用主体三方面进行。

1.有丰富的强度变化

相较常规表达圆润稳劲的吐字发声,撕裂音的爆发性更强、响度更大,声音强度也更高。此外,受不同因素的影响,撕裂音本身也呈现出丰富的强度变化,主要从空间场景与文本内容两方面分析。

(1)空间场景。于舞台之上进行有声语言创作时,撕裂音使用的总体强度最高,包括舞台朗诵与话剧表演。剧场、大剧院、音乐厅、演播大厅等空间均有开阔空间,舞台与观众席有较长距离,朗诵者、演员置身舞台面对众多观众,在有扩音设备的前提下,仍需使用较大的音量进行有声语言表达,以保证距舞台最远的观众依然能清晰接收声音。由于声源与观众的距离远,广阔空间对声波的消耗相对较大,因此,在舞台上使用最高强度的撕裂音表达,不易造成过度的听觉刺激,不会给人听觉上以不适感。

在影视剧人物配音中,撕裂音使用的总体强度,较舞台朗诵与话剧表演有所降低。配音演员以再现原片人物语言表达为任,撕裂音使用因影片场景的不同有所变化,场景空间感越开阔,撕裂音使用强度越高,达到声画和谐的效果。如:译制片《哈姆雷特》中的独白,哈姆雷特置身处广阔的雪原,镜头逐渐由人物全景变为远景,空间感逐渐开阔,配音的撕裂音强度随之逐渐提升至最强,与宏大场景达到和谐。

演播艺术形式中,撕裂音使用的总体强度最低。小说连播与评书连播节目,主要通过电台广播及有声读物APP传播，以车载收音机与手机为主要收听工具，收听环境更加人际化，且收听者多会使用耳机。因此，演播者受传播方式与听众收听方式的影响，演播者在进行小说与评书的演播录制时，多使用与日常生活中人际交谈相当的音量，撕裂音也控制在比交谈稍高的强度，塑造人物语言、模拟特殊声响，避免过度的听觉刺激。

（2）文本内容。撕裂音使用的具体强度与情感内容相关。从通篇与完整段落的角度看，作为朗诵艺术创作依据的诗歌等文学作品，话剧剧本的对白、独白段落，影视剧人物配音中的对白、独白段落，演播艺术形式中的小说、话本片段，都有鲜明的展现情感高潮的内容语句，在进行有声语言创作时，往往使用最高强度的撕裂音来呈现，形成声音形式与情感内容的高度统一，塑造恢弘意境、突出强烈情感。其他重点表达情感的内容语句，则根据内容的重要性与情感的不同程度，进行不同强度的撕裂音使用。从语句的角度看，整句使用撕裂音表达的句子，撕裂音在句末的强度最高，撕裂音发声需要强劲的气息，整个过程一气呵成，气息量从发声开始不断增强，直至表达结束完全释放，撕裂音强度达到最高。非整句使用撕裂音表达的句子，根据所强调语句重点与情感程度的不同位置，撕裂音使用的位置有所变化，句尾语势上扬以撕裂音表达结束，强度在句尾处达到最高，在句中语势最高处使用撕裂音表达，撕裂音强度在句中达到最高。

2.使用位置相对特定

有声语言创作中的撕裂音使用，有相对特定的位置，常用于一些特定的句式结构中或末尾位置。

（1）特定句式结构。在将文字语言转化为有声语言的过程中，始终以文本为依据，按文气，合文意是基本的要求，文学作品中经常运用排比、反复、对偶等修辞，目的在于强调语意、抒发情感、增强语言气势。把结构相同或相似、语气一致、意思密切关联的三个或三个以上的句子或句子成分排列起来，以增强气势、强调语意、加深感情的辞格为排比。反复是有意地重复同一词语或句子以强调某个意思或抒发某种感情的辞格。对偶则是把字数相等、结构相同或基本相同、意义相关的两个句子或短语对称地排列在一起，表达相反、相关或相连的意思。在运用以上修辞的句式结构中，常有对撕裂音不同程度的使用，随着情感的逐渐深入，语言气势的不断增强，语意的反复强调，撕裂音在此过程中从无到有、由弱到强，符合文本的情感发展变化、语势走向，凸显文本意境。

在朗诵中，排比、对偶、反复修辞处使用撕裂音的作品众多，此外，话剧、影视剧人物配音以及小说演播中，也代表性地使用，如：

我一身织锦，一身珠宝，一身黄金。（《河床》昌耀）

迷惘的我、深思的我、沸腾的我。

你的富饶、你的荣光、你的自由。（《祖国啊，我亲爱的祖国》舒婷）

成为口弦，成为马布，成为卡谢着尔。（《黑色狂想曲》吉狄马加）

群众把他抬举得很高，很高。（《有的人》臧克家）

它该是——永远永远迎风飘扬的

中国旗帜（《旗帜》郭新民）

是丝绸 都江堰 大运河

是敦煌莫高窟壁画中长袖

善舞的飞天

是京剧舞台上千回百转的唱腔（《一个人和一面碑》刘立云）

狩猎啦！狩猎，狩猎，狩猎，狩猎，狩猎啦！狩猎啦！哈哈哈哈哈哈……（《斑羚飞渡（改编）》沈石溪）

周朴园（达式常饰）：哎呀！不能够啊！老天爷，不能够啊，不能够啊！（话剧《雷雨》）

仇虎（胡军饰）：没了，早晚就是这么一下子！没了，什么都没了，没了！（话剧《原野》）

大卫·班纳：别干了？别干，什么？！别干，什么？！（译制片《绿巨人浩克》）

在运用排比、反复、对偶等修辞的特定句式中，使用撕裂音进行艺术化表达，显现了语言气势，对语句重点进行了突出强调，强化了情感表达的效果，符合有声语言创作按文气，合文意的要求，是有声语言意境塑造的有力方式。

（2）末尾。撕裂音常用于有声语言创作的末尾，朗诵艺术中末尾使用撕裂音最为常见，此外，话剧、影视剧人物配音独白、评书演播的末尾，均有撕裂音表达的代表性使用，如：

俱往矣，数风流人物，还看今朝。（《沁园春·雪》毛泽东）

今夜我们喝酒划拳

每人三斤银川老白干！（《我的银川》骆英）

我把我的诗和我的生命

献给了纪念碑（《纪念碑》江河）

相信未来，热爱生命。（《相信未来》食指）

骑着五千年凤凰和名字叫"马"的龙——我必将失败

但诗歌本身以太阳必将胜利（《祖国或以梦为马》海子）

废墟中中华腾飞的希望，

正沐浴着金色的阳光！（《父亲》雨霏霏）

金子（徐帆饰）：我的虎子！（话剧《原野》）

哈姆雷特：啊，从这一刻开始，让我把流血的思想充满我的脑海！（译制片《哈姆雷特》）

这一斧子把头盔给砍掉，发髻喷散，老程一看是洋洋得意！（评书《隋唐演义》）

朗诵中，末尾语势上扬处使用撕裂音，是对全篇情感的高度升华，撕裂音粗放的声音形式与迸发的情感内容相融合，塑造出丰富的意境，使听者产生强烈的共鸣。话剧《原野》末尾以演员的撕裂音表达结束，是人物情绪最终爆发的展现，是对人物悲剧命运的宣告，撕扯破裂的声音形式给观众极大的震撼。译制片《哈姆雷特》中的独白片段，末尾处撕裂音与原片演员表演、场景的变化相贴合，将哈姆雷特的满腔愤慨与决绝充分展现，达到声画和谐、撼人心魄的效果。评书《隋唐演义》在章回的结尾使用撕裂音，既是对人物情态的塑造，又是在打斗场面到达高潮时，进行的悬念预设，给听众酣畅淋漓又意犹未尽之感。

3.使用主体以男性为主

撕裂音使用的主体本身，呈现出以男性为主的特点。撕裂音的产生，需要用极强的气流冲击闭合的声带，使之达到一种临近失控状态。从生理特点上来看，男性声带相较女性而言更长更厚，在强气流冲击之下，男性较厚的声带承受能力与控制力更强，女性由于声带较短较薄，不易在极限状态下进行声带控制。同时，在使用撕裂音的男性当中，音色低沉浑厚的男性占主要部分，也是由于较一般男性而言，音色低沉的男性声带厚度、长度更佳，承受强气流冲击的能力更强。因此在有声语言创作中，使用撕裂音的创作主体多为音色低沉浑厚的男性，男、女性创作者均需掌握科学的发声方法，反复实践后方能自如运用。

在有声语言创作中，使用撕裂音的代表性创作者，涉及诸多有声语言艺术领域，包括朗诵艺术家、主持人、播音员、配音演员、评书表演艺术家、国家一级影视及话剧演员等，如徐涛、殷之光、张宏、王凯、齐克建、冯远征、胡军、孙悦斌、王明军、关山、单田芳、宋丹丹、徐帆、宋春丽等。通过对部分代表性创作者的列举，并综合搜集到的诸多有撕裂音使用的作品，可以发现在有声语言创作中使用撕裂音以男性为主，女性相对较少，这与男女性发声器官的生理区别有直接关系。

通过对撕裂音使用的强度特点、使用位置、主体特点三方面进行分析，可以得出：撕裂音使用的强度受空间场景与情感内容影响，常用于使用排比、对偶、反复等修辞的特定的句式结构中，或有声语言创作末尾位置，撕裂音使用主体因男女性发声器官的生理区别，呈现出以男性为主的特点。

二、有声语言创作中撕裂音的应用分析

撕裂音带有摩擦撕扯感的音色，是对通俗演唱圆润优美的声音形式的突破，这一声乐技巧的创新与使用，成为摇滚乐演唱的标志，给听者带来新的审美感受。声乐和有声语言都需要使用声音，特别是声音的艺术化使用。人类的语言，从产

生之日起就是有声的，后来有了文字，出现了文字语言，才用"有声语言"加以区别。有声语言又分为两种，一种是由内部语言外化而成，一种是由文字语言转化而成。当下，在朗诵、话剧表演、影视剧人物配音、小说与评书演播中，均有使用撕裂音的典型，且掌握并使用撕裂音的创作者众多，这些艺术形式均是在文字语言基础上，加工改造为有声语言的创作活动，是创作者以有声语言为主，进行艺术表现与再现的有声语言艺术形式。

同为有声语言艺术形式的基础上，几种艺术形式各具特点：朗诵有体裁丰富的文本依据，作品篇幅较短易于归纳分析，创作者呈现出鲜明统一的艺术风格；话剧表演以剧本为创作依据，人物台词表达是演员进行的有声语言创作，演员语言表达形式丰富、表现性强，需对不同人物角色做具体把握；影视剧人物配音，是配音演员在表演对剧本的二度创作基础上，进行的三度创作甚至四度有声语言创作，受到极强的规定制约，对配音的分析需结合多方制约条件；小说与评书演播以小说、话本为创作依据，作品篇幅长，创作者完全以有声语言，进行故事情景表现与人物形象塑造，对演播创作的分析需结合具体的篇章内容。

以上有声语言艺术形式中，有撕裂音使用的作品及创作者较多且颇具代表性，此外，尚未发现其他有声语言艺术形式中使用撕裂音的典型，因此有声语言创作中撕裂音的应用分析，将分别从有撕裂音使用的朗诵、话剧表演、影视剧人物配音、小说与评书演播四方面进行。

（一）朗诵中撕裂音的应用分析

朗诵是有声语言创作的主要形式之一，是将文字语言加工转化为有声语言的二度创作。由于文字语言本身蕴含不同的意境与情感，加之不同创作者对文字语言和有声语言创作的理解不同，因此在朗诵中，便有了不同的声音形式的呈现。在朗诵中使用撕裂音者众多，"齐越节""夏青杯"等朗诵大赛、诗歌专场晚会、大型文艺会演及诗歌文化类综艺节目中，均有使用撕裂音的作品出现，并作为一种朗诵艺术风格被广泛认可。朗诵中撕裂音的使用有特定的文本范围，现将50篇使用撕裂音的作品按体裁分类，情况如表4-2所示。

表 4-2　使用撕裂音的作品分类

体裁	篇目
诗歌	《再别康桥》徐志摩、《忆秦娥·娄关山》毛泽东、《河床》昌耀、《猛士》周涛、《满江红》岳飞、《我应该是一角大西北的土地》章德益、《相信未来》食指、《将进酒》李白、《祖国啊，我亲爱的祖国》舒婷、《父亲》雨霏霏、《江城子·密州出猎》苏轼、《追寻》杜涛、《有的人》臧克家、《梦游天姥吟留别》李白、《旗帜》郭新民、《我的银川》骆英、《祖国或以梦为马》海子、《我用残损的手掌》戴望舒、《黑色狂想曲》吉狄马加、《让我们回家吧》吉狄马加、《沁园春·雪》毛泽东、《纪念碑》江河、《水调歌头·重上井冈山》毛泽东、《一个人和一面碑》刘立云、《记住我的名字叫四川》梁平、《我骄傲，我是中国人》王怀让、《人民万岁》王怀让、《我希望》萧博、《英雄》邹国俊、《自问》薛保勤、《七律·长征》毛泽东、《蜀道难》李白、《破阵子·为陈同甫赋壮词以寄之》辛弃疾、《下江南向夔州》张说、《大风歌》刘邦、《观沧海》曹操
散文	《大美如斯长白山》任林举、《美哉，诗经》张吉义和章晓宇、《我的心》巴金、《安塞腰鼓》刘成章、《一件没织完的毛衣》曹曦
散文诗	《屈原颂——生死交响》章晓宇、《呼唤良知》章晓宇、《宽阔心胸》佚名、《海燕》高尔基、《天上的草原》阿木古郎
其他	《代李敬业传檄天下文》骆宾王、《屈原（节选）》郭沫若、《斑羚飞渡（改编）》沈石溪、《为人民服务》毛泽东

从体裁上看，使用撕裂音的作品以诗歌为主，有36篇，其中现代诗26篇，古诗词10篇；散文与散文诗各有5篇，其他体裁4篇，包括公文、演讲稿、话剧剧本节选、小说改编。诗歌以抒情见长，"诗者：根情、苗言、华声、实义"，从白居易提出的诗的四要素看出，在诗的审美本质中"情"是第一位的，诗歌是典型的抒情性文本。散文可分为叙事性、议论性与抒情性散文，使用撕裂音的5篇散文作品中，4篇为抒情性散文，《一件没织完的毛衣》为叙事性散文，讲述母亲生命最后阶段仍为女儿织毛衣的故事，讴歌母爱之伟大，情真意切地抒发对母亲在的怀念。散文诗兼具散文与诗歌的特点，5篇使用撕裂音的散文诗均有强烈的感情抒发特点。在古代公文写作中也时常使用抒情，且情感抒发异常强烈，骆宾王的《代李敬业传檄天下文》就感人至深。其旨在揭露武则天罪责，进而号召群臣起兵推翻"武氏政权"，情感态度鲜明，言辞激烈。《为人民服务》是一篇政论性演讲稿，以系统阐述"为人民服务"的思想，号召学习张思德精神为目的，情理交融，兼具鼓动性与抒情性。在戏剧中，"抒情性与戏剧艺术自身的固有特性相融合，使戏剧作品中的情感更有深度，形式更富意味。"《屈原（节选）》出自完整的历史剧剧本，郭沫若运用大量诗词，同时以诗化的语言塑造人物语言，进行剧本创作，更强化了作品的抒情性。小说《斑羚飞渡》通过虚构描写跌宕起伏的情节、特点

鲜明的形象，营造生死攸关的环境氛围引人入胜，因此有大量的情绪刻画与抒情性语言的运用，改编为朗诵稿时更是加入了人物语言，进一步增强了情绪感染力。

从主题上看，表现家国情怀、英雄精神、人生理想等主题的作品，是使用撕裂音的主要文本；从内容上看，作品中不乏对宏大场景的刻画、赞美，或对社会现实的批判等。此类文本均凸显崇高审美。崇高是一种突出了主体与客体、人与自然、感性与理性的矛盾、对立，情感力度异常强烈，具有以痛感、压抑感为基础、由不和谐到和谐、由痛感到快感的复杂心理体验，并以狂放、暴烈、无限、模糊、神秘等为基本特征的审美范畴。因此，在使用撕裂音的作品中，即使是《再别康桥》这样语言轻盈柔和，以离愁为主题的作品，因其内容中个人理想与生活希望的光辉，与沉默压抑的情感基调的强烈冲突，最终升华为崇高的美感，撕裂音在作品中的适时使用便显得合理和谐。

因此，通过对50篇作品的分类归纳，并总结其共性可得出，撕裂音使用于以诗歌为主凸显崇高美的抒情性文本中。

（二）朗诵中的撕裂音使用分析

朗诵中的撕裂音使用文本范围，是以诗歌为主凸显崇高美的抒情性文本，因此，分别选取代表性的古代诗歌与现代诗朗诵作品，进行朗诵中的撕裂音使用分析。

1. 古代诗歌朗诵中的撕裂音的使用分析

使用撕裂音的古代诗歌朗诵作品中，《将进酒》是一篇颇具代表性的作品，这是唐代诗人李白自长安被放还之后，与好友共饮时，趁酒兴抒发满腔愤慨而创作的诗。在写作手法上多用夸张，展现出作者豪纵狂放的个性。诗中既显露出悲愤与失望之情，又交汇着自信与抗争之感，基于此，徐涛在朗诵时运用了大量的撕裂音，如图4-21使用撕裂音处用"."标出。

君不见，黄河之水天上来，奔流到海不复回。
君不见，高堂明镜悲白发，朝如青丝暮成雪。
人生得意须尽欢，莫使金樽空对月。
天生我材必有用，千金散尽还复来。
烹羊宰牛且为乐，会须一饮三百杯。
岑夫子，丹丘生，将进酒，杯莫停。
与君歌一曲，请君为我倾耳听。
钟鼓馔玉不足贵，但愿长醉不复醒。
古来圣贤皆寂寞，惟有饮者留其名。
陈王昔时宴平乐，斗酒十千恣欢谑。
主人何为言少钱，径须沽取对君酌。
五花马，千金裘，呼儿将出换美酒，与尔同销万古愁。

图4-21 《将近酒》朗诵中撕裂音的使用

全诗共12句,有9句中使用了撕裂音,其中,6句用在句尾语势上扬的部分,但并不存在整句使用撕裂音表达的情况,以此造成声音形式上的抑扬错落,在对比中将诗人劝酒抒怀的内容表达层层推进,显示思想感情的流动态势。

在9句使用撕裂的诗句中,6句紧扣"将进酒"的"酒"这一主题,有:"烹羊宰牛且为乐,会须一饮三百杯""杯莫停""惟有饮者留其名""斗酒十千恣欢谑""径须沽取对君酌""呼儿将出换美酒",通过撕裂音对这些紧扣主题的内容的强调,显示出诗人借酒消愁的鲜明目的性,将诗人纵酒狂放的姿态展示于人。此外3句中,"黄河之水天上来""千金散尽还复来"两句着重突出诗人夸张的想象,"与君歌一曲"一句强调内容的转折,展现诗人酒兴正浓、把酒高歌的状态。撕裂音在这首诗朗诵中的使用,将诗人饱满丰富的情感、狂放洒脱的情怀展现得淋漓尽致,撕裂音以粗放的、将破不破濒临极限的声音形式,给人以震撼与酣畅之感。

王凯朗诵的《蜀道难》,也有代表性的撕裂音使用,这首诗是诗人李白歌咏蜀地壮秀山川的作品,极言秦蜀道路上的惊险奇丽,表现出诗人的浪漫气质,抒发了其对自然的热爱之情。王凯在朗诵这首诗时,既结合了戏曲念白的技巧,又有撕裂音的使用,声音形式极富表现力,如图4-22使用撕裂音处用"."标出。

地崩山摧壮士死,然后天梯石栈相钩连。

连峰去天不盈尺,枯松倒挂倚绝壁。飞湍瀑流争喧豗,砯崖转石万壑雷。其险也如此,嗟尔远道之人胡为乎来哉!

剑阁峥嵘而崔嵬,一夫当关,万夫莫开。所守或匪亲,化为狼与豺。

朝避猛虎,夕避长蛇;磨牙吮血,杀人如麻。锦城虽云乐,不如早还家。蜀道之难,难于上青天,侧身西望长咨嗟!

图 4-22

全诗有7句使用撕裂音,无整句使用撕裂音的情况。其中4句撕裂音用于句尾语势上扬处,"胡为乎来哉!"是感叹语气的塑造," 崖转石万壑雷""万夫莫开""狼与豺"均使用了夸张手法,使用撕裂音着重突出诗人超凡的想象。其他3句用于句中,"天梯石栈"处强调蜀道出现的最终形态,"磨牙吮血"用撕裂音表现猛兽毒蛇的凶残可怖之态,"上青天"处于全诗的末句,也是第三次用"蜀道之难,难于上青天"点题,慨叹语气最强,以难于登天的夸张比喻突出蜀道的险要难行,此处用撕裂音来凸显夸张化表达,同时造就全诗声音形式的最高峰,将诗人的感慨长叹之态生动展现。

通过以上分析,可以得出古代诗歌朗诵中的撕裂音,常用于紧扣主题、使用夸张手法、表达感叹等的诗句中,且多用于句尾语势上扬处,起到构成声音形式对比、强调重点内容、塑造特定语气、营造梦幻意境、展现情感高潮等作用。

2. 现代诗朗诵中的撕裂音使用分析

在第二十届齐越节暨全国大学生朗诵比赛中，中国传媒大学参赛选手侯家兴朗诵了现代诗《我应该是一角大西北的土地》，朗诵中便有代表性的撕裂音使用。这首诗是新边塞诗代表作家章德益的作品，诗的风格豪放激越，大量使用排比、对偶与反复，以第一人称角度描绘出一幅恢弘奇幻的大西北风貌图，展现出作者对大西北的深挚热爱。侯家兴在朗诵时使用了多处撕裂音，如表4-3使用撕裂音处用"."标出。

表4-3　《我应该是一角大西北的土地》朗诵中撕裂音的使用

我应该，应该是一角大西北的土地
一角风，一角沙，一角云絮
一角虹柳，一角胡杨，一角砂碛
一角峥嵘的山，一角奇兀的石
一角清冽的山泉，一角圣洁的雪域
……
历史写在热血中
三百万平方公里的辽阔，浓缩成我一角尊严与壮丽
我应该有黄土高原般沉郁的肤色，我应该有嘉峪关般伟岸的背脊
我应该有九曲黄河般曲折的手纹，我应该有祁连冒峰般阔大辽远的的视野
我应该有塔克拉玛千般开阔的胸膛，我应该有伊犁骏马般雄烈长啸的豪气
我额头上，应该有一幅新飞天的壁画，那是风云当就的曲曲线纹
我瞳孔中，应该有一汪木经污染的天池，一从我灵魂的造山运动中升起
我躺下，我就应该是一块新绿洲
我站起，我就应该是一片新山系
大西北，雄伟辽阔的大西北
……
在我的身躯上，能繁衍出
虬曲的树根，多汁的草茎，玲珑的鸟语
能结出一轮又一轮乳香鲜洁的太阳
能开出一辨又一辨娇红媚紫的晨曦
我的额纹，将敞开大西北全部的地平线
引领一个信念又一个信念
拓向最庄严最迢遥的领域
大西北，雄丽神圣的大西北
我应该，应该是你的一角土地
让闪电开垦我，让雷霆耕耘我，让春雨播种我
……

可以发现，在《我应该是一角大西北的土地》的朗诵中共14句使用撕裂音，从句式上看，有8句运用于对偶或排比句式中，分别是：

一角峥嵘的山，一角奇兀的石

我应该有祁连冒峰般阔大辽远的视野

我应该有伊犁骏马般雄烈长啸的豪气

我躺下，我就应该是一块新绿洲

我站起，我就应该是一片新山系

能结出一轮又一轮乳香鲜洁的太阳

能开出一瓣又一瓣娇红媚紫的晨曦

让闪电开垦我，让雷霆耕耘我，让春雨播种我

在这些句式相同、句意密切相关之处使用撕裂音，符合诗作者增强语言气势的目的。随着语言气势渐强，撕裂音强度也越高，通过撕裂音的往复出现，给听者接连强劲的听觉冲击。撕裂音粗放的音色，将诗句中塑造的大西北恢弘阔大的意境美生动展现。

此外，在句中运用反复修辞时也有撕裂音的使用，有：

一轮又一轮、一瓣又一瓣、一个信念又一个信念、我应该，应该是

在反复表达处运用撕裂音，增强语气的色彩分量，随着撕裂音强度递增，起到突出强调的作用。

在词与短语的选择上，撕裂音主要使用于带有形容宏大壮丽场景性质的词或短语上：峥嵘的、祁连冒峰般、阔大、伊犁骏马般、雄烈长啸的、最庄严最迢遥的、雄丽神圣，通过撕裂音夸张、粗放的声音形式，与这些词或短语本身所蕴含的宏大壮丽的内涵相结合，增强了朗诵作品的表现力。

在诗歌中，语言使用的陌生化表达之处，也是撕裂音经常出现的地方，还是以《大西北》为例：

浓缩成我一角尊严与壮丽

能结出一轮又一轮乳香鲜洁的太阳

能开出一瓣又一瓣娇红媚紫的晨曦

我的额纹，将敞开大西北全部的地平线

让闪电开垦我，让雷霆耕耘我，让春雨播种我

这些偏离常规常识的陌生化表达是诗歌创造力的体现，通过生词的使用、跳跃的组合和奇异的词语搭配，旨在展现大西北独特的生命力，在朗诵时使用撕裂音这种具有轰鸣感的音色，对应了诗歌的陌生化表达，并起到了突出强调的作用，增强了朗诵作品的感染力，提升了朗诵作品的审美意境。

徐志摩创作的《再别康桥》是一首节奏舒缓，基调轻盈柔和的现代诗，在朗诵这首诗时，一般创作者大都选择中低音与偏暗的音色，制造夕阳西下无限离愁

的意境。但在徐涛的现场朗诵中有两句撕裂音的使用，如图4-23。

> 寻梦？撑一支长篙，
> 向青草更青处漫溯；
> 满载一船星辉，
> 在星辉斑斓里放歌。

图4-23 《再别康桥》部分朗诵中撕裂音的使用

《再别康桥》全诗共分7节，每节4行，只在第5节的后两行使用了撕裂音。使用撕裂音占比虽小，但这两行是全诗情感高潮之处，"满载一船星辉，在星辉斑斓里放歌"一句饱含着作者徐志摩的个人理想，象征着对生活与明天的希望，同全诗其他轻轻悄悄的物象形成了鲜明的对比，在此运用撕裂的、带有轰鸣感的撕裂音，营造诗中最明亮、最梦幻的意境，便与整首诗总体轻缓、压抑的表达构成强烈的对比，给听众以强烈的听觉刺激与心灵震撼，在此撕裂音的使用便形成声音形式对比，突出情感高潮的作用。

通过以上分析，可以得出现代诗朗诵中的撕裂音，多用在排比、对偶、反复等的特定句式，形容宏大、光明的词与短语以及陌生化表达等诗句中，起到增强语言气势、强调重点内容、构成声音形式对比、展现情感高潮、塑造恢弘梦幻意境的作用。

通过对朗诵中代表性撕裂音的使用进行分析，可以得出以下撕裂音使用的作用：（1）构成声音形式对比，强调重点内容。有声语言的表达规律中的"对比推进律"的指出，只有对比才能向前推进，显示流动的态势；也只有推进，对比才有生命的活力，才显示出方向性和目的性。通过撕裂音与圆润音色的交替使用，构成声音形式上的起伏对比，显示内容的推进与情感的运动，强调出诗句中的重点内容。（2）增强语言气势，塑造特定语气。在排比、对偶、反复等的特定句式中使用撕裂音，能够增强语言表达的气势，在表达惊叹、感慨等特定语气的诗句中使用撕裂音，增强表达的听觉冲击力。（3）塑造恢弘梦幻意境，展现情感高潮。在运用夸张手法、陌生化表达的诗句中使用撕裂音，能够充分营造宏大壮丽、光辉梦幻的意境，朗诵中为数不多或最强的撕裂音处，起到呈现情感高潮的作用。

三、话剧表演中撕裂音的应用分析

话剧表演，是将剧作家在剧本中创造的形象，进行二度创作，化为直观的舞台形象。作为二度创作依据的剧本，主要由两部分文字（语言）构成：剧作家的

"舞台提示",以及人物的台词。在舞台演出时,剧本中的人物台词,由演员辅以表情、动作直接讲给观众听,包括对白、独白和旁白。因此,演员在舞台上对话剧人物的台词表达,也是将文字语言转化为有声语言的创作过程,是典型的有声语言创作形式。冲突是戏剧的重要因素,在话剧表演中,演员的台词往往会有激烈的冲突性对白,或情绪爆发的独白段落,在表现这些特定情绪的台词时,便有演员使用撕裂音表达,产生极强表现力与感染性。

剧本是一种独立的文学体裁,不同于朗诵有多样化体裁的文本依据,话剧剧本篇幅长,人物形象众多,演员台词以对白与独白为主要形式。此外,剧本只是演员表演艺术的基础,即思想的和艺术的基础。不同的演员,对同一剧本与表演艺术有不同的理解,在呈现台词时会有不同的处理,因此,不对话剧表演中撕裂音使用的文本范围进行归纳分析。对话剧表演中的撕裂音应用分析,从有撕裂音使用的代表性人物对白与独白两方面进行。

(一)人物对白中的撕裂音使用分析

2004年第六届中国上海国际艺术节的重点剧目,由著名主持人叶惠贤策划制作的明星版话剧《雷雨》中,便有三名演员在对白中有撕裂音的使用,分别是佟瑞欣饰演的鲁大海、雷恪生饰演的鲁贵以及达式常饰演的周朴园,对白内容如图4-24,使用撕裂音处用"."标出。

> 对白1
> 鲁大海:你的来历我都知道,你以前在哈尔滨包修江桥,你故意叫江堤出险。
> 周朴园:下去!来人,来人啊!
> 鲁大海:你还故意淹死了两千二百名小工,每个小工的性命你扣了三百块,姓周的,你发的是绝子绝孙的昧心财!
>
> 对白2
> 鲁贵:我骂你?你连有钱人都敢当着面的骂,我敢骂您? 您是少爷!
> 鲁大海:喝了点酒,就叨叨叨,叨叨叨,你有够没有你!
> 鲁贵:够?我没够!
>
> 对白3
> 周朴园:跪下萍儿,不要以为自己是在做梦,这是你的生母,跪下!
> 周萍:父亲,母亲……
>
> 对白4
> 周朴园:怎么啦!
> 管家:是四凤碰着了走电的电线,二少爷上去拉她,两个人都触电死了!
> 周朴园:哎呀!不能够啊!老天爷,不能够啊,不能够啊!

图4-24 《雷雨》朗诵中撕裂音的使用

对白1发生在鲁大海与周朴园的对峙中,当得知其他罢工的工人代表被周朴园收买,放弃反抗运动,同时自己被煤矿开除后,鲁大海悲愤交加,当着周家人的面对周朴园的罪行展开无情的揭露和控诉,使用撕裂音的三处"三百块、姓周的、昧心财"首先是对语句重点的强调,其次表现了鲁大海对周朴园的深恶痛绝与诅咒。对白2发生在鲁贵得知鲁大海与周家冲突,导致全家受到牵连后,气急败坏,借着酒劲对鲁大海冷嘲热讽,用撕裂音表达"我没够!",展现鲁贵歇斯底里、极度愤怒的状态。对白3发生在周家客厅,周朴园宣布了周萍生母就是鲁侍萍的真相,并命令周萍认其生母,"跪下"使用撕裂音表达,表达出周朴园内心极端的沉痛,也表现出其封建家长的强势。对白4发生在四凤得知与周萍是兄妹后,精神崩溃冲入雷雨之中,周朴园听到动乱询问管家,"怎么啦"使用撕裂音表达,表现人物内心的急躁与不安;得知周冲紧随其后结果双双触电身亡,周朴园陷入极度的懊悔与悲痛之中,用撕裂音表达"不能够啊!老天爷,不能够啊,不能够啊!"表现出他对现实的难以接受,对命运和上苍的强烈质问。

北京人民艺术剧院出品的话剧《窝头会馆》中,也有多位演员使用撕裂音表达,除演员雷佳饰演的肖鹏达外,演员宋丹丹饰演的厨子媳妇田翠兰,与演员徐凡饰演的前清格格金穆蓉有许多冲突戏份,在两位女演员的对白中就有撕裂音的使用,如图4-25,撕裂音处用"."标出。

对白5
田翠兰:发了客倒是发了霉,可也没瞅见耽误了卖,老杨地下晒一晒,蜂蜜水里泡泡,做成那大药丸子啊。
金穆蓉:哎哎哎哎,我哪又招着你了!
田翠兰:我招着你了!
金穆蓉:怎么没完了你!

对白6
金穆蓉:没那么多说的就一句,有本事出广安门,回莲花池,卖您的烂烧席去,别跟这寒磣自个儿了。
众人:少说两句,少说两句。
田翠兰:啊,谁他妈耳朵根子想清静谁他妈滚蛋!

对白7
苑江淼:你说你像不像一只耗子,掏光了家底儿想滚蛋了,那就滚吧,你们确实是一群耗子,快收起你的破烂儿,赶紧地滚蛋!
苑国钟:你招人家干嘛!
肖鹏达:周子萍!我他妈,我他妈说到做到,今儿你要是不跟我走,我他妈打死他(苑江淼)!

图4-25 《窝头会馆》朗诵中撕裂音的使用

对白5与对白6均是田翠兰与金穆蓉的口角戏。对白5中金穆蓉面对田翠兰的故意揭穿,怒火中烧大声质问"我哪又招着你了""怎么没完了你",田翠兰不甘示弱予以回怼"我招着你了",两人使用撕裂音造成声嘶力竭的音色,还原生活中大声吵嚷状态,表现愤怒火爆的情绪。对白6中语气词"啊"使用了较长的撕裂音表现,旨在表现被金穆蓉的冷嘲热讽刺激后,恼羞成怒的情感爆发,"滚蛋"一词使用撕裂音起到了加重语气的作用,将与金穆蓉抗争到底的决绝充分表现出来。对白7发生在肖鹏达举枪与苑江森的对峙中,苑江森对肖鹏达的无耻行径进行了无情嘲讽,肖鹏达被戳痛处气急败坏,大声呵斥"周子萍"并进行威胁,如若不走"我他妈打死他",两处撕裂音与表达"我他妈,我他妈说到做到,今儿你要是不跟我走"时的唯唯诺诺形成了鲜明对比,体现出人物外强中干的本质,与穷途末路做最后挣扎的精神状态。

通过对具有代表性的撕裂音使用对白进行分析,可以得出,对白中的撕裂音表达多存在于激烈的言语冲突,或极端情绪下的命令、控诉、质问等语言中,具有强调语句重点、塑造极限音色、表现极端情绪的作用。

(二)人物独白中的撕裂音使用分析

人物独白由演员独自表达,是剧本人物独自抒发个人情感和愿望的台词,在独白中也有撕裂音使用的典型。北京人民艺术剧院出品的话剧《知己》中,演员冯远征就有使用撕裂音的代表性独白表演,他扮演的清代才子顾贞观,忍辱负重二十年救回知己吴兆骞,却目睹了知己由昔日狂放不羁的江南才子变为贪生怕死的猥琐小人,在之后的独白中,他用哭喊之态呈现人物内心的崩溃,使用了大量的撕裂音来表现角色的悲痛愤慨,如表4-4,使用撕裂音处用"."标出。

表4-4 《知己》朗诵中撕裂音的使用

是呀,可世间万物,谁个不为了活着!?
蜘蛛结网、蚯蚓松土为了活着,缸里的金鱼摆尾、架上的鹦鹉学舌为了活着密匝匝蚂蚁搬家、乱纷纷苍蝇争血也是为了活着,满世界蜂忙蝶乱、牛马奔走、狗跳鸡飞,谁又不是为了活着?!
可人哪,人生在世也只为了活着!人,万物之灵长,亿万斯年修炼的形骸,天地间无与伦比的精魂,也只是为了活着!
哈哈哈,读书人悬梁刺股、凿壁囊萤、博古通今、学究天人,也只是为了活着!
哈哈哈,活着,活着!顾染汾为吴汉槎屈膝,也只是为了活着!顾贞观,愚蠢呐!
偷生,偷生!哈哈哈哈哈哈,我顾贞观就是个苟且偷生的人,我真羡慕那扑火的飞蛾,就是死,也死得个辉煌!

在这段独白中,"只是""活着"的表达上使用了多次撕裂音,以此对重点进行反复强调,强调"只是"表现出角色的无奈与失望,"活着"则是此段独白的核心内容,用撕裂音反复表达增强了语言气势,提升了情感冲击力。在"满""谁个""谁又"处使用撕裂音,增强质问的语气,体现"众生皆如此"的感慨。在"万物""亿万斯年""无与伦比的精魂"处使用撕裂音表达,是对人的自身价值的

强调,"读书人"处的撕裂音则是在人的普遍价值之上,递进到知识分子的强调。"顾贞观,愚蠢呐!"是此段独白情感的高潮之处,是角色对自我深深的否定,对二十年忍辱负重却事与愿违的委屈情绪的爆发,在此使用撕裂音,以一种歇斯底里的状态将人物内心的复杂情感展现得酣畅淋漓,引发观众情感上的强烈共鸣。两次"偷生"撕裂音强度递增,"苟且偷生的人"再次进行强调,突出了"活着"实为"偷生"的本质,"我真羡慕那扑火的飞蛾,就是死,也死得个辉煌!"一整句都使用了撕裂音,这是角色发自心底的呐喊,表达了其对舍生取义的向往之心,通过撕裂音来对整段独白做情感升华。

北京人民艺术剧院出品的话剧《原野》中,演员胡军饰演的仇虎杀死了演员濮存昕饰演的焦大星后,大仇得报的仇虎情绪爆发,随后的独白中也有代表性的撕裂音使用,如表4-5,撕裂音处用"."标出。

表4-5 《原野》朗诵中撕裂音的使用

我杀了他!我杀了他!
我刚刚进他的屋,他忽然醒了,他眼睛直勾勾地着着我,他那不是害怕,他是喝醉了,他瞪着我,仿佛有一肚子的话要对我说,我知道他委屈,说不出的委屈!
我对他举起了刀,他忽然一下子害怕极了,他眼睛看着我,喉咙里面发出了一声古怪的笑声。后来,他用手指指自己的心,对我点了点头,我就这么一下子!
啊——!人死了!活着不算什么,死了才是真的!
人就是那么一个不值钱的东西,一堆土、一块肉、一摊烂血,没了,早晚就是这么一下子!没了,什么都没了,没了!

"我杀了他!"使用撕裂音表现角色杀人后亢奋的精神状态和语气,也体现出人物内心的惊恐慌乱。"我就这么一下子!"用撕裂音表达配合全力挥动匕首的动作,表现人物杀人时的用尽全力和内心的极度仇恨。"啊——!"是人物大仇得报后发自心底的释放性呐喊,"人死了!活着不算什么,死了才是真的!"是人物被眼前真切的死亡所震撼,发出的惊叹与感慨。"一堆土、一块肉、一摊烂血"处的撕裂音渐强,强调人物对"人"的本质理解,增强语言气势,"没了,早晚就是这么一下子!没了,什么都没了,没了!"用撕裂音对"没了"进行反复强调,强调焦大星死亡的现实,"早晚就是这么一下子!"突出人物对生命脆弱易逝的恐惧与慨叹。

通过分析可以得出,独白中撕裂音使用于人物受到超常刺激后,表现情绪失控爆发的语言,具有突出核心内容、增强语言冲击力、呈现情感高潮的作用,此外,同样具有在对话中强调语句重点、塑造极限音色、表现极端情绪的作用。

通过对话剧表演中,使用撕裂音的代表性台词表达进行分析,我们可以得到话剧表演中撕裂音的以下作用:

(1)表现极端情绪,呈现情感高潮。使用撕裂音的对白与独白中,往往伴有恼怒、绝望、惊恐、悲愤、仇恨、崩溃、哀痛等因超常刺激而产生的极端情绪，配合极限状态的撕裂音表达，可将人物情绪充分释放。情到最深处，利用最高强度的撕裂音将情感倾泻而出，通过声音形式的最高峰展现情感最高潮。

（2）塑造极限音色，增强语言冲击力。伴随着极端情绪的咒骂、控诉、命令、质问、威胁、呐喊、慨叹等，需要运用撕裂音来塑造声高气满、歇斯底里的极限音色，当台词中有排比句式或反复的内容，带有撕扯破裂感的音色能够增强冲击力。

（3）强调语句重点，突出核心内容。在表现极端情绪的台词表达中，语句中的重点词，语段中的重点句等核心内容，都可以通过撕裂音与非重点部分的常态表达形成对比，从而起到突出与强调的作用。

四、影视剧人物配音中撕裂音的应用分析

影视剧人物配音是指，在影视剧作品中，由配音演员或演员本人面对画面，遵照原片所提供和限定的一切依据，以有声语言为表现手段，专为片中人物或角色的语言所进行的后期配制录音的艺术创作活动，包括人物的对白、独白、内心独白、旁白，以及群声等内容。不同于话剧表演是对剧本形象的二度创作，影视剧人物配音是在表演对剧本二度创作基础上，进行三度创作，甚至在译制片中，加上对剧本的翻译，配音便成为了四度创作，随着创作度数的增加，配音所受的规定制约性也越强。影视剧原片人物的"视觉形象"，包括外貌的高矮胖瘦、表演行动的快慢松紧、口型的开合长短、人物的性格特征、具体场景的冲突关系等，对影视剧人物配音创作的规定制约是十分突出的。因此，影视剧人物配音艺术是再现性的艺术，是配音演员还原、再现原片中的人物语言的有声语言创作。

在影视剧人物配音中也存在撕裂音的使用，但由于所受的规定制约性，配音演员需要在原片情景画面与演员表演的基础上，把握人物的话语状态与心理节奏，在遵从、服务画面设定的基础上，进行撕裂音的使用。因此，不同于朗诵与话剧表演的创作主体，在撕裂音的使用上有更高的自由度与风格化特色，对影视剧人物配音中的撕裂音使用分析，必须与原片中演员的语气、用声状态及具体的场景等因素相结合。对影视剧人物配音中，撕裂音的作用分析，通过具有代表性的三个具体配音片段进行。

（一）《绿巨人浩克》中的撕裂音使用分析

在译制片《绿巨人浩克》中，配音演员张云明为主角布鲁斯·班纳配音，配音演员徐涛为主角父亲大卫·班纳配音，两人配音的对白中便有代表性的撕裂音使用，如表4-6，撕裂音处用"."标出。

表 4-6 《绿巨人浩克》朗诵中撕裂音的使用

布鲁斯·班纳：别干了！
大卫·班纳：别干了？别干，什么？！别干，什么？！你想想看，外面那些穿着制服的家伙们，整天耀武扬威发号施令！把他们的意志强加给全世界！想想他们造成的伤害！对你，对我，对全人类！知道吗，我们可以让他们，让他们的国旗、政府和国歌，化为泡影！眨眼之间，你，和我！
布鲁斯·班纳：我宁愿死！
大卫·班纳：喔，你这么想那你就去死吧，去托生吧，去当英雄，把整个世界踩在脚下，别再让苍白无力的宗教文明，腐蚀人类的灵魂！
布鲁斯·班纳：你走！

图 4-26 《绿巨人》原片场景

片中大卫·班纳居心不良，劝说儿子与自己合作，希望用二人的超能力统治世界，遭到儿子拒绝后他怒火中烧，因此原片中饰演大卫·班纳的演员，是在声嘶力竭的咆哮中完成这段对白。徐涛在为大卫·班纳配音时，使用撕裂音还原其声嘶力竭的音色，愤怒咆哮的语气状态。此外，对白中的撕裂音使用需贴合原片中演员的表演，"别干了？别干，什么？！别干，什么？！"既是对台词反复质问内容的强调，同时又因为原片中演员表演时，一词一顿嘶喊质问的节奏，便有了大段的撕裂音表达。其他使用撕裂音处均如此，"家伙们""耀武扬威发号施令""全世界"等，既是对语句重点的强调，更是贴合原片中演员的表演而使用撕裂音。"去托生吧，去当英雄，把整个世界踩在脚下，别再让苍白无力的宗教文明，腐蚀人类的灵魂！"是对布鲁斯·班纳态度的愤怒与嘲讽，几乎整句的撕裂音使用，原片演员此段表演咆哮嘶喊最为强烈，配音时运用撕裂音还原演员语气状态的最高潮。饰演布鲁斯·班纳的演员在此段对白最后，也有一句撕心裂肺的咆哮"你走!",配音演员张云明同样使用撕裂音进行了还原,表现角色复杂的内心与崩溃的精神状态。

除原片演员的表演外,此段对白的场景是军队的大型仓库,空间相对开阔,角色大卫·班纳在对儿子讲话的同时,也在对摄像头背后的监控室内众人喊话,必须提高音量,因此,片中场景特点也是撕裂音使用的重要依据。

(二)《勇敢的心》中的撕裂音使用分析

译制片《勇敢的心》中,主角威廉·华莱士的配音演员为孙悦斌,其中华莱士对苏格兰士兵做战前动员的片段,包括对白与群声配音,均有撕裂音的使用,如表4-7撕裂音处用"."标出。

表4-7 《勇敢的心》朗诵中撕裂音的使用

华莱士:苏格兰的子民们,我是威廉·华莱士!
士兵1:威廉·华莱士七英尺高!
华莱士:对,我听说了!他杀人如麻,而且不用动手!眼冒火球,屁如闪电,放个屁就杀了他们!
群声:哈哈哈哈······
华莱士:我就是华莱士!我看到了,我们的同胞、我们的勇士,正在向暴政宣战!你们大家都是自由的人!自由的勇士!如果不是为了自由,还会战斗吗?!
群声:不会,不会……,我才不去呢!
士兵2:不!我们会逃跑,保命要紧!
华莱士:没错,打仗就有牺牲!逃跑,或许能保住性命,等到多年以后,默默无闻地死去!可假如,只有那么一线希望可以取胜,难道你们,就不愿意争取吗?!我们可以告诉敌人,你们可以夺去我们的生命!但不能剥夺,我们的自由——
群声:自由,自由,自由....!

图 4-27　《勇敢的心》原片场景

这一片段中，面对人数装备均占上风的英格兰军队，苏格兰军心不稳，华莱士见如此颓相，便骑马至众人面前进行战前动员。"子民们""杀了他们""华莱士""同胞""勇士"使用撕裂音均有强调语句重点的作用，此外更是为了贴合原片演员表演时的口型、高昂的语气与用声状态。其他整句的撕裂音使用，首先是对原片演员表演时，高声质问、呼吁、宣告等激烈语气的还原，其次将台词内容中勇敢、无畏、坚定的精神充分展现。"但不能剥夺，我们的自由——！"运用强度最高的撕裂音，结合原片演员竭力高呼、纵马驰骋的镜头，给人强烈的视听冲击，产生极强的感染力。群声配音中的撕裂音使用"不会，不会……"，是对众人扯嗓高声应答的还原，"自由，自由，自由……"是被华莱士鼓动后战斗情绪爆发，众人附和响应的嘶吼，表现出为自由而战的决心，配音员们使用撕裂音还原了这一激烈的场面。

该片段的场景为地势广阔的苏格兰高地，空间开阔，华莱士面对数百人进行动员，只有使用最大音量，才能确保所有人都能够听清，因此使用撕裂音来还原声高气满的极限声音，群声使用撕裂音进行回应与附和也出于相同的目的，此外，还原数百人齐声呐喊的状态，撕裂音带有摩擦轰鸣感的音色更具气势与表现力。

（三）《哈姆雷特》中的撕裂音使用分析

译制片《哈姆雷特》（1997年）中，配音演员徐涛为主角哈姆雷特配音，其中一段经典的独白配音，就有典型的撕裂音使用，如表 4-8，撕裂音处用"."标出。

表 4-8　《哈姆雷特》朗诵中的撕裂音的使用

当然真正的伟大并不是轻举妄动，而是在荣誉遭到侵犯的时候，即使为了一粒麦子也要去慷慨力争！
可是我的亲生父亲惨遭杀害，母亲被人侮辱，我的理性和情感本该激动，可我却听之任之，无动于衷，我感到羞愧！
当我看到那两万多名年轻勇敢的士兵，只是为了博取虚名，竟敢视死如归地走向他们的坟墓，目的仅仅是，争夺那一方还不够给他们，用作战场或者掩埋他们尸骨的土地！
啊，从这一刻开始，让我把流血的思想充满我的脑海！

原片中演员语气强烈激昂，并有多处嘶声呐喊的表达，为了还原角色激愤的情绪与强烈的语气，徐涛配音时提高音量，使慷慨激昂的语气一以贯之，并加入撕裂音还原嘶声呐喊的声音状态。"伟大""惨遭杀害""侮辱""激动""听之任之""无动于衷""羞愧""仅仅是""给他们""战场""掩埋"用于演员话语停顿之前的撕裂音表达，是对演员的口型、节奏与语气的贴合，起到强调语句重点的作用。"即使为了一粒麦子也要去慷慨力争！""尸骨的土地！"用于句末语势上扬

处，贴合演员表达的同时显示情感的推进。"啊，从这一刻开始，让我把流血的思想充满我的脑海！"是独白的末句，使用最高强度的撕裂音，再现原片演员最强的嘶吼，呈现声音形式的最高峰，表现人物情感高潮。

图4-28 《哈姆雷特》原片场景

此段独白由哈姆雷特在雪原上完成，身处广阔的空间之中，随着镜头由人物全景逐渐变为远景，通过撕裂音的强度逐渐提高，能够塑造出声音的空间变化感，直至最后响彻天地，与画面结合给人视听觉的强烈冲击，产生震慑人心的效果。

通过对三个具有代表性的配音片段进行分析，可以得出，撕裂音在影视剧人物配音中的对白、独白、群声中均有使用，但受到原片中演员的表演、具体的场景因素限制，须以声画和谐为原则，具体作用有：（1）还原人物情绪，再现演员语言状态。原片中人物的崩溃、激愤、慷慨等极端情绪，用粗放的撕裂音充分释放，演员咆哮、嘶吼、宣告、群声附和等激烈的语言状态，通过撕裂音进行生动还原。（2）强调语句重点，呈现情感高潮。通过撕裂音撕扯粗放的音色，与原片演员的口型、语气相贴合，突出语句重点，在情感高潮处使用强度最高的撕裂音，与演员表演相结合，造成强烈的视听冲击。（3）表现空间感，塑造特殊场面。原片中场景开阔，演员表演时声高气满，语气慷慨激昂，通过撕裂音的释放感表现出广阔的空间感，在塑造人数众多的特殊场面时，如战争场面，撕裂音能够还原战士的嘶喊怒吼，用带有摩擦轰鸣感的音色表现战场的嘈杂与喧嚣。

五、小说与评书演播中撕裂音的应用分析

文艺作品演播，指利用艺术语言表达的各种手段将文艺作品的文字语言变为有声语言，艺术地体现或再现出来，通过广播电视发射传达给受众的创作活动。小说是最常见的演播文艺作品，小说演播要求演播者有较强的讲解叙述能力，对小说情节、环境等信息进行生动展现，此外，要求演播者有丰富的人物语言造型

能力，根据不同人物的性格特征，对人物语言进行个性化塑造，表现人物情绪。

评书，是以叙述与表演的技能、一人多角的表现方法、跨越时空限制的手段，展示人类社会历史和现实故事的艺术。评书的创作依据多为古今话本、小说，题材广泛，创作者在文字语言基础上进行改造加工，以有声语言为主带动听众的想象，进行故事情节、人物的生动展现。评书艺术由"说、演、评、博"四要素构成，要求创作者有较强的叙述、表述、评述等能力，同时具备较强的表演能力，对故事人物的心理、神态、语言等进行生动塑造。

通过对比，小说演播与评书均为在文字语言基础上，艺术化加工改造为有声语言的创作，都要求创作者有较强的叙述与人物语言塑造能力，均属于演播艺术形式。当下的小说连播与评书连播节目，热播于电台广播及有声读物APP中，在这两种演播艺术中，都有创作者进行典型的撕裂音使用。对演播艺术中撕裂音的作用分析，通过具有代表性的小说演播与评书演播片段进行。

（一）小说演播中的撕裂音使用分析

1982年，北京人民广播电台推出长篇小说广播《夜幕下的哈尔滨》，王刚作为演播者就有对撕裂音的使用。在第71回中，玉旨一郎为掩护王一民撤退，被其叔叔玉旨雄一误杀，为表现玉旨雄一的悲痛欲绝，王刚在演绎其话语时使用了撕裂音，内容如图4-29，使用撕裂音处用"."标出。

......

他抱住他的侄子，泪随声下地喊着一郎的名字："いちろう，いちろう，いちろう！"（哭喊声）

......

玉旨雄一哭倒在他的身上："いちろう，いちろう，いちろう！"（哭喊声）玉旨雄一声泪俱下，五内俱焚，他觉得愧对自己的亲侄子，更愧对他早年死去的哥哥，也就是玉旨一郎的父亲。突然，他抬起头来："抓王一民，はやく（赶快）！"

......

图4-35　《夜幕下的哈尔滨》中撕裂音的使用

演绎玉旨雄一反复呼喊玉旨一郎名字时，使用撕裂音塑造因哭泣而喉头哽咽、声音嘶哑的状态，也表现出人物撕心裂肺、追悔莫及的情绪，哭喊时撕裂音逐渐增强，表现人物悲痛程度的递增。"赶快"是对手下的命令，用撕裂音表现玉旨雄一丧心病狂的怒吼，将其对王一民极度仇恨的情绪充分展现。

由播音艺术家关山，演播的长篇小说《林海雪原》第23回中，对杨子荣伪装土匪打入威虎山，接受匪首"座山雕"审问的经典片段塑造中，便有典型的撕裂音使用，如表4-9，撕裂音处用"."标出。

表 4-9　《林海雪原》朗诵中撕裂音的使用

"天王盖地虎！"座山雕突然发出了一声粗沉的黑话。
……
杨子荣在座山雕和八大金刚凶恶的虎视下，他从容地按匪徒们回答这句黑话的规矩，把右衣襟儿一翻："宝塔河妖！"
座山雕一听，紧逼了一句："脸红什么？！"
再看杨子荣满面春风："精神焕发！"
座山雕一听，他的眼威比以前更凶了："怎么又黄了！"
杨子荣微笑而从容地摸了一下嘴巴："防冷涂的蜡。"
"嗯——"，座山雕听到被审者从容而流利的回答，他嗯了一声喘了一口气往后一仰，靠在椅围上。

在此段演播中，"座山雕"对杨子荣的发问均使用撕裂音，以制造粗沉的音色，塑造居高临下、咄咄逼人的质问语气，带有摩擦撕扯感的声音，充分表现出土匪的阴险凶狠之感。

（二）评书演播中的撕裂音使用分析

评书艺术家单田芳的评书演播中，也有对撕裂音的使用，以下是长篇评书连播《隋唐演义》中，单田芳使用撕裂音的代表性片段，如图4-30，撕裂音处用"."标出。

片段1
再看程咬金马到近前，"呼呼呼"，把大斧子平端，（心想）那套词儿怎么说来的？哦，想起来了："呼——咻！此山，是某开，此树，是某栽，要打此处过，留下买路财！别走啦！把银子都给我留下！"

片段2
一招蹩过去罗方刚坐起来，老程撒斧子暴推斧头啊，"擒——你的耳朵！"这叫什么招？奔这就来了，刮着风"嗖——"，手疾眼快。大太保刚坐稳当，刷一下就到了，措手不及呀，"我命休矣！"赶紧使了个缩头藏头，往下尽量一缩身，缩得矮点，斧子来得太快，一溜金锋"咔——！"这一斧子把头盔给砍掉，发髻喷散，老程一看是洋洋得意！

片段3
那傻英雄要把他抱住，魏文通还跑得了吗？拼命地挣扎，"哗嘚嘚通，哗嘚嘚通"，"我拧你的脑袋！"伸出两只手来要拧脑袋，那玩意儿受得了嘛。魏文通也急了，拼命地搏打，掰他的手，没下下来。罗士信来劲儿了，"诶——，不让我拧好啊！"一只手掐着魏文通的脖子，另一只手高举过头顶，"啪！啪！啪！"就这三拳啊，把魏文通打得这五官就开了花了，鼻子都卷起来了，眼珠子都冒出来了。

图 4-30　《隋唐演义》中撕裂音的使用

片段1来自程咬金劫皇纲的情节演播，单田芳主要在演绎程咬金的话语时，使用了撕裂音表达。勒马的吁声与呼喝声，用撕裂音粗沉的音色表现程咬金的粗野与彪悍,"此山,是某开""留下买路财!"中起到强调语句重点的作用,"别走啦!把银子都给我留下!"是对押送人的威胁,使用撕裂音表现其凶狠野蛮的语气。片段2是程咬金大战罗方的情节演播,"掏——你的耳朵!"是程咬金劈砍时的喊叫,使用撕裂音表现其出招的势大力沉,"刚坐稳当""往下尽量一缩身"处撕裂音是对语句重点的强调,"刷一下""咔——!"使用撕裂音进行拟声,模仿斧头迅猛劈来时的风声,以及劈中头盔时的撞击声,"发髻喷散"是对头发喷散凌乱状态的表现,"洋洋得意"突出程咬金克敌后的狂喜之态。片段3来自罗士信大战魏文通的情节演播,"拼地挣扎""拼命地搏打""掰他的手"用撕裂音表现魏文通挣脱时竭尽全力之态,显示其处境的危急,"我拧你的脑袋!""诶——,不让我拧好啊!"以撕裂音塑造罗士信粗鲁蛮横的语气,凸显其凶狠状态,"另一只手高高举过头顶"是对罗士信动作之大、力量之足的展现,"啪!啪!啪!"用撕裂音拟声,塑造拳拳到肉的声响,显示罗士信拳力的恐怖。通过对使用撕裂音的代表性小说演播与评书演播进行分析,可以得出,演播艺术形式中的撕裂音,常用于人物语言、特殊声响表现、特定场面刻画等,具体作用有:

(1)塑造特定语气,展现人物性格。运用撕裂音粗放、带有摩擦撕扯感的音色,能够塑造出特定情绪下的崩溃、愤怒、凶狠、粗鲁、蛮横等语气,展现人物的阴险、粗放、强硬等性格。

(2)模拟特殊声响,增强演播表现力。用撕裂音进行打斗声、碰撞声等声响的模拟,使情节演播更加活灵活现,从而增强表现力。

(3)强调语句重点,展现人物状态。语句中的重点,刻画人物动作状态的重要语句,运用撕裂音表达进行突出强调,使人物状态得到生动展现。

第二节 撕裂音的审美生成机制

撕裂音在有声语言创作中的应用,起到了多样化的作用,不仅增强了有声语言的艺术表现力,带来多样化的表达和舞台体验,更重要的是给听众和观众带来了全新的审美感受,这为撕裂音研究赋予了重要意义。关于撕裂音的审美生成机制,本节将从撕裂音的审美感官生理效应、撕裂音的审美情感与撕裂音的审美生成三方面,进行进一步的探究。

一、撕裂音的审美感官生理效应

人类的审美要求包括事物的形式美与内容美两个最大层次,就有声语言而言,它的形式美指语言的声音美,包括语音美与嗓音美;内容美指有声语言所表现出的人的思想感情和审美意境。有声语言的感知主要依赖听觉系统,如图4-31,表达者向接受者表达一个意思,首先通过大脑神经系统发出指令,使发音器官做出不同的发音动作，发出的声音经由空气传播，传入接受者的耳朵，接受者的耳膜与声波产生共振，产生听觉神经信号，并传达到接受者的大脑神经系统，经过大脑分析处理，最终确定表达的意思。美感是一种心理活动，任何心理活动都离不开生理基础，美感的生理基础主要是感觉器官，感觉器官中又以眼睛和耳朵居核心地位。因此，有声语言的美感获得，以人的听觉感官为主要渠道与生理基础，有声语言中撕裂音的美感经验，源自其对人的听觉感官刺激。

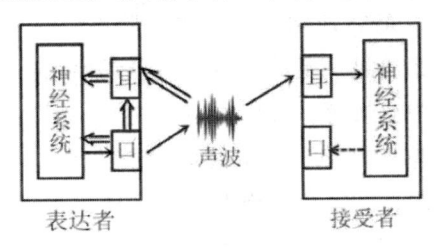

图 4-31 语言交际的过程

有声语言中撕裂音与美感构成的关系，可以用"听觉值"来揭示。口语美学理论中提出了"听觉值"的概念，即在一系列语音流的刺激下，口语表达的主体通过旋律、音韵、语势等形式要素，在语言的一维性平面上传递着立体化和生动性的感觉，从而使得一维性的语言在传递过程中，从口语表达主体到口语表达受体的过程中形成了二维甚至三维的错觉，从而刺激双方的想象感觉，这种特质就可以理解为"听觉值"。由此，人的听觉系统接受有声语言的刺激，形成的"听觉值"越高，则美感越强。撕裂音这一独特的声音形式，与有声语言本身的音韵、语势、节奏等形式要素的结合，给人的听觉感官带来更强烈的刺激，将更高的"听觉值"传递给接受者，通过接受者的听觉印象，激发出对有声语言艺术表面特性和立体性的感觉，传达极致的情感内容，产生丰富的意境，从而引发有声语言形式上的美感。

有声语言形式上的美感即听觉美感，听觉美感是听觉神经的快感，声音的好听与否，取决于其是否引起听觉神经的快感。不合时宜出现的动听旋律并不令人愉快，反之特定场合中的噪声却能使人舒适。撕裂音在物理属上有明显的噪音特征，但其用于有声语言艺术中，表达极致情感内容，展现歇斯底里的情态时，能够引发听觉美感，使人产生审美愉悦。需要注意的是，感官对信息刺激的适应能力是有范围的，超过了一定范围，无论刺激本身是否具有审美性，感觉都无法与之进行反应，甚至对感觉器官造成伤害，因此，只有在感官的适宜阈限内，且刺激强度适宜的审美信息才能使感官获得舒适和愉悦感，也只有在此基础之上，才会有进一步的审美理解、审美体验等深层次的欣赏心理活动。因此，撕裂音的强度、使用位置等亦有丰富的变化，以实现完美的表情达意为目的，将刺激强度控制在适当范围内，引发听者听觉神经的快感，使其获得审美愉悦。

二、撕裂音的审美情感

　　艺术创作的审美情感，源于原始情感的唤起，《礼记·乐记》提出："凡音之起，由人心生也。人心之动，物使之然也。感于物而动，故形于声。"有声语言创作者理解、感受到文本中所蕴含的极致情感与恢弘意境，由此而唤起自身的原始情感，愤怒、悲哀、愉快、恐惧……成为审美情感的原始模型，产生创作冲动，经过创作者的内觉体验，最终外化为对象化、形式化的审美情感，悲愤、赞叹、豪放、憎恶……审美情感通过一定的艺术形式呈现出来。艺术中的审美情感是一种混合情感，即不快感中有快感，痛感中有愉悦感，反之亦然，同时，这种混合情感往往是不快感向快感的转换，由痛感向愉悦感的转换。在有声语言艺术中，创作者用撕裂音的形式表达文本中极致悲愤的情感，呈现创作的高潮时，自身情感与文本情感达到共鸣，感受到极度悲痛；同时，又能对成功的创作进行自我欣赏，体验到创作的快感，从而达到痛感与愉悦感交织的状态。痛快总是高于愉快，曼德尔对此的解释是："心灵有自由，时而流连于一种情感的愉快方面，时而流连于它起反感的方面，而且替自己造成一种快感和痛感的混合体，这比最纯粹的愉快还更有吸引力。"此外，有另一种普遍状态，有声语言创作者通过撕裂音的形式，在创作中将极度痛苦与悲愤的激情进行宣泄，从而得到舒缓并转化为相反的激情，即痛感转化为快感。

　　有声语言艺术中，撕裂音以极限的声音形式，给人听觉系统以强刺激，用于对极端负面情感的宣泄，内容与形式和谐统一激发审美情感，而在表现恢弘壮美意境与极言赞叹的情感内容时，同样使用撕裂音。艺术中内容与形式的统一，不是静止中的封闭的对称、均等和整一，而是在展开的、流动的相互冲突、对立中达到的统一，审美情感常常是内容和形式的对立、冲突中转化出来的。撕裂音纯听觉上的"瑕疵感"并不完美，但用于狂喜、赞叹等极端情感的表达，塑造恢弘壮美的意境时，极端情感中蕴含的这一情感的相反面，用撕裂音的形式展现情感内容与形式动态的冲突对立，撕裂音的噪音属性给人听觉上以强刺激，与有声语言创作中惯用的圆润优美的表达样式形成鲜明对比，展现情感宣泄的高潮，更能够将极端情感中的丰富层次展现得立体鲜明，产生丰富的审美意境。

　　艺术欣赏是一种强烈的情绪与情感体验活动。有声语言艺术的欣赏者，随创作者进入艺术文本的意境中时，其情感与想象等心理因素被全面唤起，并随创作者的情绪变化而变化，直至情感的最高峰产生强烈的共鸣效应，生理活动也会随之出现种种变化。朱光潜先生曾引用缪勒·弗莱因费尔斯的例子："我完全忘记自己是在剧院里……我一会和奥赛罗一起咆哮，一会又和苔斯狄蒙娜一起颤抖……我从一种思想状态迅速地变到另一种状态，尤其在看现代戏剧时，简直不能控制自己。"欣赏者在艺术欣赏中全身心投入，整个心理与生理系统均参与其中，因此会随创作者的艺术表现有相同的反应，或咆哮或颤抖。当欣赏者随创作者的极致审美情感一同爆发，情感得以宣泄时，撕裂音作用于欣赏者听觉神经与心理，产生痛快之感，欣赏活动结束后，欣赏者获得一种畅快淋漓的舒适感与愉悦感，这种瞬间的感性体验也最终在理性之中获得了美感。

三、撕裂音的审美生成

撕裂音的审美生成，可以通过异质同构理论进行揭示。异质同构理论是格式塔心理学的核心理论，用来解释审美经验的形成原理，代表人物为鲁道夫·阿恩海姆（R.Arnheim）。他认为，"事物的形体结构与人的感知觉组织活动、人的情感以及人的生理、心理结构之间有一种对应关系，一旦几种不同领域的力的作用模式达到结构上的一致时，就有可能激起审美主体的情感体验，这就是'异质同构'。"即由于"物"与"我"之间具有一个相同或相似的力的结构形式，审美对象才能唤起人的情感。撕裂音一经发出，便以具体可感的声音流动状态，表达出一定的"力"并形成听觉点，作用于接受者与表达者的听觉。撕裂音的"力"的样式，在人的大脑中引起电脉冲运动，与大脑中先天存在一些"力"的样式，如绝望、悲愤、仇恨、狂喜等极端情感范式的"力"的式样对应，外在声音形式与内在情感相统一，达到主客一致、物我同一，因此激发起强烈的审美经验，产生审美感受。

口语美学理论指出，口语的韵律美生成，是由于汉语口语的音韵与节律的组合与人的生命节律相应和，符合人的内在生理需求，形成异质同构，产生"听觉值"从而激发审美快感。因此，节律感应也与有声语言的美感生成密切相关。由于人之生命自身的节律构成，节律感应也就成了最重要的生命感应现象，外界的一切，只有合于人体自身的生命节律，与之感应，才能得以舒适地生存发展。逆之，则衰亡。节律美从本质上看，正是产生于宇宙节律与人体节律感应基础上的一种生理快感。有声语言中的撕裂音，以高频率、高强度、带有噪音特征等声学属性，与语音发声的音高、音长、音强、气息使用等结合，形成的声音形式的运动起伏，显现为撕裂音的外在节律，与人的内在节律，即内心情绪、感觉上的起伏波动相应和，形成"听觉值"，将人带入撕裂音表达塑造的审美意境之中，撕裂音的美感由此生成。

通过对有声语言艺术中，撕裂音的审美感官生理效应、审美情感及审美生成进行分析，明确了撕裂音的审美生成机制，撕裂音以听觉系统为审美感官生理基础，有声语言创作者通过唤起自身的原始情感，经过内觉体验外化为混合性的审美情感，以撕裂音的形式呈现情感高潮、塑造恢弘意境，形成更高的"听觉值"，与人自身的生命节律相吻合形成异质同构，使创作者与欣赏者均获得了情感高潮宣泄后，生理与心理上的痛快之感，产生审美感受。

第三节　狂：撕裂音的审美艺术形态

"狂"是中国古典文化中一个重要的审美范畴。据考,"狂"字至少产生于商周时期,早在春秋时期的经史典籍中便被广为使用。"狂"在《说文解字》中的解释为"浙犬也",即其本义为疯狗,后引申至人,一方面指病态的精神失常,另一方面形容纵情任性、放荡骄恣的态度。以"狂"为构词中心形成了庞大的词群,如狂直、狂傲、狂狷、狂放、狂怒、狂暴、狂徒等。最初有关"狂"的记载多为负面意思,首次显现正面意义是在《论语·子路》中,子曰:"不得中行而与之,必也狂狷乎！狂者进取,狷者有所不为也。"此处的"狂"指积极进取的品格。宋代《诗话总龟》中"狂放"门的出现,标志着"狂"在文艺理论中获得相对明显的独立地位,正式成为美学领域当中的一个范畴,成为用来概括审美对象各种属性的一种范围。经过中国历代文人的品格积淀与创造,"狂"作为一种艺术风格存在于中国传统文化与艺术之中,无论是诗歌、绘画、书法、音乐,都有体现"狂"的艺术精神与特质的部分。

在中国古典美学中,儒家思想的"中和"为美是主要传统之一,"中"即正,强调不过不偏、合理恰当的平衡状态,"和"强调和谐,多元素化合统一。《中庸》认为:"中也者,天下之大本也。和也者,天下之达道也。致中和,天地位焉；万物育焉。"宇宙万物和谐、有序,充满生命力,皆是由于"中和"的存在。"中和"在中国传统文化中处于核心地位,在哲学、社会学、美学等诸多领域被奉为最高法则,因此,中国的文学艺术大都不主张表现紧张、激荡、过于刺激的情感,也不主张表现强烈躁动的生命力,而提倡"和谐""中和"的美学观。随着社会不断进步,人们意识到文艺形式的创新,需要打破传统思想文化的束缚,突破旧范式,一味固守"中和"使人审美疲劳,而"狂"正是对"中和"的突破与补充。

"狂"是一种激烈、震撼的审美艺术形态,展现的是一种骇人听闻的充满力度的冲突美。与"中和"主流的和谐、适度、平衡之美相对立,因而成为中国古典美学的审美异端。作为美学范畴,"狂"与创作状态和作品风格都有密切关系,唐代书法家怀素以"狂草"名世,《怀素上人草书歌》中对其创作状态的描述是："十杯五杯不解意,百杯以后始癫狂。一点一狂多意气,大叫数声起攘臂。"为创作而斗酒百杯激发灵感,足见"狂"之态在创作中的重要性；作为作品风格的"狂"则蕴含对传统形式的突破与创新之义。

撕裂音在有声语言中的创新使用,对字正腔圆的传统表达进行突破,以一种激烈、粗放、濒临极限的声音形式,进行极致情感内容的表达,给人以强烈的听觉刺激与审美感受,与传统表达的圆润优美形成鲜明的对比,因此,撕裂音展现出"狂"的审美艺术形态,撕裂音的审美特性应当在"狂"的范畴下进行分析。

"狂"的范畴下,撕裂音的审美特性可以具体概括为:用气发声的"粗狂",情态表现的"佯狂",精神本质的"狂放"。

一、用气发声的"粗狂"

有声语言创作中,传统发声方式要求气息稳劲、音色圆润,声音形式上追求和谐、优美的审美效果。撕裂音的发声,需要瞬间爆发的强劲气息与喉部控制相配合,产生粗糙、激狂的音色,展现声音形式的冲突与力量之美。优美又称阴柔之美,崇高对应阳刚之美,在中国古典美学中"崇阳恋阴"是主要传统之一,传统艺术发声的审美受此影响,偏爱柔和、圆润、优美的声音形式。而朗诵中凸显崇高审美的文本,话剧、影视剧配音中展现人物矛盾与极端情感的对白、独白,演播艺术中展现人物粗野、凶狠等个性,表现极端情态的语句段落,此时,使用粗犷、狂野的撕裂音进行表达,实现声音形式与情感内容的高度统一,内容中的崇高、冲突、极端等审美意蕴得以完美显现。因此,"狂"审美的撕裂音与凸显崇高审美等的内容结合时,其用气发声展现出"粗狂"的审美特性。撕裂音"粗狂"的审美特性,可以进一步通过Adobe Audition软件呈现的声学图像直观对比,如图4-32图4-33所示。

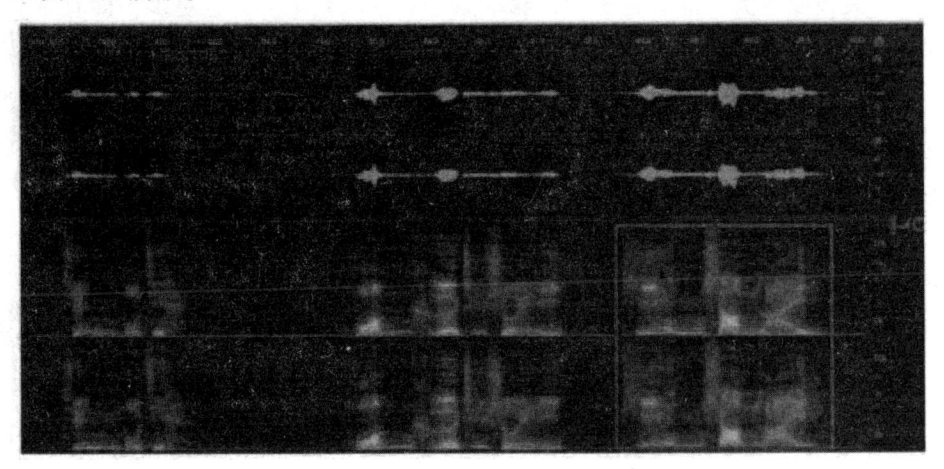

君不见, 黄河之水 天上来。

图4-32:传统朗诵表达

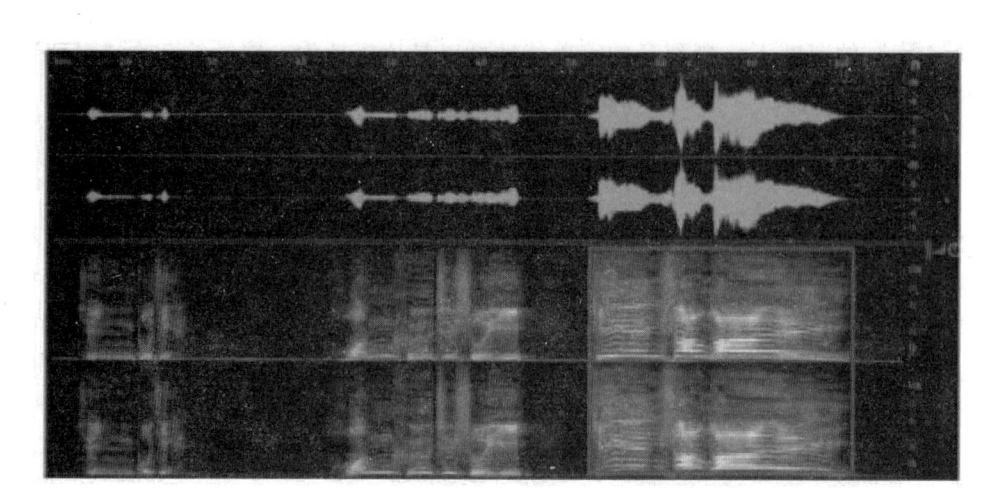

君不见，　　　　　黄河之水　　　　　天上来。

图 4-33：撕裂音表达

  图 4-32 是"君不见，黄河之水天上来"的传统朗诵表达图像，是稳劲圆润的发声方法，图 4-33 则是此句末尾使用撕裂音表达的图像。通过对比两图蓝色线框中的频率图与线框上方的声波图谱，可以发现，图 4-33 使用撕裂音表达的"天上来"声波幅度更大，即音量更大，频率图中黄色的频率线条也更多，即有更加丰富的声音频率和更强的能量，此外，图 4-33 的模糊部分是撕裂音噪音特性的标志。因此，与传统的朗诵表达相比，撕裂音表达能产生更强的听觉刺激，与夸张、极富想象力的内容相结合，粗犷、激狂的音色更能激发起听者强烈的情感共鸣，撕裂音用气发声"粗狂"的审美特性，在声学图像中得以鲜明显现。

二、情态表现的"佯狂"

  佯狂，即佯装疯狂。在进行有声语言创作时，创作者积极调动自身情感运动，发于内而形于外，真实情感自然流露之时，表情、动作等外部情态也会有丰富的变化。创作者使用撕裂音表达，表现狂喜、狂悲、暴怒等极致情感时，或捶胸顿足、蹙眉闭目，或怒目圆睁、开怀大笑，给人一种癫狂之感。朗诵中，朗诵者除了用有声语言传情达意，表情、手势等副语言也会被观众接收，在使用撕裂音表达呈现作品情感高潮时，也会呈现出近乎癫狂的表演状态。在话剧表演中，演员全身心投入角色，将基于生活的真实状态在舞台上进行夸张放大，在表演一些情绪激动甚至失控的状态时，使用撕裂音的表情动作显得格外疯狂。进行影视剧人物配音时，配音演员面对原片，对片中演员的表演进行再度还原，在使用撕裂音表达时，也会展现出与原片演员同样的疯狂情态，但在动作上有所收束。评书演播中，表演者注重表情的细腻传神，与简单有力的动作相配合，在使用撕裂音塑造人物语言、渲染打斗场面时，会出现狰狞、疯狂的表情与大幅度的动作，如图

4-34、4-35、4-36、4-37、4-38所示：

图 4-34　宋丹丹使用撕裂音时刻

图 4-35　冯远征使用撕裂音时刻

图 4-36　徐涛使用撕裂音时刻

图 4-37　王凯使用撕裂音时刻

图 4-38　单田芳使用撕裂音时刻

创作者在使用撕裂音时展现的狂态，并非精神失常的真狂，而是艺术创作时情动于衷、毫不掩饰的情态表露。虽然丑怪，但"狂放怪异的艺术虽然以丑的外表示人，却又能给人以美感"。这种表演性的疯狂情态具有极大的视觉冲击力，与撕裂音表达相得益彰，情感内容与表现形式相统一，给人视、听觉的双重震撼与美感，因此，撕裂音使用在情态表现上显现出"佯狂"的审美特性。

三、精神本质的"狂放"

狂放，指任性放荡。金代王若虚《 州龙兴寺明极轩记》：中说"始予以狂放不羁，为上官所拮，宴游戏剧，悉禁绝之。"用狂放形容放纵不羁的人物性格。作为一种人格美学、文艺美学的审美特征与范畴，狂放具有三方面特征与属性："（1）外在形式：体现原始生命力量的爆发与无拘无束的状态；（2）.旨趣内容：对结构程式的突破与反叛；（3）精神风貌："志大言大"的特征、具有崇高的理想与进取心。

"摇滚"与"狂放"之间的关系，已有研究得出，在西方摇滚乐中，演唱者以撕裂音为其标志性演唱方法，用一种歇斯底里的声音形式与表演姿态，表达对现实社会的不满，具有鲜明的反叛精神，而中国新世纪的摇滚乐创作，以"谭氏摇滚"为代表，越来越多地泛出"狂放"的审美特性。我国传统民间音乐"华阴老腔"，有着曲调刚直高亢、气势磅礴豪迈的特点，被称为"黄土地上的摇滚"，谭维维将这一传统音乐形式与现代摇滚乐相结合时，融合老腔唱法形成的粗犷、撕裂的唱腔，对传统民间音乐与现代摇滚乐演唱做出双重突破，刚健豪放的主题与大气磅礴的唱词内容，表达批判态度的同时，表现出浓烈的民族情感与阳刚之美。这种突破程式与技巧，提出对生存与生命的思考，直白热烈地抒发情感的艺术表演形式，体现出人原始生命力量的爆发，释放出"狂放"的真性美，而撕裂音的使用也成了声乐演唱中"狂放"的标志。在有声语言创作中对撕裂音的创新使用，也显现出"狂放"的审美特性。

有声语言创作中，撕裂音以"字正腔撕"的吐字发声展现冲突之美，打破了传统艺术语言字正腔圆的程式，"粗狂"的用气发声与"佯狂"的情态表现相结合，展示出人在极端情感下原始生命力的爆发。传统艺术语言表达追求优美、和谐的审美效果，当创作依据为蕴含强烈情感冲突、凸显崇高审美的文本时，用撕裂音表达呈现情感高潮、刻画冲突语言、塑造恢弘意境，粗犷有力的声音形式与文本审美含蕴高度统一，显现出有声语言的阳刚之美，突破并丰富了传统对优美、和谐审美效果的追求，圆润柔和与粗野爆发的表达结合使用，给人更加丰富的审美体验。撕裂音在有声语言创作中的使用，是对既定艺术形式的突破与创新，展现出超越、进取的精神风貌，同时，亦是对艺术创作中主体性与自由意志的强调。因此，撕裂音在精神本质上显现出"狂放"的审美特性。

中国古典美学"狂"范畴下，撕裂音展现出鲜明、丰富的审美特性，用气发声的"粗狂"、情态表现的"佯狂"以及精神本质的"狂放"，都给有声语言艺术形式的创新以美学含蕴上的极大启发。

第五章 "中"：有声语言表达的美学规约

第一节 "中"的基本内涵与有声语言表达艺术的创作

一、"中"作为中国古典美学范畴的基本内涵

如前文所述，所谓"中"，即适中，可以简单理解为事物处于一种不偏不倚、既不显得匮乏又不显得过剩的存在状态，其强调运动主体或情感主体始终处于两个相对立的因素或两个极点的中间。故而，《礼记·中庸》中说"喜怒哀乐之未发谓之中""中也者，天下之大本也"；《礼记·乐记》中又说"中正无邪，礼之质也"。"中"的概念是与"和"的概念紧密相连的，或者说，在中国古典美学的论域内，对"中"的理解要基于对"和"或者"中和"理解的基础上，在朱立元先生看来："'中'作为一种与'和'相关的概念，既有相同之处，也有不同的地方。'和'是把杂多与对立的事物有机地统一起来；而'中'则是指在'和'的基础上所采取的居中不偏、兼容两端的态度。儒家论中和，偏重于把其作为道德准则及行为方式的中庸哲学。这种哲学体现在审美观念中，就形成了'乐而不淫，哀而不伤'的审美理想。"这样说来，"中"在中国传统的思想体系既是一个审美范畴，又是一个道德范畴。

在中国美学史中，"中"是一个起源极早，又极为重要的审美思想范畴。美学学者张法先生在其所著的《中国美学史》中，"中"被认为是中国传统美学的文化核心与审美原则。张法先生从中国古人对建筑房屋的地理选择、方位布局，从他们原始宗教仪式场地的规划，从中国古人思想观念对北斗七星的认识，从中国古人的时间测算与计量方法等多个角度来考察"中"，他认为："从原始文身到朝廷冕服是以仪式中的人为主线看远古的演化。文身之人是在一定的地点进行仪式的，与人之文同时演化的仪式地点的演化就是建筑的演化。以仪式地点的演化为主线，

一个中国文化和中国美学的重要概念浮现出来——中。"而"中"（特指发平声的该字）这个汉字无论是在古代汉语词汇系统中还是现代汉语词汇系统中都有着极为丰富的含义。在古代汉语中，其一它有"内，里"的含义，《论语·为正》中即说："言寡尤，行寡悔，禄其在其中矣"；其二它可指代内心，《汉书·韩安国传》中说："其人深中笃行君子"；其三有"中间，当中"的含义，《孙子·九地》中说："击其中则首尾俱至"；其四它同"正"，《后汉书·杨震传》中说："不奢不约，以礼合中"；其五则有"一半"之意，曹植《美女篇》云："盛年处房室，中夜起长叹"；其六有"中等"之意，《汉书·司马迁传》中说："夫中材之人，事关于宦竖，莫不伤气"；其七有"适当，适中"之意，《后汉书·安帝纪》中说："朕以不明，统礼失中"。而在现代汉语体系中，"中"的含义多达十一种。如此多面的含义也赋予"中"以多重的文化使命，尤其是自古以来我国就以"中国"自称，"中"被赋予了极强的民族价值属性与政治价值属性，故而在中国传统的城镇布局中，"中"的概念都幻化为了每个人内心中不可替代的美学原则与布局准则，而要追究其中更深层次的心理动因，我们不妨通过张法先生的一段长论予以理解："远古的仪式地点，经过千年的演化，最后成了帝王君临天下的行政中心。中国文化的观念内容和形式特点，都可在这一京城模式中去体悟，从空地到坛台到宗庙到宫殿，是'中'的发展过程，同时也是'文'的发展过程。天子坐皇宫，是中国之中（文化观念）的核心，也是中国之文（美学形式）的核心，'中'构成了中国文化的核心，中国的天人合一的宇宙观、阴阳互补观、五行相克的哲学观、夷夏秩序的天下结构、君臣父子夫妇的社会结构，都围绕着'中'而展开。中国之'文'也是围绕着中国之中来展开的，来闪耀的。因此，从理论上总结，中的观念是一套体系。'中'，意味着中心与四方的天下观念，'中'是一种中国式的空间图式；'中'，意味着日月的运行有一个中心，春夏秋冬的往来围绕一个中心，历史兴衰的循环有一个中心，'中'又是一种中国式的时间图式；'中'意味着一个政治/地理/时空中心，一个中国式的帝王和以帝王为中心的等级制度（天子/诸侯/大夫/士/民）；'中'意味着一个居中的主体，居中而观天地，而理四方，表现为一种中国式的天地人合一的模式；'中'，表现为以制度为标准的不偏不倚、不过不及的中正的社会/政治思想，表现为以自然为规律的阴阳相生、五行相成的中和的宇宙/哲学观念，从而'中'，也是中国美学的核心。从时空和宇宙的模式来看，这个'中'是'无'（天道）；从政治/社会来看，这个'中'体现为'有'（圣王）；'中'呈现为有无相生；'中'体现为美学形式的时候，最好体现了'中'的有无相生的文化意蕴。"

而在本文中，对作为审美范畴的"中"可以从两个层面去理解：一是在量的层面上表现为一种适度，即既不显得不足也不显得过分；二是在质的层面上表现为一种合适，而"中"则正是量的适度与质的合适的辩证统一。

二、"中"与有声语言表达艺术创作

有声语言表达艺术的特质在于"有声"二字，所以有声语言表达艺术的创作者不是指语言文本的写作者，而是指通过有声语言及其艺术技巧来表现文本内涵的人，是有声语言表达艺术中的创作主体。"创作"二字意在说明，虽然语言文本本身已融入文本作者的情感与艺术手法，但是，其一，这种情感和艺术手法是需要有声语言表达艺术的创作者予以充分呈现的；其二，有声语言表达艺术的创作者也会通过运用不同的技法、不同的情感将同一文本进行二度创作，以呈现出迥然不同的艺术效果与艺术风貌。有声语言表达艺术的创作是一个动态过程，并且由于这种创作是一次性完成的，故而又是唯一的、不可复制的。

在绪论中我们曾经谈到，"有声语言"与"有声语言表达艺术"是有本质不同的，前者是工具性的，是实用层面的存在，它偏重于语音信息及其意义的实际传达，其余因素都处于等而下之的层面；而后者恰恰相反，它偏重于审美效果的展现与情感信息的传达，语音信息所含有的实际意义层面的东西虽然是不可或缺的，但其地位处于审美意蕴与情感信息之下，或者说，语音信息所含有的实际意义只是为了展现审美效果与传递情感信息所不得不借助的物质载体。所以说，"有声语言"不存在（或者说很少存在）审美层面的意蕴，它所要做的仅仅是将语音所包含的有效信息从主体准确、完整地传递给客体即可。而"有声语言表达艺术"则不然，它更需要注意传递的信息所承载的情感与审美意蕴是否也一同被传递给了客体，这样它不但注重内容层面的东西，更注重语音信息发出时情感与技巧层面的东西，而其中还蕴含着一种美学原则，即语音信息发出主体究竟将这些信息表现到什么程度才能达到良好的美学效果，而这种美学原则就是"中"。具体而言，其中可包括三个层面，即内容的"中"、情感的"中"和技巧的"中"。

（一）内容层面的"中"

有声语言表达艺术内容层面上的"中"主要表现在其质的属性上，即表现内容的合适，这种合适主要体现在创作者对作品内容的选择上，它与创作者进行表演、创作的环境有关，即与作品呈现时的具体语境有关。例如，创作者在一次纪念大会上选取了一篇情绪激昂的抒情性散文作为表演作品，或是选取一篇带有伤感、悲壮感情色彩的诗歌作为表演作品可能都是合适的，因为这类表演作品的感情基调及其由这种感情基调所决定了的呈现具体情状没有溢出一次纪念大会本身的氛围和语境，但是如果创作者所选取的是一篇带有戏谑、逗笑风格的表演作品，那么自然是与整个纪念大会的整体氛围与语境所不符的，这也就没有符合我们所说的内容层面上的"中"，即适度的美学要求，观众与欣赏者自然不但不能从中领略到这次表演所给他们带来的审美享受，甚至还会破坏他们参会的某种情感预期。

当然，我们所举的上述例子仅仅是就一般情况而言，在某些特殊情况下，或许上述情况所给观众与欣赏者带来的感受恰恰相反，这就需要具体问题具体分析，考察创作者在表演时所处的具体语境予以评价，但这非但没有否定本文的观点，反而反证了其有效性与合理性。

总之，有声语言表达艺术在内容层面上的"中"，即体现为创作者以表达的具体环境、具体语境及欲要唤起观众与欣赏者特定的情感为考量标准来选取具体的文本作品及内容。

（二）情感层面的"中"

凡被称为"艺术"的事物无不是融入了人类情感的产物，也正因为如此，艺术才能具有美学属性，或许可以说，在人的创造物层面上，正因为艺术家们将人类带有共通性的情感融入艺术品中，才使美的观念成了人类共有的精神财富和价值追求。而有声语言也正是因为其融入了创作者的情感才使其发展成为有声语言表达艺术，从而获得了其美学属性，进入了人类艺术之林。

但是，有声语言表达艺术对创作者情感的要求与其他艺术形式相比又是有所不同的，就是同与其相邻的音乐艺术之间也存在着一定的差异，或许从某种意义上可以说，这种对创作者情感的特殊要求恰恰构成了有声语言表达艺术成为一个独立的艺术门类的质的规定性，而这种对创作者感情的特殊要求的审美体现就是"中"。

我们前面说到，从形式上来看，有声语言表达艺术与音乐艺术是具有亲缘关系的，二者在很多方面都具有高度的相似性。为了保证此节论述的有效性与合理性，笔者拟先将音乐美学与人类情感的关系的有关内容先行稍加论述，然后再引入有声语言表达艺术的相关问题。

首先，音乐艺术是一种纯粹的时间艺术。人类在留声技术出现以前，音乐作品的表演过程和欣赏者的审美过程在时间与空间上必须是同一的，否则这个审美过程就无法达成；即便是在人类留声技术产生以后，甚至是现在互联网多媒体等先进影音技术走入人类日常生活以后，音乐艺术也未能突破纯粹时间艺术的藩篱——因为无论如何，欣赏者必须付出相应的时间成本才能产生音乐艺术审美的行为与过程，否则这一审美活动就无法达成。这也就要求音乐艺术作品的创作者必须将自身想要表达的情感在整个作品表演的时间序列中渐序呈现出来。

其次，音乐艺术是一种纯粹的听觉艺术，单纯的音乐艺术作品欣赏过程不需要也不可能需要人体的其他感官予以配合。这就需要音乐艺术作品的创作者将想要表达的情感完全融入声调高低起伏、错落有致的变化之中才能完成创作过程。

上述音乐艺术的情况也同样完全适用于有声语言表达艺术，但其中仍然有很大的差别。音乐艺术需要通过演唱、演奏才能呈现，或者不太严谨的借用音乐理论的相关术语。音乐的一个特征在于乐音的存在,这也是其与语言声音的一个浅层次的区别,而更深层次的区别则在于:"音乐既不能像普通语言那样说什么——它是非语义性的,也不能像文学那样在非直观的层面构筑'想象的感性'世界——它是直观直感的,它的音响美是对音乐耳朵直接呈现的。"而有声语言表达艺术则不需要有乐音的存在,其只需要在语言声音本身予以呈现,而且它是语义性的存在——需要通过语言声音本身所承载的意义表达构成其艺术本体与审美意蕴。这样,对于有声语言表达艺术来说,其最为重要的审美形式载体就是创作者与作品本身想要表达的、以语言声音为载体的真情实感。

那么,既然在有声语言表达艺术中情感成了最重要的美学表达因素,这也就同时要求创作者具有良好的情感驾驭能力,通过对于情感的合理驾驭以期达到对于语言表达的合理舒张,从而实现其美学诉求。同时需要说明的是,所谓"合理的情感驾驭"并没有技术层面上的"操作规范",否则"有声语言表达艺术"也就成了一个伪概念,因为存在技术操作规范的事物是无法承担起传递审美价值与意义的任务的,因而也就不能称为"艺术"了。但是,在形而上的层面上,它却具有可遵循的原则,这个原则就是"中"。在这里,所谓的"中",就是中规中矩、合情适度地表达思想与情感。

(三) 技巧层面的"中"

情感层面的"中"并非一个可以直接呈现的东西,它必须借助他者才能实现其终极诉求,而这就是有声语言表达艺术创作主体在创作时所运用的表达技巧,而这种语言技巧在美学意义上也需要"中"的规范。有声语言表达艺术的创作者在表达时须结合实际的语境和个性化的认知来把握情感,从而有效控制表达的效果,使语音既不过分高亢,也不过分低沉,节奏张弛有度,音色清浊分明,进而实现其美的价值,而这里所提及的"控制表达的效果"的途径就是通过遵循"中"的原则合情合理、适中适度地将各种创作技巧综合并用,有关这个问题的具体内容,我们将在下一节进行详尽论述。

总而言之,有声语言表达艺术的创作者欲创作出完美的、能够引起受众共鸣的有声语言作品就需要把握"中"的美学原则,这个"中"既是量的意义上的原则,又是质的意义上的原则,它要求创作者所选取的作品内容适"中"、表达时情感适"中"、展现时技巧适"中",结合创作时的具体语境、实际认知来灵活把控,充分驾驭。

第二节 "中"与有声语言表达艺术的创作技巧

中国古典诗歌的审美意蕴及艺术效果实际上是同言语表达紧密相关的,讲求押韵且朗朗上口。与此道理相似，语言艺术的表达因素在本文中有着重要的作用。从某种意义上说，对"中"的追求就是有声语言表达艺术创作的规范与原则，而在实践层面要落实这个"中"，最根本的就是表达技巧的适"中"，因为无论是内容的适"中"还是情感适"中"，都最终要呈现于技巧的适"中"上，反过来说，若技法没有达到"中"的要求，那么内容的"中"和情感的"中"把握得再好也没有办法表现出来，可以说，这正是有声语言表达艺术创作的一个鲜明特点。

有声语言表达艺术在声音审美塑造方面的核心性技巧，大体上可以总结为：吐字归音、用气发声、共鸣控制、弹性变化、停顿连接、虚实轻重、语气节奏这几个要点。

一、在口腔控制方面的审美塑造

作为口腔控制中的一个环节，对于吐字归音的纯熟掌握是最为重要的。吐字归音，是一种咬字发声的方法，就是指我们在发声时的出字、立字和归音的整个过程。在有声语言表达的过程中，言语者多是以普通话的使用为基础来进行吐字归音的审美塑造。

对于普通话的定义，比较被认可的理解是："以北京语音为标准音，以北方话为基础方言，以典范的现代白话文著作为语法规范的现代标准汉语。"新中国成立之后，在1953年以北京市、河北省承德市滦平县作为普通话标准音的主要采集地，制定标准后，在1955年10月召开的"全国文字改革会议"和"现代汉语规范问题学术会议"上，将汉民族的共同语的名称正式定为"普通话"（Mandarin）并向全国推广。2000年10月31日第九届全国人民代表大会常务委员会第十八次会议修订通过、2001年1月1日起开始施行的《中华人民共和国国家通用语言文字法》确立了普通话作为"国家通用语言"的法定地位。作为中华人民共和国的官方语言的普通话，不仅是新加坡四种官方语言之一，又是联合国六种官方工作语言之一，而且是通行于中国大陆、台湾、香港、澳门及海外华人华侨间的共通的语言，它已经成为中外文化互相交流的重要桥梁。《中华人民共和国宪法》中的第十九条规定："国家推广全国通用的普通话"，可见，普通话的推广是具有使命意义的，也是受我国的宪法保护的。

语言是最重要的交际工具和信息载体，大力推广、积极普及普通话，不但有助于提升我们的表达能力，而且更有助于消除因语言不通而造成的误解与隔阂，有利于促进社会交往和融合，增进各民族、各地区之间的交流与联系，有利于维护国家的完整与统一，能够增强中华民族的凝聚力和向心力，对个人的发展和社会的全面进步都具有极其重要而深远的意义。

普通话的规范使用，有助于受众准确地接收信息，更容易激发出亲熟感强烈的思想与情感的共鸣，有利于人际沟通与信息传播。高贵武老师指出："国家广电总局制定和颁布的《中国广播电视播音员主持人职业道德准则》第二十二条明确规定:"主持人在主持节目时,除特殊需要,一律使用普通话。不模仿有地域特点的发音和表达方式,不使用对规范语言有损害的口音、语调、粗俗语言、俚语、行话,不在普通话中夹杂不必要的外文'。

注重言语者在声音上的审美塑造,就应在绝大多数情况下都将普通话作为传播信息的有效载体,并依据汉字的音节结构特点,强调发声过程中吐字归音的准确性与规范性。其基本要求可以概括为以下十六个字:"准确规范、清晰集中、圆润饱满、流畅自如"。

在尚营林和沈瑶看来:"乔姆斯基认为人类语言没有优劣之分。然而,人类语言毕竟千姿百态,每种语言也就自然会各具千秋,独领一方风骚。汉字的音节结构就是汉语在语音方面所具有的优势。"我们可以将汉字的音节结构分为声母、韵母、声调三个部分。声母是音节的开头部分,又叫字头,声母由辅音充当,而由于辅音有时程短(擦音除外)、音势弱的特点,故而特别易受干扰,导致"吃字"情况的发生,进而影响语音清晰度和可懂度。韵母是音节的中后部分,由韵头、韵腹、韵尾三个部分组成,按照韵母发音特点来划分,可以将其分为开口韵(呼)、齐齿韵(呼)、合口韵(呼)、撮口韵(呼)四类。构成整个音节音调高低升降的叫声调,又称字神,体现在韵腹上,就是物理学中所指的"基频",它由声带振动的频率所决定,与声母、韵母一致,同样起着区分音节的重要功能。声调的高低升降就是音高的高低升降,可以表现出音节的高低抑扬变化,普通话语音把音高分成"低、半低、中、半高、高"这五个度。在普通话语音里,声调一共有四个:"阴平"是第一声,"阳平"是第二声,"上声"是第三声,"去声"是第四声,统称"四声"。正如四声歌所言:学好声韵辨四声,阴阳上去要分明。部位方法须找准,开齐合撮属口型。双唇班报必百波,抵舌当地斗点丁。舌根高狗坑耕故,舌面积结教坚精。翘舌主争真知照,平舌资则早在增。擦音发翻飞分复,送气查柴产彻称。合口呼午枯胡古,开口河坡歌安争。撮口虚学寻徐剧,齐齿衣优摇业英。前鼻恩因烟弯稳,后鼻昂迎中拥生。咬紧字头归字尾,阴阳上去记变声。循序渐进坚持练,不难达到纯和清。

吐字归音时要讲求"珠圆玉润",必须尽可能地将每一个汉字的发音过程都处理成"枣核形"的样态——即以韵头为其一端,以韵腹为其核心,以韵尾为其另一端,两头尖尖、中间鼓起,从而构成一个有机的整体,从而实现音准在字头,音响在字腹,音清在字尾。所以,吐字归音时我们应该叼住字头,字腹挺起,字尾收住,形成一个完美的"枣核形"。追求每一个字音都能饱满地发出,是使言语者的普通话更标准、更纯正、更优美的关键。但同时需要注意的是,我们也不必过于片面地去追求"字字如核",这样反倒违背了言语交流的本质,更不必过度地去讲求方法与技巧,否则就会使得言语所特有的感情色彩受到一定的削弱,进而破坏了语句展开的差异化节奏。下面以张泽群在春节联欢晚会中的一段口播加以分析:"'广州本田'给全国人民带来新春的祝福!美的集团祝全国人民鼠年吉祥如意!中国驻美国、俄罗斯、西班牙、英国、法国、意大利、奥地利、马来西亚、德国、巴西、比利时、荷兰、澳大利亚、日本、挪威、喀麦隆、阿曼、哥斯达黎加、卢森堡、瓦努阿图、蒙古、柬埔寨、斯里兰卡、塞内加尔等国大使馆,以及中国驻欧盟使团、中国第六支赴海地维和警察防暴队与全国人民共贺春节!招商银行向全国人民致以新春的祝福!"

上述贺词与广告是通过口播的形式来完成的,为了使这部分的内容不占用春晚更多的时间,迅速的播报语速更加考验表达者的口腔控制能力。由于主持人会通过表达语速的提升来营造一种紧凑的气氛,所以受众很容易会在下意识里紧随其语速进入表达者预设的心理状态。以最迅捷的语速清晰而准确地完成各个国家、各个企业送来的新春祝福,这就更加需要注重吐字归音时有效的口腔控制。

一个汉字的音程很短,大多数在三分之一秒就会结束,要在如此短的时间内兼顾声、韵、调,注重吐字归音,尽量在声音上进行审美再造,这就对言语者平时的训练提出了更为严格的要求。其要领可以凝练为以下三点:

(1) 出字,即指字头的发音过程,要弹射有力,叼住弹出(可以找找"母老虎叼虎仔跃山涧"的力度感觉,以"适中"为宜),声母的成阻部位必须找准确。力量应集中在唇的中间,舌的前部,咬字干净利落,并与韵头迅速结合。

(2) 立字,即指字腹的发音过程,要立得住,字腹饱满,拉开立起,保持口腔大开度,以便为发音提供足够的时间和空间。泛音共鸣最为丰满、声音最为响亮的部分就在韵腹,同时韵腹又是声调的主要体现部分,声调与韵腹的完美结合,使得创作主体在有声语言表达中形成了抑扬顿挫的乐感之美。

(3) 归音,即指发音的收尾过程。字尾归音,到位弱收,控制肌肉由紧渐松,口腔随之由开渐闭。归音务求干净利落,趋向鲜明,不可拖泥带水,亦不可因丢了字尾而"丢音"。

想达到上述的三点要求,就必须注重在发声过程中的口腔控制,加强咬字器官力量的锻炼。咬字器官包括:上、下唇,上、下齿,软、硬腭,上牙床,小舌,舌尖,舌面,舌根,在对其进行训练的过程中需要注意以下几点:

(1) 唇舌灵活,力量集中,可以进行撮口呼和齐齿呼结合的练习。唇的撮展要灵巧,唇舌力量尽量集中在"成阻点",接触面小而有力,增强喷闭收撮力。

(2) 字音的冲击点与声音的走向为:从喉部到后咽壁后再依次至软腭、硬腭和人中,字音的着力点则要打到硬腭前部,声挂硬腭而出。

(3) 多练习"拢舌""收唇""挺软腭"和"打牙关",注重口部训练操的持续锻炼——双唇闭拢向前、向后、向左、向右、向上、向下运动,顺时针与逆时针左右转圈,喷、咧、撇、绕、打响,同时还要注意唇形的美观;刮舌、顶舌、绕舌，舌尖顶下齿后舌面逐渐上翘，舌尖在空腔内部左右往复顶口腔壁，在门牙上下转圈，将舌尖尽量伸出口外后向前探伸并向左右、上下探伸（伸舌），将舌在口腔内左右立起（立舌），以舌尖弹硬腭、弹口唇，舌尖与上齿龈接触打响、与软腭接触打响（舌打响），以舌头前中部的力量与灵活性为重点，增强舌头前中部收拢上挺的力度，强化舌的顶弹滑动力。

（4）做到"开口音稍闭，闭口音稍开"。以开带闭，使"闭音"稍开；以闭带开，使"开音"稍闭；以前带后，以后带前，如是可以很大程度上在发声阶段就改善音色，使得人声更"美"。

（5）多进行打开口腔的练习，找咬硬苹果的感觉，张口咀嚼和闭口咀嚼结合着进行练习。打开口腔分成四步：①"提颧肌"：将颧肌提起来能够有效防止咧嘴角情况的发生，不然的话字音就会发得扁而散，需要注意的是开口的动作务求柔和，将两嘴角向斜上方微微抬起，从而形成一个"倒三角"的形状，这样就可以使得唇齿相依，发出的声音就会既明亮又积极，同时上下唇要稍稍放松，将舌自然平放，也可以练习舌面音（j、q、x）与撮口呼相拼音节，如"鸡枞、青葱、惺忪"等；②"打牙关"：牙关的训练重点是在"打"，增强开合咬力，我们可以选用开口度较大的"a"来进行练习；③"挺软腭"：腭的训练主要是加强软腭上提的力量。用夸张吸气和"半打哈欠"来体会软腭上提的趋势；④"松下巴"：适当尝试用牙疼的感觉去用气发声。

尚营林和沈瑶认为："人类口腔的自然形态是双唇合闭，舌尖轻抵上齿龈。

这种形态对辅音的发音相当便利。虽然发辅音需要除阻，但由于元音本身的发音也需要除阻——打破口腔的自然形态，而且往往可以和辅音的除阻结合在一起，因此'辅+元'结构的音在一定程度上要比单个元音还容易发，比起发'元+辅'的音就更要容易些。天真烂漫的儿语就几乎全是'辅+元'结构，papa（爸爸）、mam（m）（妈妈）的称谓通行全球，应是最典型的例证。这一点，也许是人类对'辅+元'结构取向的最主要原因。"

同时，他们二位也指出："然而，应当强调的是，汉字的这种音节结构自它基本形成至今，已有数千年之久，并且很早即已演变发展到十分完美和理想的程度了。这说明我们民族在这方面走在了世界前列。由于汉字音节结构本身逐趋完善，也由于这种完善过程同声调、音韵、词语等诸多方面的演进结合在一起，使得汉语虽然只有简单的单字音节结构，却能读来朗朗上口，铮铮作响，听来起伏跌宕，富于韵律，同许多其他语言相比，具有显著的音义表达优势。可以说，汉语是当今最能反映人类语音自然取向的语言。岁月嬗递，大浪淘沙，在世界最古老的几大语言中，其他语言都已或衰或亡，唯有汉语仍风采依然。汉字具有'天然'合理的音节结构，无疑应是一个极为重要的原因。"

人的身体就如同一部神奇而又精密的机器，需要我们有意识地去操使、调整、驾驭、完善。有声语言表达艺术创作主体在声音方面的审美塑造，更是得益于良好的口腔控制，只有这样才能使得表达时的语音更加清晰而准确、声音更加圆润而集中，优美动听的"美丽人声"需要运用更多科学的发声技巧去有效地培养。

二、在用气发声方面的审美意图

气者，音之统帅也。有声语言表达艺术讲求"以气托声，以声传情，表情达意，及于受众"。大凡善表达者，必先调其气，气动则音发，气粗则音浮，气弱则音薄，气浊则音滞，气散则音竭。气为声音的根本，良好的气息控制是"人声之美"的坚实基础。

一般情况下，大多数女性所采用的均是"胸式呼吸"，这种胸式呼吸的方法又被人们称为"横式呼吸法"或者"肋式呼吸法"，这种方法仅仅是依靠肋骨向侧向的扩张来进行吸气的动作，以肋间外肌来上举肋骨，从而胸廓获得扩大。一些更习惯于此法的人，在吸气时双肩会不自觉地向上抬起，这就造成气息吸入得较浅，故此又被叫做"肩式呼吸法""锁骨式呼吸法""浅呼吸法"或"高胸式呼吸法"等等。

而男性大多却是以"腹式呼吸"为主，这正是通过横膈膜的上下移动来完成的，在他们进行吸气的时候，横膈膜就会自然而然地下降，这便把腹腔中的那些脏器都挤向了下方，肚子就因此而获得膨胀，进而在吐出气体的时候，分隔胸腹腔的横膈膜便会比一般情况时有所上升，以此便实现了深度的呼吸，容易停滞在肺叶底部的二氧化碳得以大量吐出，所以，腹式呼吸又被大家称之为"深呼吸"。

在有声语言表达时，所应采用的正确的呼吸方式则应该是胸腹联合式呼吸，这种呼吸方式能使得吸气量较大，最为科学也最为理想。气息控制的基本要领是：气下沉，两肋开，小腹收，气息下沉，喉部放松，肩部放松，状态积极。正所谓，"气随情动，声随情走，兴奋从容两肋开，不觉吸气气自来"。在练声时要注意保持正确的站姿或坐姿，增强腰腹力量，锻炼膈肌的控制力，强化气息量的训练，吸气练习时可以找找"闻花香"的感觉，呼气练习时"吹桌面灰"或者"吹纸"的感觉，还可以结合慢吸慢呼（数数儿、数葫芦）、慢吸快呼（读绕口令）、快吸快呼（练贯口）、快吸慢呼（喊人名）这四种方式进行练习。在表达的过程中，感情和声音是通过气息来连结的，所以我们说，气息乃声音的统帅，气动则声发。

赵忠祥老师作为我国第一位电视节目的男主持人，运用独特的气息控制与共鸣控制，形成了自然舒展、雄浑大气的艺术风格，是中国电视界一个不可或缺的标志性符号，关于此张守鑫有这样一段分析：赵忠祥之所以能够将《动物世界》解说得引人入胜，让观众有身临其境之感，同时感情也会跟随他的声音而起伏，其关键点就是赵忠祥在他的配音解说过程中很好地运用了低声区的气声来进行语言表达，即口腔共鸣为辅，胸腔共鸣为主，喉头放松，靠气流震动声带发出的气声来处理专题片的配音文稿。气声即发声学当中所说的"虚声",赵忠祥在解说过程中使用虚声为主,实声为辅的虚、实声无缝衔接、自然切换,因此形成了他虚实相生、独具一格的解说风格。其中第一句"有一种生物的叫声如同大海的回声,这种生物就是座头鲸"。开头第一句话就在使用气音也就是虚声,直到第二句的"座头鲸"一词才转变成了实声。赵忠祥这样的手法明显是在制造海底幽深静谧的环境,同时为了让观众听清楚座头鲸的叫声。之后的声音基本卡在虚声和实声之间。一直到"雌座头鲸和新生的幼鲸"这一句话当中在"新生的幼鲸"又开始使用虚声,当"幼鲸在妈妈的帮助下"使用更加强的气音,能明显感受到,赵忠祥在这里使用虚声传达了对幼鲸的一种怜爱的感情色彩,这个过程中也潜移默化地唤起了观众对于幼鲸的怜爱。一个小小的片段就可以窥见一二,赵忠祥这种虚实相生、独具一格的解说风格已经融入了他播音创作的骨髓。在我国的传统美学的各种范畴中,情和理、形和神、虚和实、言和意、意和境、体和性最具有代表性,有声语言表达者可以通过对于气息调控、虚实结合、口腔控制等技法的综合并用将这六对范畴的表征神形兼备地体现出来,从而实现意蕴俱佳的表达效果。

三、在共鸣控制和弹性变化上的审美追求

人体的共鸣器官包括喉腔、咽腔、口腔、鼻腔、头腔和胸腔。有声语言表达主体利用共鸣原理,通过对声道中的共鸣器官合情适度地调节把控,能够达到美化音质与提高语音清晰度的明显效果。在有声语言表达过程中,大多数情况下都是采用"中声区",而中声区主要便是形成于口腔的上下,这决定了表达者用声的共鸣重心就在口腔上下位置。人体的共鸣是以胸腔共鸣为重要基础的,同时兼以口腔共鸣为主,其中略微带有一点鼻腔的共鸣。我们可以通过扩大共鸣的空间以调节口腔共鸣,再通过软腭的上下运动来调节鼻腔的共鸣,加之通过胸部支点的运动来调节胸腔共鸣,正所谓"胸中几云梦,余地多恢弘"。

在平时的训练中可以用"you""ou""u"等音节进行练习,其中"u"常被人们称为模范音,因为其在发音时喉头能够得到有效的放松,为上下顺畅的声音通道奠定了良好的基础。

有声语言表达艺术所彰显出来的"人声之美",在很大程度上体现为我们的声音可以随着传受双方的感情波动而出现伸缩变化。也只有在有声语言表达中,人声的可变性、对比性、参差的层感才会表现得如此淋漓尽致,这个过程中所涉及的发声器官和发声元素之多也是绝无仅有的,声音的弹性变化因此而变得多姿多彩。那么,我们又该如何体会并领悟声音的弹性变化呢?

表达者与倾听者之间饱满的情感运动为声音的弹性变化创造了内在的依据,坚实持久、控制自如的气息成了以声传情的桥梁纽带,发声技法的辅助支撑使得声音的弹性获得了增强。情感作为依托的内涵,声音作为形式的载体,气息作为

基础的动力,"情取其高,声取其中,气取其深",只有达到这种状态时,人声之美才得到有力的彰显,这时的声音或豪迈、刚劲、血性、激昂、气贯长虹、排山倒海,或婉约、柔美、温馨、从容、委婉曲折、浸润心田。在表达过程中,人声可以实现高低变化、强弱变化、虚实变化、快慢变化、松紧变化、起伏变化(其中包括波峰类、波谷类、上山类、下山类、半起类)等等。

影视作品配音是有声语言表达艺术的重要表现形式之一,配音员的声音随着情感的需求而伸缩、变化,千差万别的内容、个性迥异的角色、五花八门的话题都是通过合情适度的声音弹性变化表达出来的。人声之美很大程度上体现在声音的弹性变化上,而弹性变化是受到发声者情绪的调动,面对不同的播报稿件、演讲材料、倾听对象,所要酝酿、积淀和喷薄的情感也不尽相同,这里面包括气徐声柔的"爱"、气足声硬的"憎"、气提声凝的"惧"、气多发放的"欲"、气粗声重的"怒"、气细声黏的"疑"、气短声促的"急"、气少声平的"冷"、气沉声缓的"悲"和气满声高的"喜"等等。

四、在内外部技巧运用上的审美表现

我们可以将有声语言表达艺术的表达技巧大致概括为:"内三外四",即三个内部技巧:情景再现的把握、内在语的使用和对象感的驾驭;四个外部技巧:停连、重音、语气、节奏。

乔芳芳认为:"情景再现是指在符合稿件需要的前提下,以稿件提供的材料为原型,使稿件中的人物、事件、情节、场面、景物、情绪等在播音员的脑海里不断浮现,形成连续活动的画面,并不断引发相应态度和感情的过程。"在有声语言表达的过程中,内部技巧"情景再现"的合理调用,可以给予言语者以表达的动力和前行的欲念,并表现为:心跳加速,肾上腺素上涌,呼吸浅而急,状态兴奋,情绪激昂,冲动异常,热情百倍,专注力高度集中,与此同时可以令受众用耳朵便可以"看见"画面,仿佛身临其境,其所引发的激情,瞬时强烈,持续短暂。在充满着情感底色的有声语言表达进程中表达主体一吐为快,表达对象感同身受。表达主体需要认真揣摩一度作者的一度情感,需要通过文字中的固有张力,自发地唤起想象,展开通感的联想,根据对于个人文字的理解与在生活中(直接或间接的)经验的凝练总结,构筑出可以情景再现的画面,抒发出可以跃然纸上的情感。白居易在《与元九书》中提到:"感人心者,莫先乎情,莫始乎言,莫切乎声,莫深乎义。"在崔梅和周芸看来:"想象是人在头脑里对已储存的表象进行加工改造形成新形象的心理过程。对于有声语言创作来说,人们的想象多是依据现成的文字描述,结合自己的阅历去展开并补充文字所描绘的形象。想象的内容可以是亲身经历、耳闻眼见,也可以间接来自文学作品、影视作品等,甚至可以是身体的某种感知觉,或者某种情感、情绪的体验。想象是帮助播讲者调动情感的一种重要手段。"在应对无稿时的表达，我们需要做到手中无剑，心中有剑，不滞于物，收放自如，草木飞花竹石皆可为剑之时，无剑胜似有剑。同时应注意的是，无稿时的表达状态，尚不可物我两忘、恣意妄为、任性遨游，还是要时刻提醒自己，把握主旨，端正姿态。在应对有稿时的表达，表达主体的文字感受能力越强，所引起的想象活动就会越丰富；内心越是敏感细腻、悲天悯人、托物感怀，越容易泛起情感的涟漪进而触景生情；情感表达越是强烈，越会使得感染力得到增强。当然，一系列的联想活动都是在表达之前的备稿环节中完成的，一旦进入真正的有声语言表达状态后，脑海中所唤起的场景、情愫就都是瞬时闪过的了。故此，尽量要选择典型环境、典型人物、典型情感或颇具特殊代表性的情景进行想象。每个人的认知程度都是有限的，这就需要有声语言表达者一方面去向他人虚心求助请教，另一方面通过生活中日久弥坚的历练去不断扩充完备。马克思在《1844年经济学哲学手稿》中曾指出："如果你想欣赏艺术，你就必须成为一个在艺术上有修养的人。"

童兵老师在其所著的《新闻传播学大辞典》中指出："内在语，是指稿件文字语言所不便表露、不能表露或没有完全显露出来，或没有直接显露出来的语句关系、语句本质。播音要深刻，就要努力挖掘文字后面更深一层的意思，把握好播讲目的，把握好语言链条的承续及语句本质的差异，使语言富有深刻的内涵和生命的活力。"在这里，"内在语"又分为"关联性内在语""发语性内在语""提示性内在语""回味性内在语""寓意性内在语"和"反语性内在语"，是承续语言链条的结节点，是语句目的之集中体现，它的巧妙使用会将稿件中的文字内容转化为表达者自身想要言说的话语，代替受众完成想发而未能发之声，会使得所表达的分寸更妥帖、指向更鲜明、态度更清晰、意境更饱满、色彩更丰富、个性更昭彰，表达的效果更加具有确定性、排他性、说服性和深刻性。

同样是在《新闻传播学大辞典》里面，童兵老师还曾提及："对象感，是指播音员产生交流感的一种心理技巧，播音员面对话筒、面对摄像机播音，此时'目中无人'却要努力做到'心中有人'，一方面要对听众、观众进行具体设想，依据稿件提供的条件对他们的收听心理进行分析，使播音有的放矢；另一方面播音员，要时时处处地在想象中感受到听众、观众的存在和反应，由此引起更强烈的播讲愿望，更饱满的感情强化播音的语言表达，从而产生情感上的交流与呼应。"在有声语言表达过程中，言语者要时刻意识到表达对象的存在，始终浮现在脑海中，要通过预估其反应来有效地进行信息交流与情感呼应，即使不能面对面，也要如同"面对面"，身不能至，心向往之。同时，对于表达对象的审美诉求的观照，既使得表达更加具体而亲切，又进一步带动了言语者的表达情绪、激发了言语者的表达愿望。下面我们以2014年春节联欢晚会中魔术《团圆饭》的串联语（节选）来进行引例分析：

"张国立：……那好吧，来小朋友帮我拿一下话筒，我给你们带来一个更加精彩的魔术节目，你们每个人在这个盒子里拿出一个爆米花，然后就可以看到神奇的一幕，来，准备好了吗？见证奇迹的时刻到了，快看快看！

儿童：爆米花里有一个小虫子？

张国立：那可不是简单的虫子，快看快看，它飞起来了，来来来，我教你们怎么变魔术！

毕福剑：这还用你教吗？来小朋友，我告诉你们他是怎么做的，你先拿一个口香糖，咀嚼之后，将它固定在手上，然后将口香糖粘在盒子上，用手这么一拉，就可以看到它飞起来了，就是这样的，还用教人家吗？

毕福剑：你这种方法更低级，还不如我说的方法呢！

张国立：你想看高级的魔术表演，好说，我师弟来了！"

如上所引，在表达的过程中，可以通过巧妙架设的语言打破人们常规化的思维模式，注重"对象感"的充分营造，为倾听者铺设悬念，使传播内容实现逐层推进，进而令良好的接受状态得以保持。

而有声语言表达艺术中的外部技巧则主要包含四个部分，即停连、重音、语气和节奏。

"停连"是指在有声语言表达的过程中声音的停顿和连接。不是简单的中断与延续。"停"的方式大致可以分为"扬停"和"落停"两种，"连"的方式大致可以分为"徐连"和"紧连"两种。在话语表达的过程中，表达者需要对气息进行调节，这时就会出现停顿。表达不会一字一换气或者一字一调息，于是又有了连接。另外，从话语接收者的角度来看，耳鼓和大脑对长久连续的刺激会产生一种抵制，从而降低对信息接收的有效性，这样就要求话语表达富于变化，包括大小中断和长短延续的交替。话语表达过程中急缓停连的表达有益于增强话语的节奏感，使表达富有感情和趣味。在有声语言表达艺术中，使用停连技法的基本原则是：以情感表达为根本，以语法关系为基础，以标点符号为参考。停连的表达是与有声语言同时进行的，它是一个传情达意、明智省人的过程，是一种综合性情感的表露。在哪里停、哪里连需要根据表达内容、情感和上下文来决定，不同的情感变化，不同的生命体验都会造成不同的停连。所以，运用停连时需要把握好文稿的内容意义及情感变化。我们还可以在大体上将停顿划分为：语意性停顿、语法性停顿、强调性停顿、主谓性停顿、呼应性停顿和并列性停顿。

而重音是指在有声语言表达过程中为了体现词语之间的主次关系，也为了表情达意的需要，对于部分词语需要给予强调时，相连的某些音节出现音量突出的现象。重音的确定，贵在精而不在多寡，以一当十，宁缺毋滥。重音技法合情适度地使用，既可以突出重点、强调语义、增强艺术色彩，又使得有声语言的表达更清晰、指向更明确，更有利于受众对于内容与情感的接收。在《播音主持话语表达教程》一书中，崔梅和周芸曾提出："从运用方式上看，很多人认为重音就是加大音量。实际上，重音有增加音强来表示的力重音和通过音高的变化来表示的乐调重音。重音可以表现在扩大音域、延长时间和增加强度几个方面。"由此可见，是音量、音强、音高的错落变化才造就了重音。在有声语言表达的语句中，词组之间要有重要和次要的区别，对于那些最能体现语句目的的、最能表现主旨情感的重要词语，表达者需要运用轻重参差的技法给予突出、加以强调，而那些被突出与被强调的词语便是重音。让我们参看一段对于赵忠祥老师应用外部技法的案例分析：下面以《动物世界》"老虎家族·王位争夺战"这一期节目当中的一个片段为例，来分析赵忠祥是如何运用形式技巧显示出语势的跌宕起伏、自然舒展（/：表示短暂停顿，//：表示较长停顿，下划线：表示连接）：傍晚时分，狡猾的沙楚，在领地的要塞，盯上了她的/下一个目标，//她的另一个妹妹——阿塔拉。（语势略沉，发声以胸腔共鸣为主，显示沙楚蓄谋已久）但早有防范的阿塔拉戒备森严，她意想不到的反击阻挠了沙楚的计划，考虑到马奇力就在附近，她不会笨到现在就发动进攻。她/选择等待（"等待"二字作为重音加重），一直/等下去（重音"下"，"去"字音拖长，语势声音下沉，配合画面突然袭击），终于阿塔拉放下了戒备，沙楚不放下任何丝毫的戒备，阿塔拉正在休养，丝毫没有察觉一场战争（两句话之间直连，人为的去掉中间的逗号，以显示阿塔拉毫无戒备的状态）/离她越来/越（两个"越"逐渐加强）/近了（打斗画面……）。好像一切都已成定局，不用战争，没有流血，（三句话直连抱团并配合语速加速，以显示战争的短促）沙楚完全占据了上风，他们两个中注定有一个要离开，阿塔拉不会冒险，与她争个你死我活，就像妹妹尤尼斯一样，她被迫选择离开……通过笔者一个简短的文字分析，可以看出赵忠祥解说时停连、重音的使用自如流畅，一场紧张的老虎姐妹之间的王位争夺战，配合画面和音乐，惟妙惟肖地展现在观众面前。倘若画面没有配以赵忠祥跌宕起伏、舒展自然的解说，专题片《动物世界》必将失去原有的艺术观赏性。由此可见，作为表情达意的有效手段，停连和重音并不是孤立存在的，而时常是相伴相生、互为依存。

　　所谓语气，指的是在一定的思想感情的支配下具体语句的声音形式。所谓节奏，指的是艺术作品中各种可比的成分接连不断的、交替出现的、有一定章法的语言律动，是心理需求和生理需求的统一。语气和节奏的交相变化使得有声语言表达更具层次感与美感。《乐记》里就曾提及："节奏，谓或作或止，作则奏之，止则节之。"先扬后抑是节奏，先抑后扬是节奏，抑扬相间也是节奏，在一般情况下，也可以将节奏分为：轻快型、凝重型、高亢型、低沉型、紧张型、舒缓型等等。灵活又巧妙地驾驭语气与节奏可以达到上佳的表达效果——前后呼应、铺垫烘托、对比映衬、抑扬顿挫、或缓或急、时轻时重、跌宕起伏、回环往复、相辅相成——有声语言因此而被注入了更加完整的灵魂和更加充沛的精髓。

内部技法与外部技法都不是孤立存在的，各式组合下的多种技法一定是杂糅并取、交汇融合、共同作用的。同时，需要注意的是，表达技法的灵活驾驭不是炫技，而是要合情合理、适中适度，也不要过分陷入、过分拘泥，正所谓："不识庐山真面目，只缘身在此山中"，当表达者从固有的思维模式中"跳出来"再去看技法的选取与运用时，便会有更加别样、更加切实的感悟。对于同样的文本作品，不同的表达者有着不同的主观认知、不同的情感体悟和不同的身心需求变化，因此，其所综合并用的内、外部技法也就不尽相同，如是，所展现出来的艺术创作风格便更是百花齐放了。

第三节　有声语言表达艺术中创作者的素养要求

一、有声语言艺术创作者的基本素质

艺术鉴赏对于每一个人来说都是平等的，但艺术创作却并非如此。这种艺术创作的不平等性不是基于家世、财产、容貌、社会地位等可见资本而得以彰显的，而是隐藏在每一个人的个体的基本素质之中，其中有两个方面颇具意味：一方面是，艺术创作的天赋素养在同一个人身上体现出来的差异性——在不同艺术形式中基础素质表现得并不均衡——例如有些人在音乐、舞蹈创作上素质极佳，但是他在绘画、雕刻创作领域则可能一窍不通，有些人在诗词歌赋上天赋异禀，可是在语言表达艺术范畴中也可能愚钝无知；而另一方面是，一个人的艺术创作的基本素质与其道德素质虽然可能存在些许的关联，但却没有必然的相关性，换句话说，一个人道德素质高不代表这个人艺术创作的基本素质就高，反之亦然，一个艺术创作素质高的人不代表他的道德素质就高。

优美的声音可以是天生的，也可以是通过后天的不懈努力淬炼出来的，要想成就优秀的有声语言表达艺术，就要注重科学用声和嗓音保护。不良的用声习惯会影响到声音的美化，因此，为了追求"人声之美"就必须对错误的发声习惯进行矫正。

有些人的鼻音浓重，这就会使得音色苦涩而暗淡，对声音的美感起到负面的作用，可以尝试以下的办法进行改善：

（1）将软腭有效地挺起来；

（2）进行6个元音的延长音的练习；

（3）减少声母"m""n"开头的音节和以"ng"结尾的音节的练习。

有些人的声音发散，造成声音的不集中，这就会使得音色听起来过于单薄，因为声音是从口腔的位置发出，如果缺少口腔共鸣的话，声音就失去了力度与亮度，这主要是唇、齿、舌无力，缺乏口腔控制而造成的，建议尝试以下的方法进

行改正：

（1）控制气流舒缓而均匀地送出，适当收小口腔的开度；

（2）注重对于口腔前部的合理控制；

（3）进行发音的集中练习将"ba""da""ga""ka""pa""ta"这几个音尽力打到对面某一个固定的点上。

而有些人发声过于挤捏，这种过紧的发声状态会令受众感到听觉不适，这时的喉部肌肉往往被卡挤或捏紧，发出的声音略显窄细、单薄、刺耳。可以通过以下的方式进行矫正：

（1）气息一定要往深处去找，老前辈们常指的"脐下三指的丹田"是催发气息、以气托声的关键位置；

（2）多做胸腔共鸣的练习，以便使喉部放松；

（3）发声时嘴巴自然张开，而其他的发声器官乃至肩膀等处都是很放松的。

还有些人声音发嗲，造成这个问题的原因是多方面的，有时尚明星的流行使然，有个人审美判断上的偏差，也有一些是习惯的问题，有时口腔没有完全打开，双唇过于向两侧外咧，嘴角过紧，咬字时舌头位置过于偏前等。可以通过以下的办法尝试着做出改变：

（1）加强表达者打开口腔的控制意识并时刻强化这种意识；

（2）把咬字部位的整体感觉放在口腔的中部，多做开口呼与合口呼音节的练习；

（3）要多使用"zh"音节对比咬字前后的不同感觉。

另外，有一些人在用气发声时总是过于大声嘶喊，这多见于男性，解决此问题的办法是：

（1）将气息调整好；

（2）表达时多提醒自己对于音高、音量要合情适度地控制；

（3）多多进行延长音的练习；

（4）多选用婉转柔情、从容悠然的诗词歌句作为训练蓝本来练声。

最后，还有一些人的声音位置是过于靠后的，这些人中有的是心理原因造成的压喉现象，有的则是因为口腔肌肉松软无力而造成的。建议运用下述方式进行解决：

（1）注意口腔中部和前部的打开，可以从字音"u"开始矫正，将唇形收圆之后稍微向后面拉，而两颊的肌肉是向上和向外展开的；

（2）多以齐齿呼音节（如"ian""ia"）做练习。

声带，被称为声壁，也被叫做声襞，它是人体发声器官中很重要的组成部分之一，位于喉腔的中部，是由声带韧带、黏膜以及声带肌所组成的，而且是左右相对称的，其固有膜是致密结缔组织，在皱襞的边缘有着强韧的横纹肌与弹性纤维，因此弹性是很大的。声带是人类所特有的发声结构，在由肺部呼出的气流冲向靠拢的声带而引发振动之时，便发出了声音，从通常意义上来说，这种从人体喉部所发出的声音仅被视为"基音"，在其受到口腔、鼻腔、咽腔等诸多器官的共鸣作用后得以增强或变化，从而才形成了人耳所接收到的声音，因此，对于声带的保护是绝对不容忽视的。不良的用声习惯和不科学的发声方式不仅会令有声语言表达时的声音失去美感，还会使人们患上声带或者喉部的种种疾病，例如声带小结、声带息肉、慢性喉炎、喉职业损伤等，如果不能够及时纠正错误的用声习惯，即使治疗好转后依然会出现病变再次发生的情况，更有甚者会从轻度嘶哑变成完全失声，故而，作为有声语言表达艺术的创作者就必须建立起正确、科学、合理、因人而异的发声方法，只有这样才能防止声带受到过分的刺激，避免声带的过度疲劳，预防因声带病变而引起的一系列疾病。古有云"日出千言，不损自伤"，为了实现对于病症的有效预防和对于咽喉的切实保护，作为有声语言表达艺术的创作者更是需要谨记如下几个关键点：

（1）重视身心健康，加强体育锻炼，增强自身体质，固本培元地爱惜"革命本钱"，努力做到"健者常乐"，保持舒畅愉悦、豁达爽朗的心情，从而能够有效提高机体免疫力，增强上呼吸道对于病毒感染的抵抗力；

（2）注重在艺术创作、生产劳动过程中的自我保护，敏锐规避粉尘污染和有害气体；

（3）作息与饮食要充分自律，做到"慎独"，吾日三省吾身，在保证充足睡眠的同时，忌食辛辣、油腻等刺激性食物，拒绝油炸品、烟酒、浓茶、咖啡、辣椒、冷饮以及过甜食物；

（4）多饮用温开水，时刻保持咽喉的湿润状态；

（5）在感冒期、生理期、变声期、上火时等特殊的时间节点，不可用声过度；

（6）一旦出现早期不适症状，务必听从医嘱及时进行积极的治疗，以绝后患；

（7）保持个人能力范畴之内的音高、音强、音量与语速，合理控制用气发声的时间，避免大声喊叫，避免用嗓过度，注意劳逸结合，重视声带调养休息；

（8）发声时不可仅仅凭借嗓子去喊，要用气息托着声音，高音（声带的前三分之一）、中音（声带中间三分之一）、低音（声带的后三分之一）交替使用，以此做到科学发声；

（9）用力清嗓子的动作会使声带瞬间拉紧，很容易造成声带的损伤，故此一定要立即改掉清嗓子的不良习惯，另外需要留意的是，过重地咳嗽也是会震伤声带的；

（10）悄悄说话更费嗓子，长时间压嗓子说话会使得肌肉紧张、声带僵硬，应该力避；

（11）要养成善于使用麦克风等设备的习惯，为声带减压。

（12）一早起来时、声带疲惫时以及平时没事时都要多发"气泡音"，以此来为声带做"按摩"。美好的人声是上天赐予人类的礼物，有声语言表达使得智慧的人类与其他动物之间的界限更加地泾渭分明。

在朱立元先生看来，艺术创作的基本素质包括两个大的方面：其一是艺术家纯粹的内在生成机制，另一个是艺术家的其他素质。前者包括艺术敏感、艺术想象力、艺术技巧等子项；后者则包括学识、经历、传统、性情等子方面。他们共同构成了一个艺术创作者的基本素质。

笔者认为，这些带有一般性的基础素养同样适用有声语言表达艺术的创作者，但是又因有声语言表达艺术具有特殊性，所以其对艺术创作者的基本素质还有其他更深层次的要求。除了上一节在口腔控制、用气发声、共鸣控制、弹性变化、内外部技巧运用等方面的要求之外，还包括音质的纯净、音色的多元、音准的清晰、中声区的美化、积极的发声状态、个性的风格特质、深厚的文化功底、丰富的人生阅历、合适的节奏把控、机警的临场应变、自如的即兴延展、敏锐的审美感受和良好的心态调试等等。

二、有声语言表达主体自身的审美感受与心态调试

（一）审美感受

首先，经由创作主体的大脑进行信息感知、情感感受，再通过其所运用的独到的有声语言表达手段，将内容传播给受众，在这个过程中，蕴含着创作主体的认知、情感、理想、价值观、人生观和世界观都于此得以展现，创作主体通过多元化的艺术形式实现了将自身审美感受与审美理解的表现和传达

下面列举部分在播音与主持领域的实际工作情况来加以说明。一直以来，我们鼓励播音员和主持人参与到节目制作过程中稿件的编写环节，不少优秀的主持人也一直在坚持这么做，但是大多数情况下，依旧还是编导们对于稿件的创作工作参与得更充分一些，因此，每期节目所要面对的稿件中难免会出现些棘手问题，诸如，一部分内容是播音员和主持人事先并不知晓的；一些语句的写作并不符合播音员和主持人的语流特点；某些文字后面的内在语很隐晦并不好揣摩等等。这就对播音与主持艺术活动中创作主体在备稿过程中的二度创作提出了更高标准的要求。在对于播音员和主持人前期的教育培养中，始终强调对于这个群体文化素养的提升与淬炼，即使如此，因为传媒领域涉及的信息的宽泛化、复杂化、高速化、专业化，使得播音与主持工作面临着更大的挑战。面对稿件中所出现的超出自身知识储备范畴的内容，必须及时查找资料、了解详情、仔细把握；对于那些读起来并不符合自己语言特点的句式（或过短或过长、过多或过少地出现排比句等），可以在和编导沟通后，进行再创作和再修改（极特殊的直播环境下，可以

临时处理、当机立断）；对于出现的一些意味深长的内在语，可以反复征询稿件作者态度，把握文章的主体基调，细致体味创作意图，深刻洞察文字后面的语境。

创作主体只有不断地提升审美意识，才能进一步完成审美意蕴的刻画和塑造，故此，必须重视对于其文化素养、美学素养、艺术素养、专业素养等多元化能力的锻造与打磨，以期更好地完成表达者的二度创作。

1.体会并表达感动

在有声语言表达艺术的实践活动中，我们常常遇到部分稿件的主题、情节、事件，或感人至深，或富有冲击力，或令人扼腕痛惜等等，此时便需要创作主体将自身情感与稿件相交融、相辉映，或换位思考，或将心比心，这样才能激发内心的情愫，以情带声，以声传情，声情并茂地表达出稿件中深深蕴含的情感。这个复杂的演绎过程大体上可分成以下三个层面：

（1）理解感动。先把稿子读熟，理顺稿件作者的创作意图，在内心中与之呼应、激荡。自我体察入微，主动为之感动；

（2）表达感动。情郁于中必发之于外。积攒好饱满的体悟，涵养足充沛的情感，将之注入稿件当中，将感动形之于声，表达出来。言为心声，一吐为快。不能茶壶里煮饺子，心里虽然有却倒不出来。当然，此刻也需要注意"度"的把握，"分寸"的驾驭，切忌过犹不及；

（3）感动他人。"表情达意，及于受众"。只有先感动自己，才能后感动受众；只有能表达出来，才能使受众接受；只有受众被感动，才是从真正意义上完成了信息的传播过程。正所谓："与少乐乐，与众乐乐，孰乐？不若与众。"

没有情感融入的表达，一定是生涩的、枯萎的、苍白的、干瘪的、乏味的、无趣的、生厌的。有情感注入的表达，则会在台前幕后熠熠生辉，形成上佳的传播效果。

有效的传播是一个双向的过程。要引发情感共鸣，首先是要自身已被感动，其次要有将感动表达出来的欲望，再次要能够通过合理的技法运用合情适度地表达感动，最后要看能否感动受众。情感在表达之前，必然经历了内心的积累过程。情感的积累是由弱到强、由单一到复杂的，情感的这种步步推进的动态变化，也正显示出了情感的动态美。播音作品涉及各种类型、各种人物，播讲者要体会其中丰富的情感变化，自身必须具有丰富的情感世界和经验。直接或间接的情感体验通过稿件文字的刺激，迅速调动身体的各个感官，进而产生各种不同的情感为表达所用。情感的引发是一个心理准备的过程，是播音创作的动力源泉。情感的充分调配，可以激发有声语言表达艺术的创作动力。侠情的豪爽、离情的伤怀、热情的绽放、纯情的自然、友情的炽热、真情的流露、悲情的黯然、长情的绵绵，我们需要永远保持充沛的激情，并且可以随时随地地将体内奔涌的情感召唤出来，进而为表达服务。值得注意的是，这种激情是在主观能动性的驱使下可以被控制的、收放自如的血脉偾张与情感喷薄，而非失控的、情难自已的撕心裂肺与信马由缰，尺度把握很是重要，过犹不及。

2.体悟并传达意境

有声语言表达者要把握言谈的基调，揣摩文章作者与节目编辑的创作意图，并与自身的经历有效地结合。激发自我的感动、理解、体察。整体基调要全面贯穿、上下衔接、前后一致、符合逻辑。有了切实的体悟，才能带动意境的营造，进而将感动表达出来、打动倾听者的心灵，引人入胜，使之产生潸然泪下、昂扬振奋、扼腕叹息、群情激愤等情愫，余音绕梁，不绝于耳。

不同的有声语言表达者，面对同样的一个内容，所采用的表达方式、表达出来的理解和最终的表达效果都不尽相同，因此也便造就了各异的人格魅力和艺术风格。

（二）心态调适

"美的"人声需要良好的心理状态，有声语言表达艺术主体良好的发挥与表达，离不开调试心态这个基石。

1.讲话前必须先吃掉你的恐惧

在教学的实践互动环节中，我们发现很多人在当众讲话时出现怯场而造成"失语"的情况，更多的紧张感充斥着当时的大脑，讲话的节奏和心中的提纲早就被扑面而来的局促不安挤到了一旁。因此，要想有良好的语言表达，淋漓尽致地变现声音之美，首先要做的就是调整心态，保持从容镇定，那么，如何才能做到"不紧张"呢？先让我们来分析下产生紧张的原因并逐一解决：

（1）是不是临场的经验不足？上台的时间不多？锻炼的机会不够？若是如此，则应该相应地多给自己寻找一些登台的机会，从而增加临场经验，丰富实战技巧，不断提升自信心和语言表达能力。

（2）是不是内心的力量不够强大？适度的紧张是可以的，甚至对于某些类型的演讲者而言，稍带紧张是十分有必要的。但是，若是紧张过度，就另当别论了。有时人们会因为过分地紧张造成心理失控和情绪失控的情况，将台上的自己置于尴尬地位，那么，针对这样的问题，则要求我们必须调整心态，强大内心，只有这样才能实现心理上的自控，进而控制语气和行为。

（3）是不是受到了来自外界的干扰？有时人们会因来自外部世界的一些视觉信息或者听觉信息而备受干扰，不能自已，乃至于丧失自信。老子有言：视之不见名曰夷，听之不闻名曰希，人若希夷，何得惊悸？一个有着良好口才素养的演讲者对于自身应该提出更高的要求，在台上要不断提醒自己时刻保持专注，控制自身不要被周围与话题无关的其他事物分神，尽量减少来自外界的干扰，要把自己罩在一种积极的气场之中。蚓无爪牙之利，筋骨之强，上食埃土，下饮黄泉，用心一也，说的正是这个道理。

实则，自信源于自身的强大，以及对于自身强大感觉的捕捉和预期愿望。只有不断填充自身内在的学识，锻造精湛的表达技能，坚持不懈地淬炼内功，最终才能真正拥有强大的内心力量，进而力避紧张。腹有诗书气自华，"兜里有料，心里不慌"，说的就是这么个道理。演讲者的口才正是其综合实力极佳的外化展现，良好的语言功底和发挥能为台上的演讲人平添很大的自信，因此，具有"规范性""鼓动性""分寸感""亲切感"的适时、流畅的表达，对于一名合格的演讲者来说就显得非常重要了。

另外，充满亲和力与幽默感的谈吐，可以在很大程度上帮助表达主体调试心态、吃掉恐惧、忘却紧张，有声语言表达艺术尤为讲求言语的平易亲近与真诚质朴，在赵忠祥和杨澜主持的一期《正大综艺》栏目中，就有这样的一段对话（节选）很耐人寻味：

"赵：（手拿一张纸，纸上画着一个绿颜色的圆圈，）杨澜，请你当着朋友们的面，说说看，我手里拿着的是什么？

杨：这也算一张画吗？我知道了，您画了一个西瓜，可太简单了。

赵：不对，再猜猜。

杨：那我可猜不出来了，你自己告诉大家吧。

赵：我手上拿的是一张画了绿圈的纸。（众笑，杨也笑）

杨：观众朋友，这其实也算不上是什么玩笑。我们大家对一个事物，往往凭自己的经验与想象去解释、回答。其实应该多换几个角度试着破解与思考。

赵：我们的节目当中，往往会出现许多问题。刚才这个小玩笑，实际上还是有用意的，希望大家对所有问题，轻轻松松地思考，然后可以从各个方面来回答。我们的问题，往往从您没有想过的，忽略的角度来回答反而是正确的。"

轻松愉快的表达中不乏沉静的思考，诙谐打趣之间又蕴含着理性的寓意，深邃的道理在巧妙而率性的亲和表达之间被转化得深入浅出，有声语言表达艺术里面不能缺少雅俗共赏的幽默与诙谐，同样是在《正大综艺》栏目中杨澜和赵忠祥还有着这样的一段表述：

"赵：春天到了，咱们就说点有关春天的诗词吧。

杨：春来江水绿如蓝。

赵：这是一个名句，你喜欢这一句啊？是不是因为你叫杨澜，这里又带一个'蓝'字，所以你喜欢？

杨：不是因为有个'蓝'字我才说的，这是一个很著名的句子，赵老师不喜欢吗？

杨：那您说，我说耳恭听。

赵：春困秋乏。（现场'轰'一下都笑了）"

一旦令倾听者感受到紧张与不适，那就算不上是良好的表达者，只有让受众感受到轻松和愉悦，才是真正优秀的语言大师。有声语言表达艺术的接受者体会到快乐与舒心，言语创作主体就可以更加放松怡然地自如谈吐，理想的语言传播效果也便自然而然地得以实现。

在语言表达的过程中自然而亲和的话语取悦了受众，表达者的心理状态自然便会轻松许多。最后需要提及的是，站在台前演讲或者做报告，必须有很强的心理承受能力。开讲前我们要参与准备环节中的多道程序，所以承受比较多的压力，一直处于一种"时不我待"的积极状态之下，有时难免会"积重难返"。语言表达创作主体必须比其他人付出更多的精力与时间，才能应对从容，避免手忙脚乱、谈吐无章，而自信也恰恰是源于演讲前充分的准备，故所谓：磨刀不误砍柴工，台下细致周密的思考与准备正是因此而尤显重要。同时，我们也要正视语言表达过程中出现的过错和不足，知耻而后勇，人非圣贤孰能无过，即使有些失误也要心态健康地去平和面对，要有足够的勇气与宽广的胸怀去直面纷至沓来的压力，戒骄戒躁，避免自怨自艾，调整状态，不断自我激励：一个人能承受多少，他就能成就多少，保持微笑，不懈前行！

2.丢掉你的浮躁，拾起你的从容

诸葛亮在《诫子书》提到："非淡泊无以明志，非宁静无以致远"。儒家思想引导下的国人教育常讲"修齐治平"，其实，在修身、齐家、治国、平天下之前，还有一个很重要的环节，那就是"静心"。《礼记·大学》："古之欲明明德于天下者。先治其国；欲治其国者，先齐其家；欲齐其家者，先修其身；欲修其身者，先正其心；欲正其心者，先诚其意；欲诚其意者，先致其知，致知在格物。"

静，才能够修养身心，静思反省，吾日三省吾身。时下传播进入新兴时代后，传统社会受到新媒体和自媒体的不断冲击，生活中充斥着各种碎片化、速食化、后现代等思潮，信息出现了大爆炸，速度之快，近乎恐怖。新闻和各种资讯飞速增加；娱乐爆料急剧攀升；广告噱头铺天盖地地席卷而来；科技信息不断地递增、更迭，这一切所导致的最终后果是，现在都市人的接受"严重超载"。有趣的手表定律一针见血地指出：当某个人只有一块手表的时候，他是完全可以知道此刻是几点钟的，而当同时拥有了两块手表之后，他却无法确定时间了。两块手表并不能告诉一个人更加准确的时间，反而会使其失去对准确时间的判定信心。

大多数的现代人终日忙碌、奔波劳苦、辛苦恣睢，因而丢掉了"本根"，我们是否都应在忙乱中冷静下来，反思一下我们的方向呢？陆幼青在《死亡日记》里面曾不止一次提醒着混沌活着的世人，不要将生活的脚步迈得太快，有时候需要停下来，等等你的灵魂。让灵魂随步而行，就不会失魂落魄，人也就戒掉了浮躁，从而冷静下来。

当今社会较为浮躁，各种偏颇甚嚣尘上，需要我们冷静地去审慎看待。云中可隐群山，雾中可隐群仙，若要看透世间，需练一双慧眼，洗尽铅华过后，演讲者的风格便会荡涤着清新。

"人声之美"的彰显过程中，存在着太多的随机性、突发性的情况和变数，这就要求表达主体时刻保持清醒的头脑，积极应对突发的局面，冷静对待、处之泰然。要灵活把握演讲、交流现场的气氛的"度"，不能过于沉闷，也不能过度兴奋，过犹不及，当感觉有些跑题时，需要我们将话题及时拉回，彰显其冷静的临场状态。至于，这种"度"的分寸和火候的把握，则需要在日积月累的实践中上下求索、点滴积累、不断精进，不积小流无以成江海，不积跬步无以至千里。同时，要善于观察、辨听、把握和调节现场观众、连线听众的情感波动，要善于观察受众的表情动作、要善于捕捉受众的心理动态、要善于把握受众的情绪脉络、要善于挖掘受众的潜在需求、要善于激发受众的审美愉悦、要善于了解受众的欣赏满意度。对方有兴致时，可着意渲染；对方厌烦时，则注意回避；对方疑惑时，则多做说明；对方已懂时，点到为止；对方有成见的，耐心说服；对方满意的，见好就收。

在众多铿锵有力的演说实例中，表达主体突出的个人魅力与强劲的感召力都彰显得淋漓尽致，其中，有些演讲者会在开始之前沉默一段的时间，之后语调极其平缓，但很快就澎湃激昂起来，更有甚者或手舞足蹈或踮起脚尖，几分钟内就可以达到近乎歇斯底里的高潮境界，期间不会给任何听众打瞌睡的机会，全程无尿点，同时往往能够根据捕捉台下听众的反应（如点头、皱眉、叹气、扼腕等）及时、迅速地调整自己演讲的重心和语气，随着内容的进一步深入与思路更广阔地拓展，表达者的言语节奏会变得越来越快，精妙的排比句与振聋发聩的点睛之语一句接着一句，节奏更加紧凑、气息愈加充沛、音量大幅提升、语气越发急促、停连收放自如，进而将演讲递进式地推向高潮，随即戛然而止，余音不绝于耳。这些优秀的演讲者在有声语言表达技巧的淬炼与临场心态的调试方面着实是投入了大量的时间、耐心与精力。就像电影《九品芝麻官》中周星驰对着大海不断练习着绕口令，最后竟然将海底的鱼虾都激荡了出来一样，美丽的人声确实有着一种奇特的魔力。

我们要保持从容，但是切不可懈怠。有声语言表达艺术的创作主体面对着来自多个方面的挑战，实乃危急存亡之秋，因此，不仅不能懈怠，而且更应枕戈待旦，只有始终保持这样的一种心理状态，才能使得台前的行为和表现缜密而没有疏漏。演讲前有时可能会因为过度疲劳、作息安排不合理、休息不佳等因素的如是往复，造成演讲者情绪低落、意志消沉、思维不畅、无精打采、四肢无力、动作怠慢、垂头丧脸等恶性结果，这些都是不利于台下听众接受的负面因素。所以，要尽可能地克服上述提及的容易出现的掣肘因素，避免演讲时的懈怠状态，集中精神，尽全力去捕捉现场的每一处细节，察言观色地去根据受众的反应调整语言表达的内容与节奏，多多用心、将心比心地去为台下的听众们考虑，细致认真地完成讲演，正所谓，己所不欲勿施于人。

另外，疏忽和懈怠不仅仅源于表达主体的不积极、不兴奋，有时也会出现因为过度兴奋而造成不作为的情况。在台上的过度兴奋往往会导致"应激反应衰竭"状态的形成。很多演讲人因为台上经验有限、临场经验不足等原因，不能合理地分配精力、调整兴奋节点，在距离演讲或者报告还有很长一段时间的时候就早早地进入了不能自已的兴奋状态，表现为情绪高涨，呼吸和心跳加快，肾上腺素上涌，过早的兴奋必然会过多地消耗身体内积蓄的能量，当主要的任务、工作的重心、演讲的重点犹抱琵琶半遮面，千呼万唤始出来之时，"临战"关头反而筋疲力尽、樯橹灰飞烟灭了。由此可见，何时积极缜密、何时仔细克制、既能引而不发又可收放自如，那些优秀口才的演讲者举手投足颦笑嗔怒之间所展现出来的，每每皆见功力，处处都是文章。

《论语·学而》中，曾子曰："吾日三省吾身，为人谋而不忠乎？与朋友交而不信乎？传而不习乎？"从容，来源于我们对于自身清醒的认知。演讲人需要具备良好而清醒的自我意识，要能够正确把握自己的优势与不足，只有这样才能更好地站在台前，精彩展示。"居庙堂之高则忧其民；处江湖之远则忧其君"，处在讲台之上的语言表达者，无论功名利禄恢弘与否，都应该保持一颗清澈而明己的内心，都需要在纷繁中抽出一定的时间修心养性，修禅打坐，静而观心，平衡心灵，这样才能看明眼下，看清前方，明辨世事，为今后更好地工作提供来自精神世界的指引。只有从容，才能敏锐；只有敏锐，方能精彩。传受双方在进行信息互递的过程中，交流时情况瞬息万变，各种非既定的状况可能随时发生，这就对表达者（如演讲者、报告人等）提出了更高层面的要求，而与之相对应的，敏锐的洞察力便成了发大美之声的坚实保障。

台上的演讲者需要洞若观火，思维清晰，机警敏感地捕捉话题或者现场热点、有价值的细节等等，迅捷从容地做出适时的反应。要知道，台上的一点一滴、斑驳陆离的"细节"对于我们的口才展示都是很重要的，事后观之，很多的"梗"都出现在现场随机应变的突发情况中，那些根据当时情形所做出的及时反应都非常出彩，更具效果。但是如果表达者在台上过于麻木，则很多精彩的细节就会转瞬即逝，所以，敏锐的观察与反应应该贯穿演讲始末，始终保持着一种伴随性的状态。我们这里所讲的并非简简单单地、事无巨细地全盘追踪，滴水不漏地一一做出反应，而是最好在敏锐的状态下用自己的内心去"真诚地"关注。言而总之，"人声之美"的展示就是一个"将心比心"的过程。如何把握一种"度"？如何在各种力量的集合之下寻求一种平衡？这是非常值得我们去审慎思考的。

正所谓：己所不欲勿施于人。演讲人在台上与听众、观众沟通和交流时，应该了解对方的听讲期待、教育背景、认知程度、政治立场、态度倾向等等，并始终保持着一种换位思考的心理状态，心中始终记怀和顾及着对方的感受。投我以木桃报之以琼瑶,投我以木瓜报之以琼琚,我们应当不断尝试着站在对方的立场去思考并做出假设性回应,因此在这里,我们更需要探讨一下关于"移情"的阐释。"移情"一词最早是译自德文,又称"感情移入""移感""输感"等等,其中的"移"所指的就是移动、流动、交流,而"情"则指的是情感、情愫、情绪。在有声语言表达艺术的创作过程中,表达者理应具备良好的"移情"能力,设身处地地切实为受众着想,在体察表达接受方的情感的同时,乐于并善于将自身的情感展示并表达出来,以期打动对方、感染对方、说服对方,引发双方水乳交融的情感共鸣。在某些特定的有声语言表达情形下,由于客观存在的阻隔或条件制约,有时会使得表达者与倾听者之间的沟通并不是最直接的面对面的人际交流,这就更需要表达主体将心比心地把自己融入听众之中,用最敏锐的内心去体悟、去思忖、去感受对方各异化的认知和丰富细腻的情愫,如是才能彻底冲破藩篱的隔阂,最终实现亲密无间的心灵相抵,所以口才上佳的表达者更要善于了解受众,淬炼自身高超的移情能力。下面我们用董卿在2014年的春晚上为大家介绍全国道德模范时的串联语进行实例分析:

"各位观众朋友们,接下来我们有请几位全国道德模范登场与我们共度美好时刻,来,几位,我向大家介绍一下,这位是全国助人为乐模范,被人们称为'京城活雷锋'的孙茂芳;这位是全国见义勇为模范,为了救人,自己被撞断腿骨的龙口女孩儿刁娜……我特别要向大家介绍的是我身边的这位,最年长的一位全国道德模范,今年已经91岁高龄的龚全珍老人,您坐,龚全珍老人啊,是开国将军甘祖昌的夫人,1957年,将军甘愿回家务农,带领家乡的父老乡亲改变山区落后面貌的时候,龚全珍老人全力支持,无怨无悔陪伴在他的身边,1986年,将军去世之后,老人依然传承着丈夫的精神,默默扎根在那片红土地上,教书育人,扶贫帮困,服务他人,无私奉献,去年在全国道德模范授奖仪式上,习近平主席亲切地称她为老阿姨,并说'向老阿姨致敬',我们今天是不是再一次把最热情的掌声送给龚全珍老人表达我们的敬意……"

说这番话时,董卿在"感情移入"这方面就做得很好,有声语言表达者就是要像这样带着对受众情感的深切体察,将心比心地把真实内容婉转陈述,通过平凡事例感受表达不平凡的情愫,以期产生广泛的情感共鸣,进而实现良好的传播效果。

说你相信的,相信你说的。我们可以在有声语言表达之前进行一些良性的自我暗示:诸如每天清晨默念几遍"我一定要最大胆地发言,我一定要最大声地说话,我一定要最流畅地表达,我一定拥有最美丽的声音!我一定行!今天一定是幸福快乐的一天!"平常时也要进行积极的自我暗示,默念或写出来。也可以进行一些想象训练:想象自己在公众场合成功地与人们进行了亲密无间的有效沟通,想象着自己成功的表现,以给予自身更多的精神鼓舞。另外,可以尝试着在镜子前面多多练习自信的微笑，融入更加丰富的副语言；尽量阅读励志的书籍、口才相关书籍，培养自己积极、平和的心态，真诚、乐观、从容地面对生活，迎接美好，放松情绪；总结得失，三省吾身，不断尝试着接纳批评与审视，接受他人的视线与目光。演讲者要在日常的生活中，多多寻找展示的舞台，以期通过不断的实战来丰富临场的经验。一个心理状态上佳、表达技法娴熟的演讲者，在面对喧闹嘈杂的环境和无序混乱的受众时，更为理想的应对策略是：短暂的留白造势，以沉默换取控场的主动，扛住压力，振作精神，提高音量和兴奋度，通过对于演讲内容的局部调整，尽快把握住对面受众的关注点，进而逐步吸引注意力，这样可以使大部分的场面得以安静下来。良好的有声语言表达状态，会使得表达者的形象更为生动立体、真实饱满。

作为我国著名的数学家，华罗庚先生不仅有着超群的数学才华，而且也是一位不可多得的"辩才"，他从小就很注重对于自己的语言表达能力的培养，认真淬炼普通话，并且道出了学习中的心得体会："勤能补拙是良训，一分辛苦一分才。"苹果公司的创始人史蒂夫·乔布斯（Steve Jobs）不仅是前沿科技的领军者，而且是世界舞台上最具有沟通魅力的大师级人物，同样是全世界最擅长掳获人心的顶级演讲家。著名的沟通传播大师卡迈恩·加洛曾经著有一本名叫《乔布斯的魔力演讲》的书，书中内容非常精彩，尤为值得我们去拜读学习，他以乔布斯的传奇演讲作为蓝本，深入挖掘乔布斯是运用什么样的本领与声音来让受众如此如痴如醉的，其通过三幕剧的形式，尽展乔布斯语言表达的魅力。《左传·庄公十年》曾有言："夫战，勇气也。一鼓作气，再而衰，三而竭。"一鼓作气时，鼓声就是前进的动力，跆拳道在技击前都要奋力喊出第一声怒吼，既是对于对方的震慑，同时也是对于自身的强大激励，对于潜能的有效激发，这些简单的方法同样适用于有声语言表达艺术。

忘掉恐惧，战胜自我；摒弃浮躁，方显从容。只有拥有强大的内心和良好的心理状态，才能在有声语言表达艺术创作时合情适度地、中规中矩地尽展"人声之美"。有声语言表达艺术所体现出来的美学意蕴上的"中"更多的是一种技法层面上的审美存在，它是基础性的，但只有通过这一层面"中"的艺术创作才能尽展艺术作品"和"的审美特质，而后者正是本文下一章所要详加阐释的内容。

第六章　"和"：有声语言表达的美学意蕴

第一节　"和"的内涵与有声语言表达艺术作品的生成

一、"和"作为中国传统美学范畴的基本内涵

在中国传统哲学范畴中，"和"是一个重要的存在，它指的是不同事物的统一与和谐。

郭沫若认为，甲骨文中的"和"字本意就是指乐器，后引申为和声之意，西周末年开始作为哲学范畴出现。而在中国传统美学中"和"这个概念本身也是对音乐审美特点与审美作用的概括，其表示为声音上的"相和"。朱立元先生在《美学大辞典（修订本）》中提到：《国语·郑语》载史伯主张"和实生物，同则不继"，其包含着对事物存在与发展的规律性认识，其提出的"声一无听""物一无文"，是其"和"的思想在审美和艺术上的体现，这是我国古代对于美与艺术的产生所作的最早的概括。在史伯的基础上，后世的思想家进一步发展"和"的思想，医和认为违背了"和"的音乐会给人带来疾病，是"淫声"；晏婴认为"和"不是"同"，"和"是对立面的统一而不是不同因素简单的相加；伶州鸠则认为音乐之"和"是实现政治之"和"的条件。而在儒家美学体系中，"和"的重要性更加被突显出来，孔子的"哀而不伤，乐而不淫"，荀子的"乐者敦和"（《乐记·乐礼》）、"乐和民声"（《乐记·乐本》）、"乐极和"（《乐记·乐化》）、"乐者，天地之和也"（《乐记·乐论》），这些论述不但丰富了作为审美范畴的"和"的内涵，而且还将"和"从音乐审美领域引入带有形而上意味的天地之美中，故而《礼记·中庸》中才有云："喜怒哀乐之未发谓之中，发而皆中节谓之和。中也者，天下之大本也；和也者，天下之达道也。""和"，成为天地之间至善至美的状态。

在当下美学界，研究者们也在不断地继续着前人的工作，不断追认"和"这

一中国传统美学重要范畴的意义，重估其影响与价值。张法先生在其所著的《中国美学史》中就从中国上古人的仪式制度着眼，将"和"视为中国文化的理想与审美原则，他认为："原始仪式，从制度实质看'是礼'，表现为仪式中以礼器为核心的象征图像；从审美形式看'是文'，表现为从人到器物到建筑形式到周围环境的整个形式外观；从组织原则和文化理想看'是和'。"和，在原始仪式中，最典型地体现为行礼过程。这就是《尚书·尧典》中写的夔作乐而"百兽率舞"，而"神人以和"。

学者袁济喜则出版的专著《和：审美理想之维》中专门论述了"和"这一中国古代美学的核心范畴，他在书中指出："'和'是中国美学的重要范畴，是中华民族精神在美学上的荟萃。它融合了农业自然经济形态之下人们所形成的'天人合一''人人相合'的文化意识与民族心理。儒、道两家的互斥互补的人生哲学与文化精神，构成了中国古典审美理想之维的内核，唐宋之后，又加入了禅宗的哲学内容。'和'在中国美学范畴中具有总摄众体、兼收并蓄的意义及功能。它的精神实质是追求人生与艺术的统一，追求美与善、情与理、个体与社会的和谐，其中道家之'和'具有超轶尘俗、逍遥游放的审美解放意义，它表现了中国古代艺术精神的最高境界。"而朱立元先生所主编的《美学》中则谈到："'和'是指情感的发作必须有节制，从而达到和谐、顺遂的境界而不是矛盾和斗争的状态"，

"和"的本义是在于"同"的对照中确立的"，"同"是单一的意思，"和"则是多样的统一或矛盾统一。

而自《礼记·中庸》以后，在中国传统思想中，"和"与"中"往往并举，从而形成了"中和"的概念，朱立元先生认为，中和是各种对立的、有差异因素的统一，而这个统一的思想基础有两点——一点是中国传统文化中阴阳、五行的观念，他在《美学》一书中指出："在阴阳、五行的基础上，自然、社会、人生都可以排列在同一个序列，尽管有对立、有差异，但是它们彼此之间有着沟通和统一的基础，也就是有了使它们达到中和的基础"；另一点是天人合一的思想，这一思想是中国各个思想流派共同具有的思想观念，在他看来："……形成了中国古人的世界观，而且也造就了他们的人生境界"，这种人生境界支配着效法天地，崇尚自然、追求和谐的审美形态的形成。

二、西方美学思想中的"和"及其中西差异之辨析

从某种意义上说，"和"的观念并非中国所独有，而是人类所共有的精神观念之一，在西方美学中它则表现为"和谐"这一审美范畴。和谐是指事物与事物之间、人与事物之间、主观与客观之间的一种天然存在或经过对立、斗争之后产生的多种因素协调一致的整体关系，它是最佳的整体组织结构和整体功能状态。

作为审美范畴的"和谐"在西方美学体系中是一个极为重要也极为特殊的存

在。它起源极早，而又一直延续到今天，几乎所有欧洲美学史上较为重要的思想流派都对其进行过阐释与挖掘。早在古希腊时期，毕达哥拉斯学派就从数学的角度挖掘过"和谐"的内涵，认为和谐来自"杂多的统一"，其后的赫拉克利特、柏拉图、恩培多克勒、亚里士多德等都对其进行过不同向度的阐释。即便是西方哲学经历两次大的转向（认识论转向与语言论转向）之后，"和谐"这一美学观念仍然没有出现任何哪怕是形式意义上的断流。即使到了19世纪、20世纪，经历了巨大动荡与波折的欧洲仍然没有将"和谐"驱逐出美学的田野，马克思、尼采、海德格尔、西方马克思主义、格式塔心理学等现代西方哲学流派仍然在努力阐发与开掘"和谐"的意义、内涵与价值。

虽然中国传统美学范畴中的"和"与西方美学范畴中的"和谐"有着大致相同的内涵，但是仍有学者指出二者带有根本性质的不同。学者袁济喜就认为，这种不同大致呈现为两个方面：其一是在西方美学体系中，和谐"仅止于客观审美对象的形式要素，它是相对独立的，与作者内在的伦理观和审美观并没有必然之联系，贯穿于西方文化的是冲突不和的悲剧人生观。"而在中国的古典美学系统中无论是儒家还是道家都以"幻想的和谐为指归"，强调人的安命乐天，苦难并不构成其思考的起点；其二，中国古典美学"中和"范畴的内在伦理精神制约了它对于形式和谐美的要求，在中国古代，形式的和谐美必须以内在的伦理善为依据，这一方面说明中国古代美学的和谐是内容与形式的统一体，另一方面过分地将形式美与善相联系，也使中国古代的和谐说带有浓重的政教色彩，妨碍了美的独立与发展，这也是中国古代美学论"和"的重大缺陷。

我们认为上述看法虽然有一定道理，但却缺乏辩证的思维。一方面，中国传统美学中的"和"的内涵确实存在着一定的缺陷，存在着使人保守、不思进取、安于现状的风险，但另一方面"和"与"善"相连，我们不但不认为这是一个重大缺陷，反而认为这恰恰体现了中国传统美学的深邃性与厚重感，我们认为，美只有与善相连，才不是浅薄的美，才能显现出美的价值和深层意义，而本文所使用"和"的概念就是这样一个审美范畴——一个艺术作品达到了"和""中和"的境界那一定是不但意味着它会给受众带来心灵的愉悦和享受，而且意味着在伦理上它可以使受众体悟到一种"善"，这种"善"因"美"而生、因"和"而起，但它却不是说教的，而是艺术作品的创作者与受众之间在伦理上的、因共通性的人类情感而生发的一种出于人本性的心理共鸣。

第二节 "和"与有声语言表达艺术作品的内在意蕴

我们这里所说的"有声语言表达艺术作品"是指创作者在创作过程中发出的声音、发出的声音承载的内容及二者共同作用下所形成的审美意蕴，笔者意在将其与创作者的一度创作与受众的欣赏区分开来。有关这一点在空间艺术形式里本不构成问题,例如一幅画,创作者的创作过程、作品的物质实体与欣赏者的欣赏过程是可以截然分开的——画家创作的过程中作品是待完成的状态,除非极特殊情况(例如画家在创作过程中邀请某一欣赏者到创作现场去观摩),欣赏者是不可能也不会在此时欣赏到这幅画作的;而欣赏者在画廊、展览中欣赏这幅画时,这幅画已与创作者在那一刻失去了实际的接触与联系,甚至欣赏者都不必去知道这幅画的创作者姓甚名谁;而画作一旦被创作者创作完成,无论有无欣赏者欣赏,它也一直处于既存状态,不会因没有欣赏者而在物理意义上消失——这是空间艺术的特征之一。而在诸如戏剧、音乐、舞蹈及有声语言表达艺术等时间艺术中情况就要复杂得多,需要认真加以辨析。因为,在时间艺术中,创作者的创作过程与欣赏者的欣赏过程在时空上往往是同一的,而作品正是使二者处于同一时空的媒介,尤其是在留声技术及多媒体技术出现以前,这一点更为明显。或者可以说,在现实层面上,三者就是一体的,无法截然分开。但是在理论与逻辑层面我们仍然要对三者加以区分,这既是为了论说的有效性与合理性,更是理论研究的必然要求。一般来说,艺术作品一方面是艺术创作活动的终点、成果与超越,另一方面又是艺术鉴赏活动的起点与基础,因此,在完整的艺术活动中,艺术作品处于中介和桥梁的位置。"而艺术作品的结构通常可分为四个层次:物质材料层、符号形式层、意象世界层和超验意境层。

而笔者认为,有声语言表达艺术作品的理想形态就是体现出一种"和"的审美境界。在物质材料层,作品声音的各部分错落有致、衔接得当、和谐共存,与具体语境、与欣赏者的欣赏预期表现出一种高度的契合;在符号形式层,声音的所指和能指均呈现出一种克莱夫·贝尔意义上的"有意味的形式",从而唤起欣赏者的审美情感,而这两者"和"的审美境界的达成,都需要该作品的创作者在内容层面、情感层面以及技巧层面切实地把握"中"的美学创作原则;而在意象世界层,作品呈现的意义能与欣赏者产生心理与情感上的共鸣,从而在超验意境层使欣赏者获得形而上的人生体悟,达到作品与欣赏者审美心理高度契合的"和"的审美状态,使欣赏者获得高度的审美愉悦和完美的审美享受。

当然,本文在这里所说的对有声语言表达艺术作品"和"的审美状态的描述只是一种理想,是有声语言表达艺术作品应该努力实现的方向与目标,我们并不是要求有声语言表达艺术的创作者的每一次创作所呈现出来的作品都必须体现出"和"的审美状态,更不是说每一件被有声语言表达艺术创作者创作出来的作品都必然地体现了"和"。事实上,即便在所有艺术创作领域中,也并不是所有的艺术作品都能够实现超验意境层的生成,更不要说体现出"和"的审美理想了。本文只是意图说明,"和"的审美理想是有声语言表达艺术的作品呈现时所要追求的一种价值、一个目标,而非一个必然要达到或者会达到的结果。但需要说明的是,我们下文的论述是有声语言表达艺术作品已经达到了"和"的状态，并在此基础上展开我们的论述的。在这里我们特别说明这一问题，以避免引起误解和不必要的争议。

第三节 "和"与有声语言表达艺术的外在价值

有些艺术理论家认为，艺术是一个自足体，不需要任何附加性的东西或外在的事物予以其价值上的确认，甚至在意大利美学家克罗齐（Benedetto Croce）也认为"艺术即是直觉"，认为艺术作品的创作过程在人的心中就完成了。正是在这个视角下，这些理论家认为，艺术作品并不指向外在生活，更不承担什么道德与社会义务，自然也就无需讨论艺术作品与创作的外在价值。但是，笔者认为，文艺作品的独立性虽然不容抹杀，但就这种独立性过分绝对化、极端化不但不符合艺术本身的发展规律，而且这本身就是一种理论的虚构，是一个伪命题。艺术不但是来源于生活的、表现生活的，而且艺术作品会对社会发展和人的生活形成反作用，这种反作用的发生虽然不一定是艺术作品的创作者的目的性活动，但它一定是存在的。

具体到有声语言表达艺术作品，由于其呈现方式的特殊性，其对社会及人们的生活的影响则表现得更加明显。笔者认为，结合我国当下的时态语境，有声语言表达艺术作品的外在价值至少体现为以下几个方面：其一是有声语言表达艺术作品是以普通话为载体的大众传播范本；其二是有声语言表达艺术作品兼具众美的信息传播价值；其三是有声语言表达艺术具有强化传统的本根、彰显第三极文化、弘扬我国软实力的文化使命。下面我们将对此进行一一阐述。

一、以普通话为载体的大众传播范本

笔者时常会思考这样的一个问题：为什么在全球化大背景下的今天，在人与人之间的联系越来越紧密的今天，在"语言的藩篱"都已不再成为最大阻碍的今天，即便是人们拥有着同质的文化，处于一个对等的社会纬度之中，同在一片蓝天下的人们沟通起来反倒变得越来越难了呢？

曾以一部完美的处女佳作《爱情是狗娘》（Amores perros）而尽展横溢才华的导演亚里桑德罗·冈萨雷斯·伊纳里多（Alejandro Gonzalez Inarritu）2006年执导过一部传世电影《通天塔》（Babel），在那里我找到了想要的答案。巴别塔（Babel）亦称"通天塔"，关于它的故事出自《圣经·旧约·创世记》："诺亚方舟事件平息之后，活下来的人重新开始他们的生活，他们生育了很多子嗣……但因为诺亚的三个儿子拥有着共同的祖先，所以后人们自然使用同一种语言来进行彼此之间的沟通与交流，后来，为了防止洪水再次来临时的无处可避，当然也是为了

能够扬名万世，陆地上的人类便开始团结起来，共同着手建造一座直可通天的巨塔，但是，这样的做法却是上帝并不希望看见的，就这样，他弄乱了建造者们起初的共同语言，使得他们之间互相不能清楚另一方所要传达的意思，语言的不统一意味着文化、思想，乃至思维方式都不尽一致了，于是，分歧、猜疑与争吵就此出现。失去了共同的语言，失去了沟通的能力，人们就无法通力合作，想要见上帝的想法也就自然搁置，这项必须依靠齐心协力才能完成的浩大工程最终夭折，计划因此失败，人们各散东西，随着高塔的坍塌，通天梦想成为一枕黄粱的泡影"，"巴别"在希伯来语中正是意为"混乱"。

而影片《通天塔》借用了这段隐喻，通过那三个故事告诉人们，因为语言差异而造成的沟通问题并不只是国家、民族、种族、地域之间的文化差异问题，它甚至也会出现在人和人之间。沟通不畅就会产生无尽的误会，累积多了就有了隔阂，最终会形成难以逾越的鸿沟。上帝恐惧的不是人类，而是人类掌握了语言，顺畅的语言沟通，良好的有声语言表达能力使得人类更有威力，更具力量。

艺术化地处理语言，培养"人声之美"，提升表达能力，就是在为人与人的沟通、人与世界的沟通做着最大的努力。巴别塔，象征着人类的理想信念与团结之心，而上帝所处的那片天际，便正代表了人们完善沟通、互相理解的终极意义。如果人们能良好地淬炼和培育有声语言的表达能力，克服沟通的重重障碍，最终定是能够筑就一座通天之塔，去除藩篱，站在塔顶，我们就能真切地触碰到"理想的天空"。

对于有声语言的艺术化再造，更是需要一种人本位的人文主义关怀。若要世界大同，必先文化大同；若要文化大同，必先语言大同，只有沟通没有局限，认识才没有迥异，心灵才没有距离。泰戈尔曾说："站在暮空俯瞰人世，映入眼帘的一切，都有不完美和不正常之处。然而，不抛弃一切，广收博纳，卑微的，受挫的，变态的，全部拥抱着，世界坦荡地展示自己的美。整体即美，美不是荆棘包围的窄圈了的东西，造物主能在静寂的夜空毫不费力地向世人昭示。"

而对于每一个中国人来说，与他人沟通情感，同社会交流信息，向世界展示风采，都离不开良好的有声语言表达，更离不开表达的基石与载体——普通话。

二、兼具众美的信息传播价值

（一）提升受众的个人素养，促进我国美育发展

除审美价值的表现外，所有的艺术形式还应具有一些其他的社会功能，如：认识功能、教育功能、陶冶功能、娱乐功能等等。

"马克思主义世界观，即辩证唯物主义和历史唯物主义，它第一次正确地揭示了自然、社会和思维发展的普遍规律，实现了唯物主义和辩证法、唯物主义自然

观和唯物主义历史观有机的高度统一，因而是有史以来最科学、最进步的世界观，是无产阶级认识世界、改造世界的强大思想武器。人们通过有声语言表达艺术能够更好地认识社会、认识历史、认识人生，进而认识世界，受到真、善、美的熏陶与感染，潜移默化地引起思想感情、人生态度、奋斗理想、价值观念等诸多层面的深刻变化，从而产生积极向上的改造世界的动力。

受众通过有声语言表达艺术活动获得需求满足、精神享受和审美愉悦，使得既传递信息又寓教于乐的传播理念成为现实，正所谓：随风潜入夜，润物细无声。

（二）引导积极向上的良好风气，构建更加和谐的现代社会

纵观当下时代背景，有声语言表达艺术之所以能够逐步受到来自全社会多方面的重视，也正是因其所体现出来的一种"和"的特质，这种特质在社会层面上表现为通过其作品的传播，传递出了正能量，用社会主义核心价值观引领社会思潮、把握社会脉搏，通过老少咸宜的艺术内容、各个阶层都能领悟到的艺术呈现方式，将积极有益的、健康有趣的信息传递给受众，在给予他们审美熏陶的同时也于潜移默化之中使受众树立了正确的世界观、价值观与人生观，从而促进我们的社会向着更加和谐的方向去发展。

不同时代的不同特质，会造就不同的有声语言表达风格，而这种演进的艺术风格是一种有高度、有灵魂的关乎文化的精准刻画，善加利用之下便会在极大程度上增强本民族的自信心与自豪感，不仅会在折射出社会变革的同时让国人分享到祖国强盛的喜悦，而且将建构华人圈中的更加大同的价值体系，其中所运用的颇具艺术价值的语言更将成为社会变迁的缩影与时代弥坚的印记，因此从这个角度出发，恢弘有声语言表达艺术具有颇为重要的现实意义。

三、强化传统的本根，弘扬我国软实力

由郑楠、施人诚作词，由女子组合S.H.E演唱的《中国话》中有这么一段流传甚广的词："全世界都在学中国话，孔夫子的话越来越国际化，全世界都在讲中国话，我们说的话让世界都认真听话。"其中便蕴含了"中国话"日益流行的深刻意涵。

我们可以从事物各异的名称看到社会背景的差异。汪惠迪先生曾经说过："大陆的民族音乐叫'民乐'，在台湾叫'国乐'，香港叫'中乐'，新马叫'华乐'。同是华人，使用同一乐器，演奏同一乐曲，却因地域不同而分别奏出了中乐、华乐、民乐和国乐，在'中华民国'四字中各取所需，构成一组跨地区、跨国界的同义词，是一个非常有趣并值得研究的语言现象。依我之见，四地之所以各取中、华、民、国四字，都是因为各自社会所需，大陆需要强调'民族性'、香港强调'国别差异'、新加坡突出'种族文化特征'、台湾则强调在'地位'。"这使我想到

了莎士比亚的一句话:"我们叫做玫瑰的这一种花,要是换了个名字,它的香味还是同样的芬芳。同样一件事物,在不同的地方,有不同的叫法,但是若以为叫了不同的名字,就变成了截然不同、毫不相关的两件事,无异于自欺欺人。"

那么,华语不也是一样吗?大陆称为"普通话",新加坡叫"华语",台湾叫"国语",这个"国",不就是我们的"中国"吗?S.H.E的《中国话》正是借助了中国崛起、全球学习华语的热潮方兴未艾这一大背景得以名扬海内外,显而易见的是,在这种情况下不带"中国"两字的其他表述方式,不管是"华语"还是"国语",都无法传神地表露出中国崛起所带动的汉语学习热潮。与此有异曲同工之妙的还有一首《龙的传人》,它是台湾作曲家侯德健于1978年12月16日创作的作品,台湾男歌手李建复演唱了这首歌,随后经香港歌手张明敏演绎,歌曲迅速传遍祖国大地,歌手王力宏融入摇滚风格后对其进行了翻唱,并于2012年登上央视春晚,带有民族本根情结的"龙的传人"这个名字,更是成为中国人的民族别称。

完善的有声语言表达艺术可以更好地让世界了解中国,并提升我国的国际形象。据人民网刊载:"由中国社科院(财经院)——联合国人居署联合课题组完成并发布的《全球城市竞争力报告—世界之半:丝绸之路经济网》指出,香港、上海、北京进入全球城市竞争力2016年度排名前十位。该报告使用竞争力投入框架,选择'企业本体指数、当地要素指数、当地需求指数、软件环境指数、硬件环境指数、全球联系指数'这六大潜在变量,构建指标体系,选取全球505个样本城市,采集和处理相关数据,编制城市潜在竞争力指数进行评估。排名前十的城市依次为:伦敦、纽约、东京、巴黎、新加坡、香港、上海、北京、悉尼和法兰克福。作为全球第二大经济体的中国,我们城市的竞争力总体上处于全球中等水平,少数城市跻身全球竞争行列。"随着我国经济的快速发展,精神文明建设更是亟待与物质文明建设齐头并进,民族文化的繁盛将使得国家的软实力愈加充分地得以彰显,在此,有声语言表达艺术乃至整个艺术领域也都将起到更加积极的推动作用。

人们对于"文化"的理解见仁见智,从不同学科的不同角度,都可以得出不尽相同的界定,目前已知的定义不少于260多种。无论是人类学家、语言学家还是文史学家、社会学家,前辈们对于"文化"的定义大致可以凝练为以下三个层面:①物质文化,它是通过人们制作的各种实物产品表现出来的,包括建筑物、服饰、食品、用品、工具等等;②制度、习俗文化,它是通过人们共同遵守的社会规范和行为准则表现出来的,包括制度、法规以及相应的设施和风俗习惯等等;③精神文化,它是通过人们思维活动所形成的方式和产品表现出来的,既包括价值观念、思维方式、审美趣味、道德情操、宗教信仰,也包括哲学、科学、文学艺术方面的成就和产品。文化是具有民族性的,它能够映射出鲜明的民族色彩。

对于汉民族来说，大陆的汉文化是主导文化，而香港、澳门、台湾和各地区的海外华侨的汉文化，都同属于亚文化。语言，是文化的重要构成部分，两者之间的联系颇为紧密，若是想要记述历史、生产实物、表述观点、体现态度、完善制度、传承教育等等，都必须使用到语言，语言更不能脱离文化而独立存在，语言的完善与发展，同样也是文化存在与发展的重要依凭。有声语言表达艺术，作为一种通过人们创造性活动而产生的文化产物，正是以最完备的样态为我国的文化做出强有力的注解，我国有声语言表达艺术的发展在世界民族之林中一展繁荣的现象，也是国家软实力得以彰显的重要表征。

需要指出的是，有声语言表达艺术作品中的审美之"和"是通过在其形式层面上的"中"所体现出来的，没有形式层面之"中"，作品之"和"也就无从谈起，而"和"的审美表现又是使受众感受到有声语言艺术化表达之"美"的必由之路，不可缺舍。

第七章 "美"：有声语言表达的审美表现

第一节 "美"的内涵与有声语言表达艺术的传播

一、"美"作为中国传统美学范畴的基本内涵

许慎在《说文解字》中说："美，甘也。从羊，从大。羊在六畜主给膳也，'美与善同意'（臣铉等曰：'羊大则美，故从大'）。"在中国上古人的思维中，"美"是在实用意义上产生的，一件东西是美的，也意味这件东西能够给人带来实实在在的好处与利益，而在同一逻辑上，"美"又与"善"相连了，只不过这种"善"并非形而上层面的伦理价值，而是世俗层面的切切实实的"有用"。在学者朱立元先生主编的《美学大辞典》中在"中国美学"的类目下对"美"的涵义的理解有七种之多，为了更清晰地论述，我们将这七种理解及其相关引文兹列于下：

①指味觉、视觉等感官上的满足感。《吕氏春秋·本味》中说："肉之美者，猩猩之唇，獾獾之炙。"

②指满足人的实用目的的有利价值。《国语·楚语》中说："夫美也者，上下、内外、小大、远近皆无害焉，故曰美。若于目观则美，缩于财用则匮，是聚民利以自封而瘠民也，胡美之焉？"

③指超功利、供玩赏的形式价值。《论语·子罕》中说："有美玉如斯。"

④指源于本心之善的道德礼仪及其人格价值，以儒家为代表。《论语·里仁》："里仁为美"。

⑤指天地自然的"无伪"性质，是一种"大美""原美"。《道德经》中说："天下皆知美之为美，斯恶矣。"

⑥指自然的造化。《世说新语·言语》中说："顾长康从会稽还，人问山川之美，顾云：千岩竞秀，万壑争流，草木蒙笼其上，若云兴霞蔚。"

⑦指人内在的才性、风度。《世说新语·品藻》中云：时人道阮思旷，骨气不及右军，简秀不如真长，韶润不如仲祖，思致不如渊源，而兼有诸人之美。"

在以上七种解释中，①②是形而下层次的、概念意义上的"美"，是给人带来的实实在在的好处与利益；③⑤是形而上层次的、概念意义上的"美"，是非功利的；④⑥⑦则都是有具体的审美对象，是审美对象上所呈现出来的一种美学价值，但是④又具有特殊性，那就是它与伦理上"善"紧密相连，在这里，"美"的审美价值直接等同于"善"的伦理价值。这样说来，①②与④的结合则恰恰还原了许慎《说文解字》中对"美"的解释，这很可能也就是中国古代美学思想语境中"美"这一审美范畴的本意，③⑤⑥⑦则是"美"的衍生意，③⑤是基于本意的对人的无功利愉悦感的高度抽象概括，⑥是基于③⑤基础上的对具体事物的感性描述，而⑦则是基于③⑤基础上的对具体事物形成的审美判断标准。

而在中国古代儒家的审美理想中，"美"是与"中""和"及"中和"哲学审美范畴紧密相连的，西汉董仲舒在《春秋繁露》中说："天地之美恶，在两和之处"，而"夫德莫大于和，而道莫正于中。中者，天地之美达理也……和者，天（地）之正也，阴阳之平也，其气最良，物之所生也"，"中者天之用也，和者天之功也，举天地之道而美于和"。在董仲舒看来，这个世界是"天人合一"的、"天人感应"的，而"中"是"天"的用处，"和"是"天"的功绩，天下之"道"都可归结为因"和"而"美"，而人间的一切美都是与天地自然之美"类之相应"的，前者是建立在后者之上的，是后者所衍生的，所以人世间的"美"也正在于"和"。董仲舒眼中的"美"是天地大道的呈现。或许可以说，这种"美"是上文关于"美"的七种解释中③④⑤的辩证统一：它具有"道"之本源性的意义，又有超功利的价值指向，同时它又兼具伦理层面上的意味，故而这种"美"才能兼具"天之用"的"中"和"天之功"的和，从而成为"天地之道"的呈现形式。

二、西方美学范畴的"美"

在西方美学史中，"美"同样也是一个重要的审美范畴。不过，因为思维方式的巨大差异，与中国美学不同，西方人更强调从逻辑的层面、理性地探讨"美"。

在古希腊时期，人们谈美往往十分注意"美"的两个层面的问题，即是从主观角度审视"美"还是从客观角度审视"美"。到了柏拉图时，他从其独创的理念说出发，提出了"美"的理念（相）的问题，开始将"美"引入哲学领域，使其成为一个形而上的哲学范畴，从而开启了真正意义上的对"美"的学理探讨。故而，对"美"的概念的追问与反思也同西方哲学一样经历了三个阶段：在本体论阶段，人们追问什么是"美"，即"美"的本质问题；在认识论阶段，人们追问的是我们如何认识"美"的问题；而西方哲学经过语言论转向以后，到了人本主义和科学主义分庭抗礼之时，对"美"的问题的审视方式也开始出现分歧。人本主义哲学的重要美学流派是以表现主义为代表，其代表人物克罗齐认为美是一种直觉，也就是表现；而科学主义哲学视野下则以形式主义美学为代表，克莱夫·贝尔将其看作"有意味的形式"，以此为基础开始了相关问题的探讨。

之所以在此处极其简略地梳理西方美学史中"美"这一范畴的演变、发展过程，是为了与中国传统古代美学中"美"的概念加以对比，前者更加注重其内在本质与构成的逻辑分析，后者则更多的是在感性层面对"美"的描述，但无论如何，与其他范畴相比，中西美学中的"美"的概念从内在机理上来说仍然有着极深的相似或相通之处，这源于二者在人类在共情性能力上的一致。而在本文中，我们则将"美"界定为由客观事物的某种内在品格所激发的人的超功利的、忘我的审美情感及其带来的审美愉悦，这种情感与愉悦指向的是人的形而上层面的价值感与存在感。

三、有声语言表达艺术作品的传播与"美"

在美学史中，不同美学理论家进入"美"的概念的角度是具有差异性的，有的美学家将"美"看作事物的客观属性，有的美学家将"美"视为人的主观感受，马克思主义美学家则从实践的角度进入对"美"的阐释，而这也构成了美学的多样性、丰富性与复杂性。具体到本文的题域内，笔者认为，有声语言艺术作品的传播之所以是美的，其关键在于作品本身。换句话说，是因为有声语言艺术表达作品本身是美的，它才能使受众感受到美、领悟到美。

我们之所以这样说，就是因为笔者认为，在本文的论域下，"美"是由"中和"而来，"美"是由"中和"加以规定的，正所谓"美于和"。而在有声语言艺术表达中，创作过程中体现出的"中"的美学原则，有声语言艺术表达作品中体现出的"和"的美学属性，使其传播过程中具有了"美"的性质。其基本逻辑是：有声语言艺术表达作品的创造者通过在创作过程中，对作品内容的适中把握、在创作过程中对情感和技巧的适中把握，从而使作品表现出一种和谐、恰适的状态，最终使作品的传播过程体现出美的性质。

第二节 有声语言表达艺术中"美"的价值

从人类目前的审美状况看，审美知觉主要集中于视觉和听觉这两种方式。古有云：视之不见名曰夷，听之不闻名曰希，人若希夷，何得惊悸？可是，在当今现代化水平颇高的时代，希夷者甚寡。在现代传播中更讲求利用影音声光等飞速革新的技术，在信息可以得到有效传授的前提下，在受众收听或观看传播内容的同时，令他们的视听感知也一并获得充分刺激，把控他们的审美感受，不断提升其所产生的满足感和愉悦感，将会使得传播效果达到最大化。在美感接受上，视觉引发的是"直观"感觉，而听觉引发的多是"主观"感觉。故此，人们在听觉上的审美需要应该与在视觉上的审美需要同样得到重视和满足。

有位老师对学生们提出了这样一个考验：你们可选择任何一样东西，并用"它"去将整间屋子全部填满。一位学生选择了"稻草"，但是却只能铺满地面；另一位学生选择了"蜡烛"，烛光虽然洒满了房间，但是却也留下了秉烛者自己长长的影子；大家尝试了很多的办法，但是始终无法达成要求。最后，一位同学对着屋子，满怀欢喜地放声大笑，终于，愉快的"声音"充满了房间的每一处角落。

通过这则故事我们可以真切地感受到，声音是无形的，它看不见也摸不到，但是在我们的生活中它却又无处不在，它可以被绝大多数的人们所感知，并与之形成反馈，故而，对于声音的驾驭更是不可被忽视。

在《礼记·乐记》中曾提到过："乐必发於声音，形於动静，人之道也。"声音是由物体振动产生，正在发声的物体被称为"声源"。声音以声波的形式传播，它只是声波通过固体、液体或气体等介质传播形成的运动。声波振动内耳的听小骨，这些振动被转化为微小的电子脑波，形成了人们觉察到的声音。

只有更清楚地认识并驾驭自己的声音，才能使得有声语言表达艺术技法日臻完善。在古希腊德尔菲神庙前的门楣上有这样一句话："人啊，认识你自己！"而这句话也正是苏格拉底的哲学宣言。在苏格拉底看来，自然哲学家们思考问题的方式、方法，甚至是对象、路径都并不那么正确。他们对问题的关注点是自然而不是人本身，但是不可否认的是，人的感官确实是世界万事万物的衡量尺度，自然哲学家们以自然物作为原因，所以他们的看法是糊涂的、片面的，自然也不可能达到对哲学根本问题的追问。在苏格拉底眼中，世界的本源出自其内在目的，这个目的就是"善"，我们并不需要为其寻找某种实体式的、物质形态的本源。从这一点出发，哲学的真正目的并不在于在自然世界中寻找某种本质式的存在，而在于关注人的德行中的"善"，而"善"的则必然是"好"的，这才是世界上一切事物存在的根本依据，而自然界万事万物所呈现出的均衡、完美、和谐的状态，也正是源于他们本身在追求"善"与"好"。

有声语言表达艺术正是要把最"好"、最"善"、最"美"的声音传递给世人，让人们在生活与艺术的领域，尽情聆听"人声之美"，努力探寻其中的审美表现与美学价值，仔细体味其中的动人魅力。

有声语言表达艺术是大众交流信息的重要途径，也是一种艺术化的信息传播手段，它既是对于生活之美的总结与凝练，又是对于艺术之美的展示与恢弘，它具备着自身独有的美学特质，必然会引起更多的审美观照。科学地培养有声语言表达技巧，可以使得信息传播愈加充分，传受双方都能够获得更好的审美体验。

有声语言的表达者，在融入自身所体悟的情感后，以声音为依托，通过语气、节奏、语调、停连、轻重、虚实、急缓的适度变化，来表达个体观点、立场或者再现文本作品的思想内涵,用声音锻造自身态度或是重塑艺术作品中的各种形象,实现传受双方在心灵深处的感染与激荡,将倾听者带入一种"美的"体验境界,使其在获得听觉层面的审美满足的同时,也在认知层面上形成一致。

在《史记·张仪列传》中,司马迁曾有过这样一段描述:"张仪者,魏人也。始尝与苏秦俱事鬼谷先生,学术,苏秦自以不及张仪。张仪已学游说诸侯,尝从楚相饮。已而楚相亡璧,门下意张仪,曰:'仪贫无行,必此盗相君之璧'。共执张仪,掠笞数百,不服之。其妻曰:'嘻,子毋读书游说,安得此辱乎?'张仪谓其妻曰:'视吾舌尚在不?'其妻笑曰:'舌在也'。仪曰:'足矣'。"用我们今天的语言翻译一下这个故事就是:张仪最初拿的是魏国的"护照"。曾和苏秦一起师从于当时著名的博士生导师"鬼谷子",所学的专业是"游说之术",苏秦同学既谦虚又自卑地认为才学比不上张仪同学。顺利通过答辩的张仪拿到了毕业证书和学位证书,就马上投身于社会实践工作当中——去游说诸侯。他曾陪着楚国的一位大官喝酒,酒过三巡,菜过五味,楚相发现丢失了一块玉璧,门客们都怀疑张仪,说:"张仪贫穷,品行鄙劣,一定是他偷去了宰相的玉璧。"于是,大家三下五除二地就把张仪拘捕起来,暴打了几百下。张仪始终没有承认,只好释放了他。他家那口子又悲又恨地说:"唉!您要是不读书游说,又怎么能受到这样的屈辱呢?"张仪对他的妻子说:"你看看我的舌头还在不在?"他的妻子笑着说:"舌头还在呀。"张仪说:"那就足够了。"张仪被辱后的幽默、风趣,与妻子戏谑的情状,对于读书游说不可动摇的意志,跃然纸上,廖廖几笔,刻画深刻,耐人咀嚼。张仪于秦惠文王公元十四年(公元前311年)前往楚、韩、齐、赵、燕等国进行游说,使得五国连横事秦。同一年,张仪因功封得五邑,封号为武信君,张仪列传与苏秦列传堪称姊妹篇,苏秦游说六国,张仪也游说六国;苏秦合纵以燕为主,张仪连横以魏为主,文法也一纵一横。他们都是以雄辩家的姿态、雄心勃勃、一往无前、为追求事功而生死置之度外的人物,表现了他们的雄才大略,也充分体现出了他们施展口才的力量。太史公曰:"三晋多权变之士,夫言从衡强秦者大抵皆三晋之人也。夫张仪之行事甚于苏秦,然世恶苏秦者,以其先死,而仪振暴其短以扶其说,成其衡道。要之,此两人真倾危之士哉!"在《党的文献》1993年第四期中摘引了毛泽东同志1960年12月25日同部分亲属和身边工作人员的谈话——《人没有压力是不会进步的》,其中,毛泽东同志也对《张仪列传》做出了积极的评价。毋庸置疑,早在我国先秦时代,便涌现了不少杰出的历史人物,他们凭借自身出众的有声语言表达能力征服了那个时代的受众,进而潜移默化地推动了历史车轮的滚滚向前。

诞生于传统媒体格局中的有声语言表达艺术,面对新媒体的挑战,同样也需要调整策略和布局,更新思维和理念,以期更大程度上地迎合受众的审美需求。其实,新媒体(New Media)是一个相对的概念,在互联网兴起以前,人类公共信息的传递方式多以期刊报纸、广播电视等为主，而这些恰恰是传统的信息媒介。所谓新媒体，正是相对于这些传统媒体而言的，其伴随着互联网技术应运而生，它的传播方式因现代科学技术的蓬勃发展而不断更新，手机、电脑、数字电视以及其他终端都成了其传播的渠道与媒介。新媒体的存在形式多元而丰富，拥有极高的覆盖率，使得传播渠道更加广泛，传播信息也能够精准到达，同时，便捷的推广方式、低投入高回报的产出比，也备受人们的青睐，加之受众彼此之间迅速及时、亲密无间的超强互动性，更是为新兴媒体增光添彩，预计在未来几年，新媒体在我国的现代传媒产业中更将占据重要位置。以2015年的数据为例：以互联网作为传播手段的广告在全行业中的占比竟高达55%，这一数字远远超过包括广播、电视在内的其他传统媒体的占比总和（仅为45%），而从市场增速的角度来看，新媒体的广告增速为36.1%，而其他媒体都处于负增长的状态（电视市场规模增速为-4.6%，杂志的为-19.8%），其中报纸的数据最为惊人，为-35.4%——这一数字与新媒体广告的增速几乎大小相抵，同时，国内传统媒体的广告收入增速在2015年仅维持在-7.2%（在2014年为-2.0%），由此可见，互联网媒体对于传统媒体产生的冲击是无比巨大的。而早在曾被称为媒体融合元年的2014年，百度的广告收入已超过中央电视台，电视广告市场进一步被互联网广告所蚕食，互联网广告取代电视广告似乎已经成为必然。以内容制胜并兼具渠道融合，瞬时成为传统媒体当下必由的突围策略，截至2014年年底，我国34家省级电视台、162家报纸均已设立属于自己的微信公众号，另外，还有128家党报独立推出了手机客户端，瞄准并上线的"两微一端"一时间成了传统媒体发展融合的崭新路径。同时，是对于自媒体传播中有声语言表达艺术形式的更迭，应是引起了多方的关注。在新的形势下，每一个人都可以成为某一地方区域或行业领域的意见领袖，每一个信息的传播源都可以视为独立的媒体，其中，固有的有声语言表达方式出现了很大的变化。有数据说明，在中国大陆的直播平台中，前1000位的主播，月收入不足三万元的在八成左右，有些看似十分火爆的主播的实际收入其实并不高，将近一半主播的收入只能徘徊在5000元人民币的水平，而排名前10名的主播的"积累优势"非常明显，他们的收入是其他主播收入总和的四倍，排名在前50位的主播的收入总和占到了各平台上全部主播收入的90%以上，从以上这些数据中我们可以看到，受众在对于网络主播的关注程度与接受程度呈现出了强者愈强则弱者愈弱的马太效应，赢家通吃的新格局下，受众的审美需求与审美接受更是呈现出了极强的多元化特征。自媒体的涌现正冲击着传统的有声语言表达艺术，但需要注意的是，作为普通人，即使是有经验的媒体人，因为受到了"全方位把关作用缺失"的制约，其实并不能够在组织表达内容时严格重视传播主题的引导，并不完全适合通过自媒体进行公共传播，所以自媒体人很难胜任传统媒体的角色担当，适中、和谐、大美的传统有声语言表达艺术在适当地借鉴新兴传播特质元素的同时,也更需要恢弘特色、持续前行。

受众的审美接受可以被视为是有声语言表达艺术活动的终点,经由受众的鉴赏才完成了审美接受的全过程,在这里,表达主体和艺术作品各自的内在价值,均得到了最终的体现。受众通过对于有声语言表达艺术的鉴赏与接受来获得美感,以此实现对审美需求的满足。同时,受众的接受、鉴赏与批评活动,具有很强的主观色彩,是一个认知、诠释、对话、交流、反馈、创造的过程。受众审美知觉模式的复杂性和多元化的审美诉求,也在无形之中推动了有声语言表达艺术不断向前发展。

综上所述,受众在有声语言表达艺术中所完成的欣赏过程与其他艺术一样,也是一个完整的审美过程,而这种对于"美"的欣赏与体悟则是通过有声语言表达艺术的创作者通过技法层面的"中"使作品呈现出一种"和"的美学状态后而引发出来的,至此,表达者在技法层面上的"中"、艺术作品所体现出来的"和"与受众所感知获得的"美"便形成了一个有机的、完整的审美脉络。

第八章　有声语言表达艺术的审美考辨

第一节　由"中"而"和"、由"和"致"美"

一、由"中""和""美"构成的美学逻辑

"中""和""美"都是中国古典美学范畴,《礼记·中庸》中说:"喜怒哀乐之未发谓之中,发而皆中节谓之和。中也者,天下之大本也;和也者,天下之达道也。致中和,天下位焉,万物育焉。"即是说,"中"是"和"的基础,"中"与"和"之间存在着因果逻辑关系,换句话说,没有"中"也就无所谓和,但"中"却不一定必然导致"和"。而西汉的董仲舒也在《春秋繁露》中提到:"中者天之用也,和者天之功也,举天地之道而美于和",也就是说,美因"中和"而生、因"中和"而致,二者之间同样存在着紧密的因果关联。

而在有声语言表达艺术中,言语者在艺术创作的时候选取的内容适"中"、情感表现适"中"、技巧使用适"中"就可以使作品呈现出"和"的审美意蕴,而其在欣赏者接受的过程中就会被感觉到内容之"美",从而完成一个完整而封闭的审美逻辑链条,实现有声语言表达艺术作品的最终美学表达。

"中""和""美"与有声语言表达艺术的创作、作品、鉴赏之间的一一对应及其形成的逻辑关系也就构成了一种有效的美学逻辑。

二、有声语言表达艺术的人文价值

众所周知,语言是人类从事社会活动时最为主要的交流与沟通的工具,而且也是记录知识与传递信息的非常重要的手段。可是,源于先天禀赋的差距、个体资质的凡优、后天努力的多寡、艺术感悟的迥异,使得人们的有声语言表达能力截然不同,有些人一旦开始表达,便会口若悬河、滔滔不绝、动人心弦、催人泪

下，而有些人说起话来却是磕磕绊绊、吞吞吐吐、词不逮意、平淡如水。余音之所以能绕梁三日不绝于耳，正是因为"人声之美"的有力彰显，良好的语言表达能够让倾听者感受到：言之有物、言之有序、言之有理、言之有情。

良好的有声语言表达艺术活动在听觉上带给人们的感觉是：舒畅愉悦、柔和温馨、兴奋鼓舞、激励感染。有声语言表达艺术讲求"静而观心，言为心声"。这与西汉时著名辞赋家扬雄的观点相互辉映，其在《法言·问神》中提及："故言，心声也；书，心画也。声画形，君子小人见矣。"从一个人的言谈话语之中，便可以知晓他的思想状况。人生在世，几乎没有人离得开有声语言表达。

有声语言表达艺术中之所以能够展现出"人声之美"，不仅仅是因为音质的动听悦耳，还因为其中应该饱含正能量的传递。《曹刿论战》中曹刿对曰："夫战，勇气也。一鼓作气，再而衰，三而竭；彼竭我盈，故克之。"声音对人心的鼓舞与影响可见一斑。

我们通过感知去找寻，通过塑造来培养的是广义上的有声语言表达艺术中的人声之美，而在部分狭义的理解中，一些"人声"也是"美的"。聋哑孩子发出的简单的音节，难道不是美的吗？新生儿的牙牙学语，难道不是美的吗？在特定环境之下，一些声嘶力竭的、振聋发聩的"噪音"有时也会是美的。另外，少数人会在主观判断上固执己见，如果他们执意认为某种人声就是"美的"，这也无可厚非，见仁见智吧。对"美的"的理解与感悟，不能拉出一条线，强求一致性。一千个人眼中也许就有一千个哈姆雷特或者一千个"好声音"。但是，毕竟在整体大环境下人们的审美观念还是相对趋同的。人类通过肺部呼出的气流冲向靠拢的声带引起的振动发出声音，通过唇、齿、舌成音，通过耳朵接收声音信号，通过心灵感知信息，产生美感并形成审美愉悦，在内心中完成从信源到信宿的信息传递，并实现声音所带来的灵魂激荡，真正实现了"以气托声，以声传情，表情达意，及于受众"的"人声之美"的彰显。探析没有止境，求索永不终结。关注"人声之美"，实则就是在关注人文的一个侧面，颇具人本位的关怀色彩。

第二节　有声语言表达艺术的审美教育

审美教育，又称美育，其源于德文"aesthetics he erzie hung"，它是一种树立人的正确审美观、培养人感受美、欣赏美以及创造美的能力与素养的教育活动。美育既是美学与教育学学科交叉的结果，同时又是培养人、塑造人不可或缺的一环。在教育学的相关理论中，美育与智育、体育、德育的地位和价值同样重要，加强美育，促进人的全面发展和社会文明整体水平的提升，是我国教育当前面临的重要任务，也同时是当前素质教育的重要内容之一。而有声语言表达艺术作为重要的艺术形式之一，理应成为审美教育的重要载体。

在这里特别需要说明的是，以有声语言表达艺术作为切入点的审美教育，正是立足于其本身的美学特质而实施的，即：要使受教者感受到有声语言表达艺术之"美"，而这种美感的获得正是通过创作者技法上的"中"与基于此所生发出的艺术作品本身的"和"而得以实现的。

一、有声语言表达艺术审美教育的价值与意义

（一）培养人的语言审美能力，提高人的语言审美素质

语言无处不在、语言无处不有，语言既是人类最重要的交际工具，也是人思维方式的载体，而从更广泛的意义上讲，语言还是人之所以成为人的标志，是人类社会得以形成并向前发展的基础。语言是孩子最早能接触到的信息传递方式之一，是孩子最容易获得的信息传递能力，通过语言的方式对孩子进行审美教育也是最易展开的美育方式之一。让孩子和受教育者在语言运用的过程中感受美进而形成最为初步的审美经验和审美能力对于孩子今后的全面发展具有重要的价值与意义。而有声语言表达艺术则是让孩子感受语言美较为直接的手段之一，因为日常语言行为的工具性意义更重，不易唤起孩子的审美感知，而有声语言表达艺术则是较为直接地让孩子体会到其与日常语言交流行为的差异，从而获得最初步的辨别日常行为与审美行为差异的感性经验，使孩子和受教育者逐步形成审美自觉，也初步掌握了辨别美丑的基本能力。

（二）有助于培养人的创造美的能力

良好的审美能力是一个健全的人的重要素质，而创造美的能力则是审美能力的重要组成部分与培养目标。创造美并不是从事艺术工作的人的专利，从某种意义上说，它更是使人成为人的重要标志，同时也是每一个人的个体都具有的潜在能力。对审美能力培养以及创造美的能力培养是一个国家、一个民族、一个社会教育工作者的职责所在，每一个教育工作者都有责任、有义务为孩子或受教育者提供发展创造美的能力的条件。有声语言表达艺术是培养人审美能力与创造美的能力最简单的、最易行的方式之一，这一方面是因为这种方式在众多艺术门类中对物质条件的要求最低，另一方面受教育者，尤其是未成年的孩子声音可塑性强，运用此种方式培养孩子或受教育者的创造美的能力可操作性相对较高，培养效果也可能相对较好。

（三）有助于培养人的爱国情怀和民族自豪感

以有声语言表达艺术为教育手段的美育工作者，通过对创作选择内容的把握、对受教育者感情和声形技巧的指导，能够让受教育者在美育中受到良好的爱国主义教育和民族自豪感的培养，而这也正是美育的重要职责与目标之一。下面的问

题中我们将要谈到，美育的内容有三部分构成，分别是形式教育、艺术教育与理想教育。在这里，理想教育又可进一步划分为社会理想教育、人生理想教育与道德理想教育等内容。通过有声语言表达艺术的手段对受教育者进行爱国主义教育和民族自豪感的培养就是理想教育的重要价值与诉求之一。受教育者在有声语言表达艺术的语言形式中、在技巧的有机变化中、在充沛感情的感染中感受到中华民族五千多年的悠久历史和辉煌灿烂的文化，体会到近代中国遭受的深重苦难，体会到今天幸福生活的来之不易，体会到实现中华民族伟大的复兴的责任感和豪迈情怀，从而树立他们的爱国意识和民族意识。

有助于推动社会主义文化的繁荣兴盛、树立坚定的文化自信党的"十九大"报告中指出："文化是一个国家、一个民族的灵魂。文化兴国运兴，文化强民族强。没有高度的文化自信，没有文化的繁荣兴盛，就没有中华民族伟大复兴。"坚定文化自信，是事关国运兴衰、事关文化安全、事关民族精神独立性的大问题。习近平总书记强调，文化自信，是更基础、更深厚的自信，是更基本、更深沉、更持久的力量。通过有声语言表达艺术对受教育者进行爱国主义教育和民族自豪感的培养，目的就在于树立他们对中华文化的高度自信，使他们成长为社会主义合格的建设者和接班人，通过美育手段实现德育的教育功能和培养诉求。

二、有声语言表达艺术审美教育的内容与特点

广义上的美育可以包括以下三个内容：形式教育、理想教育与艺术教育。

形式美教育的任务就是利用人对形、声、色等形式的生理、心理反应规律，来强化人们对事物的审美特性的感受能力，增强利用形式美美化生活的能力……审美始于形式美的教育……儿童的美育主要是形式美教育。美的形式作为审美对象的外部美的表现形态和内部美的结构方式，既是意象创造的媒介，也是情感对象化的手段。这一点集中体现在艺术的创造和鉴赏中。艺术创造和鉴赏就是意象符号化和符号意象化的过程。而艺术教育则是通过具体的艺术形式——例如文学、音乐、美术、书法——等为媒介的一种审美教育方式。

在上述意义上，笔者认为有声语言表达艺术在审美教育方面有以下价值和意义：

（一）有声语言表达艺术既可以是审美形式教育的手段又可以成为艺术教育的载体

其一，在形式美教育方面，有声语言表达艺术中富有韵律、充满情感的表现手段会直接让受教育者感受到人的声音的美感及这种美感所承载的积极意义；其二，有声语言表达艺术本身就是意象符号化和符号意象化的过程，它通过人声高低起伏的有规律的形式变化及其语音所指所构造的意象，不但使表演者受到创造

美的熏陶与培养，而且也使欣赏者通过结合自身人生经验构造艺术意象、体察艺术感味的同时得到审美上的陶冶；其三，有声语言表达艺术本身就是艺术教育中表演艺术教育的一种，是表现人的情感的重要艺术手段之一，它可以让人的情感得到宣泄和升华，从而起到陶冶性情，培养美感的教育目的。

（二）在艺术教育手段中，有声语言表达艺术是最为便捷的审美教育手段之一

与其他审美教育的艺术教育手段相比，有声语言表达艺术是对物质质料要求最低，低到近乎无，绘画需要画布、画质和画笔，文学创作与欣赏需要纸和笔，戏剧、电影、雕塑等对于物质质料的要求则更要高得多，但有声语言表达艺术则不需要任何物质质料实体。虽然音乐表演在清唱时也具有看似与有声语言表达艺术一样的物质要求优势，但是，从另一个方面讲，音乐表演对于创作主体的艺术修养与音乐素养要求较高，不具备相应素质的人进行以艺术表演为目的的音乐表演，不但不会给欣赏者带来审美上的享受，甚至反而会形成噪音，这也就更谈不上达到审美教育的目的了。但有声语言表达艺术则不是这样，它虽然也具有相当强的专业性和技巧性，但一个没有受过专业训练的人，也许发音准确度及技巧运用方面存在着这样的或那样的问题，甚至是缺陷，但只要表演者能较好地将自己的情感融入创作过程中，他的表演就很可能是为欣赏者接受，甚至是喜爱的。对受教育者进行有目的、有规律的有声语言表达训练，可以将理想教育完美地融入其中，有声语言表达艺术是审美教育中理想教育的合理手段与完美载体。

三、有声语言表达艺术审美教育的实施与原则

美育即是一个培养受教育者鉴赏美、创造美的能力的过程，其可由以下实施手段：

（一）通过对有声语言表达艺术的审美感知，培养受教育者初步的审美能力

审美感知是人对于能够引起心理愉悦的事物形象的反映。在通过有声语言表达艺术进行的审美教育活动中，孩子或受教育者通过对声音形式的感知体会其作品（包括所选取作品以及创作者的创作过程）背后所蕴含的情感因素，在感性的层面上根据年龄及认知水平获得相应的审美经验，从而培养其初步的审美能力。审美教育就是要在情感的熏陶和感染中引导学生形成对美的事物的确认和对理想的追求，这是发展审美能力的基础。

（二）通过对有声语言表达艺术的鉴赏，培养受教育者的审美判断力

在孩子或受教育者具备一定程度的审美经验、形成一定层次的审美能力之后，美育教育者应该因势利导地引导受教育者或孩子，运用感性经验对有声语言表达艺术作品进行评价，引导其形成正确的美学观点。在此基础上，引导受教育者或孩子思考诸如什么是美，这次创作为什么会美，这种美给我们带来了什么，等一系列美学问题，通过这一手段，培养孩子和受教育者的审美判断力。

（三）通过对有声语言表达艺术作品的创作活动，培养受教育者的美的创造能力

在受教育者或孩子形成了正确的审美观和一定的审美判断力之后，教育者可以引导他们有目的地创作有声语言表达艺术作品，借助这一手段培养孩子创造美的能力，使他们的想象力和创造力获得发展。

上述美育活动的实施应在一定的原则下进行，具体原则如下：

目的性原则——美育并不以培养艺术家为目的。美育的最终目的是提高人们的精神境界，直接效果则是培养对形式的感受力和对理想的追求。作为美育的手段之一，通过有声语言表达艺术而进行的美育活动也是如此，其目的并不在于培养有声语言表达艺术的创作者，甚至不以孩子或受教育者的声音重塑为目标，而是通过这样一种形式培养孩子的审美能力、审美判断和美的创造能力，根本目标则是培养孩子和受教育者树立正确的精神追求和价值追求。

情感性原则——与其目的性原则相联系，有声语言表达艺术的美育活动是以激发孩子或受教育者的情感为目的的，《教育学》里提到："情感性是审美心理的重要特征""对学生进行美育要引导他们深入现实和艺术的美的意境中去，激起情感上的共鸣，达到入迷、陶醉状态，使美融化于心灵"。有声语言表达艺术的美育活动并不着眼于声音技巧的训练以及作品的正确把握，而是着眼于通过对作品的鉴赏与创作培养孩子和受教育者的审美情感。

差异性原则——对学生进行美育应当根据学生的年龄特征、个性差异及审美情趣的不同，选择不同的内容和方式进行，使他们的审美兴趣、爱好与创造才能得到自由的发展。美育的差异性决定于美感的个人特性和儿童年龄阶段审美心理的差异性。这就要求，以有声语言表达艺术为手段进行的美育活动要注意两个问题：一是并不是所有的孩子或受教育者都适合通过有声语言表达艺术来进行美育活动；二是对不同的受教育者，在进行这一活动时，其具体的作品载体与手段是不同的，不能一概而论。

创造性原则——美育活动的目的是"……引导他们积极主动地富有想象力和创造性地感知、理解和创造美"。在有声语言表达艺术的美育活动中，其主体是孩子或受教育者。无论是以有声语言表达艺术作品鉴赏为途径还是以有声语言表达艺术作品的创作为途径，其根本指向都是培养学生的审美能力，这就要求教育者在这一过程中要充分调动孩子或受教育者的主观能动性，使他们积极地参与到这一过程中来，而不是成为被动欣赏者或被指导者。

四、有声语言表达艺术审美教育的途径与方法

有学者提出，美育的途径与方法有三种：一是通过课堂教学和课外文化艺术活动进行美育；二是通过大自然进行美育；三是通过日常生活进行美育。这是针对审美教育活动的一般性和共通性来说的，而通过有声语言表达艺术所进行的审美教育活动则是整个美育活动的一个分支，是个性的、是特殊的。这一方面决定了有声语言表达艺术的审美教育活动的途径和方法要在整个美育活动的途径和方法内进行选择；另一方面又决定了并非全部的美育途径与方法都适合有声语言表达艺术的审美教育活动。

具体而言，有声语言表达艺术的审美活动只能适用于上述三项中的第一项，即"通过课堂教学和课外文化艺术活动进行美育"，这是因为有声语言表达艺术的审美教育活动从属于美育活动中的艺术教育，它不可能通过大自然或日常生活进行，只能是在课堂教学和课外文化艺术活动中进行，对于前者，尤其可以结合语文学科的教育活动进行。但这并不意味着，有声语言表达艺术的审美教育活动对教育者的要求降低了，反而恰恰是要求提高了。因为这不但要求教育者需要具备一定美学素养和从事语文教育教学工作的能力，而且还要求教育者具备我们第二章提及的作为一个有声语言表达艺术创作者所应具备的基本素质，这也就对有声语言表达艺术审美教育的教育者提出了极高的要求。

我们上文中引用相关教育学基础理论大略探讨了有声语言表达艺术审美教育活动的价值与意义、内容与特点、实施与原则和途径与方法，其目的在于说明有声语言表达艺术不但能够成为审美教育活动的重要手段和载体，而且相对其他方式，有声语言表达艺术反而在审美教育的具体操作过程中具有极大的优势，而这恰恰是目前美育相关理论与实践中被忽视的所在。

第三节 有声语言表达艺术与智能语音技术

自工业革命以后，人类在科学技术上的进步突飞猛进、日新月异。尤其是进入二十世纪末段，以互联网多媒体技术为代表的新兴技术带领人类迈入了一个前所未有的新时代。与此同时，人工智能的迅速发展使一批传统劳动密集型产业呈现出从未有过的大变局，智能机器人代替了大量人力资源，使这些产业在人工成本方面大幅降低，但也同时使大量以手工技艺维持生计的劳动者面临就业压力。进入新世纪以后，人工智能技术继续向前以几何量级快速发展，一些在原来被看作是无法用机器替代的脑力劳动行业也开始受到威胁和挤压。尤其是人工智能（Artificial Intelligence，简称AI）的出现，更加速了这一趋势的发展，而有声语言

表达艺术也受到了一定程度的影响与冲击。

　　2018年11月7日，新华社官网宣布："全球首个'AI合成主播'在新华社上岗，在建社87周年之际，新华社联合搜狗在第五届世界互联网大会上发布全球首个合成新闻主播——'AI合成主播'运用最新人工智能技术'克隆'出与真人主播拥有同样播报能力的'分身'这不仅在全球AI合成领域实现了技术创新和突破，更是在新闻领域开创了实时音视频与AI真人形象合成的先河。"其实，这并非首个替代人工的智能主持人，也不是中国大陆中央级媒体推出的第一个高智能机器人主持人，早在2017年4月就有媒体称："旗瀚科技有限公司旗下的三宝机器人4月起开始正式加盟主持央视1套《生活圈》栏目，以艺名'小圈'将在未来为期一年的时间里以创意新颖的主持形式，为全国电视观众带来耳目一新的电视节目观感体验。央视聘用机器人为节目主持人，众多名嘴的'金饭碗'恐不保。"而在国际范围内，近年来这样的报道也屡见不鲜，2017年10月，一款名为索菲亚（Sophia）的高度仿真机器人就曾在沙特阿拉伯利雅得举行的一次以创新为主题的专业会议上高调亮相，这款机器人不但被宣称拥有62种人类的表情，能与人类自由地进行语言交流，而且沙特阿拉伯官方还授予了其公民身份；而在2018年2月，日本也宣布：超逼真机器人Erica将于4月开始担任日本新闻主持人。Erica由大阪大学智能机器人实验室室长石黑浩创造，外观栩栩如生，搭载全球顶尖的人工智能语音系统，并且很快就会有"独立意识"。

　　这样的消息的确难免不使人惊讶，甚至是引起一定的恐慌，似乎人工智能语言技术代替播音员和主持人端坐在屏幕前为我们播报新闻、主持节目的日子不久就会到来，而再进一步，则必然会造成智能机器人成为有声语言表达艺术的创作主体。这种担心从表面看来似乎不无道理，但是倘若细究起来，笔者认为，上述观点无论是在现实层面还是在理论层面都不过是一种杞人忧天的想法。原因如下：

　　其一，作为一种艺术形式的有声语言表达艺术是创作者将自己想要表达的真情实感融入于创作之中，再通过形成的声音作品感染欣赏者，使欣赏者获得审美愉悦与审美快感的一种特殊的属人的活动。从某种角度说，这种特殊的属人的活动其最核心的介质是人的带有能动性和创造性的情感，而这正是"人"与"物"的最本质区别之一，同时也是目前的人工智能技术所无法超越的。而其之所以到目前为止"无法逾越"，最大的现实原因在于人类的脑科学研究目前尚处于极为初级的阶段，人类情感来源的物质基础、生成机制与运作原理目前还是一个未解之谜。那么，人类又怎样能在不知道上述科学原理的情况下去让机器加以模仿呢？所以说，即使如上文的机器人索菲亚拥有62种人类表情，它能够做到的也是外在形式的模仿，而非内在机理意义上的"生成"。既然机器人不可能拥有属于艺术最核心的要素，即人类的情感，那么它也就不可能成为艺术的创作主体，更不可能成为有声语言表达艺术的创作主体。

其二，有声语言表达艺术是一种艺术形式，而艺术是一种"创造"而非"制作"，朱立元先生在《美学》一书中这样认为："'创造'与'制作'相反，它是主体为了确证、实现自己的整体而从事的实践，它通过赋予对象的整体性的'存在'，而实现这一点。在创造性实践中，劳动就是目的，因为人的整体在自己能力的运用中体会到了自己；劳动的产物是'作品'，它同时体现主体与对象的整体性。"至少在我们所能预见到的范围内，人工智能无论发展到何种程度，都不可能具有确证自己、体会自己的需求，否则，人工智能就具有了主体性和能动性，其本身也就与"人"无异了。

其三，如果说人工智能不能成为艺术创作的主体的话，那么当有声语言表达不作为一种艺术形式存在，而仅仅作为一种信息传播的仿人性工具与载体存在，是不是就能够由机器代替人去从事相关工作了呢？这种观点看上去颇有道理，而在事实层面上，人工智能语音技术也的确开始尝试进入语言表达领域，代替人从事相关工作。但是，笔者认为，这种代替即便以后成为了一种趋势，也只是工具性意义上的，只是替代语言表达工作中某一部分而已——它不可能完全地、彻底地取代人类，其中的重要原因在于，"情感"依然需要成为不可或缺的关键因素。举个实例，2008年汶川大地震发生后，赵普在播报与此有关的新闻时，他哽咽落泪，这是赵普的真情流露，当时这一幕感动了很多观众，到今天为止这一幕仍让人记忆犹新。这深深印刻在观众心中的场景，也使得赵普被大众定位为"一个真性情"的主持人！云南大旱时，赵普在讲述到在贵州还有大批受灾群众严重缺水时，中间插播了一段灾害录像，最后定格在一个五岁的小女孩渴盼的眼睛上，他当场不能自已，后来他在微博里形容自己当时的哽咽"不够理性，但无法控制"。而在青海玉树地震时，作为央视新闻频道的《朝闻天下》主持人的赵普在电话连线中，一遍遍不断询问画面中某个坍塌小学的灾情时，再度哽咽，情绪激动。很多观众都不但没有因此责怪赵普，还对他在银幕前的真性情而喝彩。这种感情在播音员或主持人的工作意义上虽然是不被肯定，甚至是不被接受的，但他却获得了观众的赞美，这是为什么？原因就在于赵普体现出了一个人在面对同胞遭受巨大灾难后所表现出的真情实感的自然流露，而这正是人工智能所无法展现和愉悦的。但是同时需要注意的是，也有一部分人对此表现出了冰冷的嘲讽、质疑、揣度和否定，有人称其"哽咽哥"，有人认为作秀痕迹过于明显。诚然，情感可以激发有声语言表达艺术的创作动力，通过表达所完成的情感的外化实则是有着一种能量的强烈的释放感，但是，或是温婉、或是奔放、或是欢愉、或是悲壮、或是清幽、或是炽热、或是深沉、或是高亢，蕴含于言谈之中、奔涌于身体之内的情感一定要是可控的，而非失控的，要善于驾驭情感，而避免被情感所"裹挟"。故而，灾难突如其来，面对悲剧，情难自持，情有可原，流露真情，拒绝麻木，心向阳光，无畏阴暗，为纯真质朴的善良留一方净土，为真情实感的表达热情称道也是无可厚非的。

其四，对于笔者上述说法，或许有人会质疑说，机器人获得生成人的情感的能力在理论上并非不可能，或许有一天脑科学取得了突破性进展，证明了人情感的产生是由于人脑中某种物质的机械运动造成的，并且这种机械运动很容易被人工智能所模仿，那是不是就可以说人工智能不但可以像人一样从事播音、主持等工作，而且可以成为包括有声语言表达艺术在内的一切艺术形式的创造主体，那我们的上述说法不就是伪命题了吗？笔者并不否认这种可能性的确存在，并且或许在不远的将来就得以实现，但是更重要的问题在于，一旦这种情况成为可能，那么这个问题所指涉的全部意义的性质将发生改变，换句话说，这就不再是一个技术性问题，而成为一个关于人与存在的哲学问题。也就是说，这种情况一旦发生，人区别于物的主体性将发生根本性动摇，与人相关的一系列理论、概念、方式都将被彻底瓦解，或许瓦解后还有某种重建的契机与可能，但即便这样，有关"存在""艺术""人的主体性"在现在看来较为明确的概念将在另一个理论维度下存在，那么这也就是我们现在无法更深一步探讨的问题，也不是一个现在可以预知答案的问题。

总而言之，就目前所能预见到的范围内，无论是从技术层面而言还是从形而上的层面而言，笔者认为，人工智能语音技术的发展也许可以在一定程度、一定范围内成为有声语言表达的信息传播主体，但它却无法成为有声语言表达艺术的艺术创作主体，而即便是前者，这个"程度"与"范围"也是极其有限的，是不可能取代有声语言表达艺术的。

而从本文所探讨的角度出发，有声语言表达艺术之所以能够呈现出"美"，是通过创作主体在创作过程中对于"中"的把握使艺术作品呈现出"和"的审美状态而引发的。而要使人工智能在人文的意义上掌握有声语言表达艺术的"中"，至少在目前看来是不现实的，因为"中"虽然是技法层面的问题，但其本质是需要创作者融入自身的情感与人生体悟后，以气托声、以声传情、表情达意给予受众的，而这并非可以通过机械式的学习或者编程计算就能够实现的。

智能语音技术力图真实模拟并还原人类的语音识别与语言表达，但是在沟通的过程中，却很难真正地实现心灵相抵，受众无法获得理想的审美体验的满足。我们生而为人，不会被智能机器所取代的核心本领，就是可以通过独有的发音器官和多元化的表达方式，赋予人际沟通以"情感感受"的观照。个性化的、独立化的有声语言表达艺术与飞速发展的智能语言技术可以各取所长，互补其短。

一、智能语音技术的蓬勃兴起与其存在的审美缺憾

在信息时代，每一轮社会革新所需的时间正被日益鼎新的技术极大地缩减。如今，全世界又迎来了一个崭新的人工智能时代，人类的价值又将重新被定义，

人类的工作也将面对智能机器人的挑战。

人工智能技术一直致力于模拟、延伸和拓展人的智能，其不断创新的种种努力，都是为了让机器更加相似于人类，具备人类的各项能力，甚至在具体领域更加优秀于人类。其中，不断突破技术难点的智能语音系统，正竭力地模拟人类的语音识别与有声语言表达，机器逐步掌握了听音辨意、对答如流的能力，这在不断接近、渐趋近似人类行为的科学进程中，则显得最为真实，而又令人生畏。作为人工智能应用中较为成熟的技术，智能语音技术包括语音识别技术（ASR）、语音合成技术（TTS）等，是实现人机互通的崭新领域。它从发展到成熟，不过用了短短60多年的时间，目前已被广泛应用于智能车载、智能电器、智能穿戴、智能管家、虚拟助理等诸多领域。

2016年美国CBS电视节目主持人查理·罗斯（Charlie Rose）在一档人工智能节目中采访了名为"索菲娅（Sophia）"的高智能机器人，作为语音识别技术的经典作品，索菲娅伶牙俐齿、侃侃而谈的从容状态，令大众为之一惊。2017年，Sophia又加入了《早安英国》的节目组，在"她"的发明人David Hanson博士的陪同下，成为"新晋主播"。同年10月，沙特阿拉伯授予Sophia公民身份，作为历史上首个获得公民身份的机器人，Sophia表示："If you are nice to me and I will benice to you"（人不犯我，我不犯人）。

值得一提的是，近来，我国自主研发的智能机器人"小聪"也成了嘉宾主持，并站在了浙江卫视《E眼看两会》的节目现场，它用流畅的语言回答了不少主持人的提问，同时运用灵活的肢体动作进行了交流互动。

尽管在目前的智能语音服务系统中语音识别率可以高达96%，但在接近人类的"倾听"与"表达"的层面，却很难在真正意义上实现与人类的交心沟通。程序员努力让程序"假装"听得懂人类的语言，工程师努力让机器做出近似人声的仿真表达，仿佛实现了人机交互，人们或许会在听筒前、屏幕外惊叹于如此逼真的科技水平，然而可悲的是，话筒中、屏幕内以二进制数字（0和1）构成的机器语言却表现得呆板生硬、毫无感情，在受众的感觉中是陌生的、隔阂的、冷漠的，容易使人产生排斥心理。可见，由编写代码所赋予的程序，并不能带给受众理想的听觉体验。语音识别系统可以追随技术不断翻新，但是智能语音表达系统却发展缓慢，目前也仅仅停留在对于智能化语音的模拟阶段，而这又是为什么呢？

人类发展史上的每一次发明创造，都是在为"人"这个对象而服务，智能的机器可以生产出优质的产品，但是却生产不出本真的情感；智能的机器可以简化繁冗的工序，但是却不能简化内在的语境；智能的机器可以丰富娱乐方式，但是却无法丰富心灵深处；智能的机器可以日夜不停地倾听客户的愁绪，但是却无法一语中的地开解人性的烦忧。声波的传播本质是一种能量在介质中的传递，可是人类在信息互通的过程中所融入的却是微妙的情感感受。人耳所接收到的不应单单只是字音信息，更应蕴含着丰富的内心感受，如是，人类才能借此体悟到思想、意志、情愫和美感。人工智能技术基于一种数学层面的算法，而数学却是最为讲求逻辑的学科，可是，并不是所有的东西都需要借助数学的运算，诸如想象力，就是站在逻辑的反面。想象力的激发与创造，并不需要人工智能技术，反而倒是听觉系统更加能够激发和培养人类的想象力。从一定意义上来说，通过耳朵接收到的信息所产生的情感效能与创造的思维价值是优于其他感官的，故此，对于听觉体验的满足更显得尤为重要。

语音助手的智能人工化，使得人们更愿意以同"人"一样的方式与其互动交流。但是工程师无法赋予程序以"情感感受的观照"，这是智能语音技术中所最为缺失的审美元素。依托了大数据分析的语音助手"忠实"地将与用户沟通的"经验"记录在案并提供贴合需求、偏好、习惯的服务，但这毕竟只是一种机械化迎合、标准化作业，只是人工智能为自己积累的数据，只是它用来丰富算法的案例。与之不同的是，有声语言表达艺术的创作主体却是在以个性化的独立思考和饱满充沛的情感感受下，与客体进行着心贴心的交流，其所通往的精神世界也更为瑰丽而广阔。

二、人声语言蕴含的审美因素与智能语音的受众亲和性问题

智能化的设备可以在最大程度上辅助并促进人类社会的发展，但是，我们终究不会被机器所取代的核心竞争力，也就是人类的终极本领——人可以通过情感化观照完成与同类亲密无间的、精神个性化的、互为归属的、无比依恋的和谐沟通！舒婷在《神女峰》中提及："与其在悬崖上展览千年，不如在爱人肩头痛哭一晚"，由此足以看出，在人与人的沟通中，情感浸润的伟力。对于彼此情绪的感受、体悟、洞悉直接影响着情感化的表达，这成为人类所独有的复杂微妙的无可匹敌的超凡能力！得益于与生俱来和后天培养的双重作用，这种体察与表达的行为，发端于大脑、转化于唇舌、接收于听感、作用于心理，使得"人"与"人"之间的沟通成为世间最为和谐、美妙、有效的信息传受方式。

迄今为止，宇宙中已知的最为复杂的事物不是超人工智能（SuperAI），而是人类的大脑，人们对于数十万光年之外的星体的了解都要远远多于对人类大脑皮层细胞的认知，尽管脑科学、神经学、心理学已经相当完备。正因具有数百亿个神经元的人脑的复杂性，使得科学家们尝试通过逆向工程，以大脑的思考方式为研究切入点，进而推动机器智能向前发展。人们依照大脑神经网络的结构，一层一层地输入数据，由简单至复杂，再输出结果，在算法的不断优化之后，以"AlphaGo"为代表的新兴技术获得成功，神经网络与蒙特卡洛树（MCTS）搜索算法得以有效结合。

但同时值得关注的是，亚马逊基于AI技术推出了一款语音助手"Alexa"，而

且要比iPhone里面的Siri更加智能，它可以帮客户播放歌曲、播报新闻、购买东西、控制智能家用设备，一经推出，曾经备受好评。然而近期，全世界的Alexa会突然毫无预警地在没有任何指令的情况下，诡异地大笑起来，网络上充斥着客户们对于恐怖经历的描述。这种由人工智能操控着的诡异的机械音的笑声，非但没有带给人们愉快的听觉享受，反而引发了更多对于机器人反噬人类的担忧。

由此可见，再高级的智能语音系统，也仅仅是类人化的表达途径，无法带给人们真正舒心的情感体验。而我们要从沟通中所获得的审美享受，实则是得益于一种人脑复杂的、与智能机器不尽相同的学习模式，这种颇独特的、无监督的、非干预的学习模式是人类优于人工智能的关键所在。我们在孩提时代通过同类的引导和训练，利用后续的几十年生命，在成长的过程中以观察、发现、体悟、融汇的多元方式，自发而主动地将少量的经验不断累积增长，将外部的"知识"转化为自身的"智慧"，将对于传播对象的情感观照与自我的情感体验浸润合一后，有效凝结成有声语言表达行为，完美实现信息从信源到信宿的传播过程，将心比心地把传受双方的情感体验升华到最佳程度。

客户服务的话务员、同声传译的翻译员、在线解答的咨询员、旅游景点或博物馆的讲解员、远程维护的技术员等诸多职位的员工，正在备受智能语音系统的冲击与挑战，在目前的竞争环境下，虽然处理事务、介绍情况、答疑解惑的效率提高了，但是很多核心性的问题并没有得到根本性解决。以话务工作中的某个流程为例：做好电话咨询的服务重点在于切实搞懂接听客户的实质性需求，而因为涉及信息隐私、资金安全、个性化偏好等问题，使得部分客户的陈述性话语中蕴含了大量的内在语境和弦外之音，这些都是目前的智能语音服务系统所无法独立判断、捕捉和识别出来的。在这种情况下，更需要的是有着个体经历、从业经验的话务人员，及时地止停、留白、倾听，有效地提问、引导、分析，进而揣摩到客户的核心性心理诉求，通过换位思考后与其保持同一立场（甚至是给足面子），采用经过情感浸润的、带有适时语气的话术，最终将问题或者客怨彻底解决、消除。

正是基于人与人之间的共识性文化、共同的语境、相近的情感知觉，才使得人施于人的语言表达更为贴切而有温度，对象的需求被摸准、响应被满足、情感体验被观照，传受双方的信任感便大幅增强。这种良好的情感体验，将在我们内心深处留下深深的烙印，进而潜移默化地形成一种审美知觉模式，这种知觉模式会培养出人们对于在岁月的流淌中所搭建起来的和谐的沟通关系更为强烈的、主观性的好感与依赖。

在充满亲和性的沟通过程中，主要是人脑中自然而然地产生的情感起着决定性的作用。各种价值特殊、属性迥异的外部事物所带来的刺激信息，分别通过不同的感觉器官、感知系统反应并作用于人脑当中，使人形成了对于该事物独特性、差异化的认知，加之对前期记忆的追溯与经验性汇总后，伴随激发形成了一种特定的感受形式，即为情感。对应着视觉、听觉、嗅觉、触觉和味觉这五种感受，是在人类独特的、无监督的、非干预的学习模式中起至关重要作用的五大类感觉器官，即眼睛、耳朵、鼻子、皮肤和舌头。

常言道，倾诉是春天的播种，倾听是秋天的丰收。在人与人进行信息交互的环节中，情感作用于内心，唇舌表情达意，耳朵接收声波，大脑处理信息。尽管我们的感知系统是一个有机融合的整体，但是在各种感官中，完整的听觉通路更显独立，人类通过耳朵不仅可以感知震动、判断属性，而且还可以体察到心灵的距离。由于相对近似的生命体验、教育习得、存在环境、生活经历等因素的影响，使得同类间的观照更显深入，交流更加顺畅，沟通效果更为理想。

尽管网络覆盖下的都市生活节奏急促，使得人们在不断封闭自我的同时对于情感性表达产生极度的忽略与漠视，情感能力在现实中所起的作用一度被低估，但是作为真核生物域动物界脊索动物门哺乳纲灵长目人科人属智人种的人类，无论如何进化都不会陷入一种情感冷漠的认知结构之中。对于处在困苦（甚或危险）情境下的同类的怜爱、同情与关照，是每一个人与生俱来的本能。高度发达的神经系统是在人体内起主导作用的功能调节系统，其中的神经元接受刺激、产生兴奋、传导兴奋，各器官密切配合、相互联动，从而使完整统一的有机体完成"感受"与"抒发"的活动。人类学与考古学已有的发现足以证明，具备充沛情感感受（emotional feelings）的超凡能力，是大脑皮层（人类神经系统中调节控制的最高中枢）经过了30万年进化的结果。情感感受是价值特性在大脑中的主观反应，而这一特殊能力，却是智能机器乃至其他生物所无法具备的（诸如它们看见同类被残害、屠杀时不会产生情感反应）。诚然，在时下的生活中，感恩、愧疚、纯善、怜悯、悲怆、敬畏、扼腕、义愤等等复杂而强烈的情感波动发生的概率在不断降低，但细究原因之后不难发现，正是因为新兴技术推动下的表达方式的数字化、网络化和语言形式的图片化、符号化，削弱了人们的情感感受能力，这就使得情感化的有声语言表达成了一种稀缺品。情感缺失，是必须引起重视并亟待解决的严重症结，只有深入分丝析缕、积极调动情感、尽力弥补所缺，才能保证人类超凡的能力不再遭受侵蚀。心理学家阿德勒强调："心理在行为的过程中起着重要性的作用。"正所谓上善若水，蕴含着细腻情感感受的有声语言表达，便是防止人心沙漠化的一捧清水。库克就曾指出：我并不担心机器会像人类一般思考，我最担心人类像机器一般思考。其中之意，发人沉思。

智能语音系统的逻辑算法与人类的情感产生机制是不同的。通过机器学习、数据挖掘算法、声音传感、语音识别、语义理解、语音合成、语音知识数据库的云端支持等多项技术的共同发力，使得智能语音助手完成从被人唤醒，到清晰感知、再到准确表达的全过程。虽然人工智能技术可以通过研究人类智能活动的规律，进行抽丝剥茧的有效分析，从而构造出具备相对智能的人工系统，但是，无论如何依托大数据与云计算，目前的计算机都无法运算出"意识"（consciousness）、"自我"（self）、"思维"（mind）与"感知"（perception）。古希腊奥林匹斯山上的德尔菲神庙门楣上镌刻着一句话："人啊！认识你自己"，苏格拉底将此话视为自己哲学立场的宣言；与其同一时期的曾子亦提出"吾日三省吾身"；当代美国知名的脑神经学家吉姆·法伦（Jim Fallon）也认为："人的大脑结构中属于额叶部分的眼窝皮层是涉及社会伦理认知功能的关键器官"。虽已逝去千年，人类对于自身思辨与探索的脚步却从未停息。责任肩负、情绪控制、动机把握、社交需求、价值实现，这些要素都作用于人与同类之间相互沟通的内在认知系统，由此可见，交融着情感的表达与对其的感知，是一个非常复杂而又值得细究的信息传受过程。

　　繁冗的、海量的事务可以被智能化的机器代为完成，可是将心比心地去进行情感化沟通的工作却无法被代为完成；体力甚或脑力的工作可以被智能化的机器代为完成，可是与人类心灵相抵的口语化表达却无法被代为完成；流程化、模式化、重复化的工作可以由智能化的机器代为完成，可是针对差异性个体的、直至内心的、创造性的、变化性的、互动性的深入交流，还需要人类自身去亲力亲为。

　　因此，要尝试着将审美因素注入人工智能语言之中，使之具有人类亲和性。而要注入审美因素，需要对人声语言有深入而准确的把握。

三、人声语言的发音机理与表达方式对于智能语音技术的借鉴

　　辛弃疾"八百里分麾下炙，五十弦翻塞外声"的豪放，李白"我歌月徘徊，我舞影零乱"的浪漫，李商隐"沧海月明珠有泪，蓝田日暖玉生烟"的悱恻，苏轼"回首向来萧瑟处，归去，也无风雨也无晴"的旷达，李清照"花开花落花无悔，缘来缘去缘如水"的婉约，莎士比亚"不速之客只在告辞以后才最受欢迎"的讽刺，人类之所以能将这百般体味融入丰富的语言链条，进而在有声语言表达艺术中灵活自如地抒发充沛的情感感受，这完全是得益于我们独有的发音器官和多元化的表达方式。

　　根据在发音过程中所起的不同作用，可以将发音器官分为以下三个部分：（1）动力部分——主要包括肺叶、横膈肌、胸廓、气管和支气管。气动则声发，这部分所产生的气息为声音的发出提供了支持性的动力基础，发音时用力大，从肺部呼出的气体通过气管和支气管后，对声带产生的冲击则会增大，音波的振动幅度增大，声音就变强，反之就变弱，可以运用对于气息的控制形成人声错落有致的强弱变化；（2）发声部分——主要包括咽喉和声带。声带又称声襞，是位于喉头中部的两片弹性大的瓷白色小薄膜。气流涌出所引发的声带振动，为发声提供了音质素材，声带短、薄、紧，发音时音频就大，声音就高，反之就低，可以通过声音的弹性变化来增强语言的表现力；（3）咬字部分——主要包括喉部以上各器

官组织，即唇、齿、舌、颧肌、软腭、小舌等，通过完成开、合、提、打、挺、松等动作，形成双唇音、唇齿音、舌尖音、舌面音、舌根音等发音，实现出字、立字、归音，灵活驾驭各个器官的协调配合，可以有效提升声音质量与表达状态。

人们听到的语音片段中都具有四个感觉特性，即音长、音强、音色和音高。音长指的是声波振动持续时间的久暂，表现为声音动程的长短，在汉语和英语的一些语句中音长可以起到区别意义的作用；音强是指声波振幅的大小，声音的强弱与声波振幅的大小成正比，0分贝是听觉可感的最小值；音色是一个音素区别于其他音素的基本判定特征，它由不同的声源（发音体）属性（材料、结构等）所决定，音波波纹的不同曲折形式造就音色的差异，表现为声音品质的或明或暗，或清或浊，使得声音更具个性、特色与辨识度；音高，决定着汉语发音的声调和语气，它是由声源的振动频率所决定的，振动次数多，频率就大，声音就高，比16赫兹低的次声以及比20000赫兹高的超声都是人类所无法听到的，16到20000赫兹的空气振动是听觉的适宜刺激，其中尤以1000到3000赫兹这个区间最为敏感。经过介质传播的声波直接作用于听觉器官，激发感知细胞的兴奋度，引起听觉神经的冲动，从而能够将外部信息有效地导入。

再从多元化的表达方式上来看：（1）人类声带的固有膜是致密结缔组织，声带的长短、松紧和声门裂的大小都能对发声产生影响，在皱襞的边缘有强韧的横纹肌和弹性纤维，这使得声带极富弹性，交替使用声带的不同位置，就可以依照沟通需要及时而到位地实现声音上较大的弹性变化。（2）当一个发音体遇到另一个频率与之振动频率相同或近似的音波时，随之受到影响而引发共振，这种现象就是共鸣。人体中作为共鸣器的是胸腔、鼻腔、口腔和头腔等多个腔体，通过它们的联合作用，可以达到良好的共鸣效果，人声因此而得到润色和美化，因为各个腔体的形状、大小都不尽相同，所以经过共鸣修饰后所表现出来的音质则更为优美而繁多。（3）人体胸腔与腹腔之间的膈肌属于骨骼肌，经过科学的训练后将会更加自如地为我们所用，调动横膈的上下运动（吸气时向下运动，呼气时向上运动）可以使得处于沟通交流过程中的气息既充分饱满又流畅自然地平稳进出，通过有效操使胸腹式联合呼吸的方法，便能够达到理想的表达状态：以情运气，以气托声，以声传情，表情达意，及于受众。（4）人类可以根据语言环境中表意的需要，随时随地地、收放自如地调整音量的大小，同时运用音强的差异性变化所形成的重音和轻声，起到区别语法意义和词汇意义的作用，增强了语言的节奏感、流畅感和韵律感，对于逻辑重音所处的不同位置的适时调整，也可以在最大程度上实现有声语言表达中语义焦点的灵活转移。（5）我们可以依照交谈时的思想发展与情感变化，自由地把控语气的轻重、节奏的急缓和话语进程中的停顿与连接，从而在满足心理需要、生理需要和情感抒发的同时，凸显语意精妙的层次感。（6）人类可以将对于音准、音质、音调、音量的把控技巧有序整合、综合并用、应时而动，既使得各元素间相得益彰，又使得和谐优美、动听悦耳的表达更具对象感、画面感、分寸感和亲近感，在更为直观、更加适时、更显贴合地反映出人的态度、意图和情绪的同时，既强化了语言的深刻含义，又提升了语言表达的沟通效能。

时而吸引，时而让步，时而平和，时而动情，时而批驳，时而赞颂，时而跌宕，时而反转，时而兴奋，时而哀伤，时而坐看云起，时而扣人心弦，贴切的情感感受自然而然地流淌于言谈之中，既充分而有效地表达了思想，又引发了审美愉悦的知觉享受，正因为我们将自身拥有的独特而复杂的发音器官与灵活而丰富的话语表达方式完美地结合在了一起，才使得对于同类间的沟通工作无法被智能语音技术所完全替代。

虽然人类在有声语言表达方面天赋异禀，但在交流的过程中，还是不可避免地暴露出很多自身的弱点：逻辑会混乱，重压会疲劳，表述有歧义，记忆有遗忘，思维不缜密，情绪不稳定，欲求过于多元，审美过于功利，主观能动性差，认知偏差导致片面，自我纠错机制不足等等。而智能语音技术的不断发展，也正是为了弥补这些短板。工程师们努力让机器去模拟人、理解人，以期创造出智商和情商双高的专家级机器人。

在飞速发展的信息化时代，作为亚生命的新的指代，超智能机器人凭借杰出的"大脑"（中央处理器，Central Processing Unit）逐步被赋予了"自我思考的能力"。从对于智能机器视觉能力的开发到对听觉能力的开发仅仅用了不到五十年的时间，随着运算系统的不断升级，机器人或许很快便会在情感感知、情感表达领域与人类比肩。

20世纪60年代人工智能技术一度停滞不前，完全依赖人为灌输式的知识传递，使得计算机学习的广度严重不足。从80年代起，随着"神经网络算法"的兴起，人们在"机器学习"这个重要的领域开启了全新的探索，利用逼近论、凸分析、统计学、概率论、算法复杂度理论等多门学科的交叉融合，致力于研究如何更好地赋予计算机以超群的"心智"、怎样让计算机模拟并实现人类的学习及其他行为，重新组织已有的知识结构并使之不断得到强化和完善，以期获取更新的知识与技能。正如刘勰所言："操千曲而后晓声，观千剑而后识器"，机器学习（Machine Learning）成为人工智能的研创核心，机器通过深度学习来完成自我发展，使自身具备超级智能，达到"自我管理""自动进化"的高度，进而实现对于人力的大范围替代。

作为格式塔学派的一个分支，德国拓扑心理学的创立者，被誉为实验社会心理学之父的库尔特·勒温，在20世纪30年代就曾指出："学习是认知结构的变化，这个变化表现为分化、概括化与再组织三种方式"。不同于人脑的是，电脑可以高效率、低成本、持续久、不间断地学习和工作，而这是人类所望尘莫及的。

再精密复杂的智能语音助手，也都与创造它的人密切相关，工程师对其灌输的程序，不应只限定于识别、处理和反馈的层面，而应更广泛地拓展到对情感感受的智慧化培养与对情感表达方式的全面化学习的领域。目前的智能语音系统可以根据声音识别技术对用户的陈述提供一个解决问题或解答疑惑的大体参照，甚至可以在一些实验检测环节中"欺骗"80%以上的被试，但这仍是远不及预期的。

为了打造更具完备自我思维能力的人工生命，就需要让计算机规规矩矩地、更加深入地、可持续地自我学习，让程序直接接触被导入的数据，进一步满足机器快速成长的需要，以期最终实现：整体把握抽象思维，深入体察情感感受，思考利弊而做出取舍，脱离程序指令而自发决策，迅速反应并采取行动，树状衍生新的认知，几何级数增长各项复杂技能，真正理解人类的意识和言语并以人类的表达方式与人进行心灵相通的对话交流。

目前的智能语音技术虽然尚处在"孩提时代"，但其发展之路却是一条没有终点的漫长征程，坚持不懈地攻坚克难，将会给人类的生活方式带来根本性的变化。很难预料十年后，在高科技的引领下，我们的社会将变成什么样子，更何况人工智能尚存在着科学家们普遍认同的技术"奇点"，一旦跨越了奇点，科技将超越科幻，人们无法估测甚至预警这一刻何时到来，但可期的是，伴随智能机器永不停歇的自我学习，经历了突破奇点后的"顿悟"，情感感受的"标准指令"或许可以得到"规范统一"，接下来就可以先完成智能语音助手之间的互联互通，再借助大幅提升的语音识别和情感TTS（Text To Speech）技术，使得更具易用性的全方位高智能语音助手可以确切感知、及时存储、海量分析用户的语气、情感、爱好、品味、习惯、需求、言谈方式、审美特征，进而越来越精准到位地理解人类的语言表达意识，愈加灵活自如地驾驭丰富的话语表达方式，最终实现与人类之间自然、顺畅、贴心、亲切、愉悦的对话交流。

此前不久，微软（亚洲）互联网工程院率先推出了新一代的语音交互技术：全双工语音交互器官（Full-duplex Voice Sense），可以实时预测人类即将说出的内容，实时生成回应并控制对话节奏，将长程语音交互变为了可能，这使得人机交流更加连续流畅、逼真自然。

曾有人提出"此前历史上的一切群众运动，都是由于语言的力量"，此话虽然乍听为过，但也因此可见，这种蕴含于充沛情感化表达之中的语言魅力，足以令世人产生共鸣并为之倾倒。从沟通效能的角度来看，人类所独有的发声机理暂时优于目前的智能语音系统，面对着人工智能时代下的千般挑战，人类尚未失去生而为人的骄傲。而对于有声语言表达技巧渐向人工智能的转化处理，既是浓缩着非凡创意的智慧结晶，又充满着无限的可能。在与智能语音技术不断角力的过程中，直面冲击的有声语言表达艺术也将会获得史无前例的深化与完善。一方面，智能语音技术中现存的审美缺憾，恰恰是有声语言表达艺术亟待恢弘之所长，而另一方面，借鉴有声语音的表达优势也可以进一步提升智能语音技术水平，人机合作，互利互补，相辅相成，共促发展。

在工业时代，机器的出现，使得人力标准化；在自动化时代，机器人的出现，使得人力机器化；在信息时代，人工智能的出现，又会使得人类何去何从呢？我们不断求索答案的过程，实则就已经是一种答案了。

参考文献

［1］李明珠.雕琢声音之美：朗诵与播音艺术名家谈［M］.陕西新华出版传媒集团［M］；西安：陕西人民出版社，2022.06.

［2］张颂.张颂文集 语言和谐艺术论：广播电视语言传播的品位与导向.（第2版）［M］.北京：中国传媒大学出版社，2022.01.

［3］李忠庆.文博讲解员有声语言表达与传播［M］.黑龙江大学出版社有限责任公司，2021.07.

［4］罗景昕.广告配音艺术美［M］.北京：中国广播影视出版社，2021.03.

［5］姚忠呈.播音主持语言表达及其创作提升路径［M］.长春：吉林人民出版社，2021.07.

［6］刘馨.播音主持语言表达艺术探索［M］.北京：现代出版社，2020.09.

［7］孟伟主.媒体写作与语言艺术［M］.北京：中国广播影视出版社，2019.01.

［8］张振祥.别输在不会表达上［M］.北京：民主与建设出版社，2019.12.

［9］薛立磊.播音主持语言表达的艺术魅力［M］.长春：吉林美术出版社，2019.11.

［10］向星蓓，谢韵颖，李璐.语言学和现代语言艺术［M］.芒：德宏民族出版社，2018.01.

［11］张瑞.融媒体环境下广播电视语言艺术研究［M］.西安：西北工业大学出版社，2019.09.

［12］徐飞.说话的艺术［M］.长春：北方妇女儿童出版社，2019.03.

［13］李杨.视听语言在电影艺术创作中的变革发展与运用［M］.北京：九州出版社，2019.09.

［14］范俊军.濒危语言有声语档建设研究［M］.广州：广东人民出版社，2018.05.

［15］杜晓红.艺术语言研究［M］.北京：中国广播影视出版社，2018.10.

［16］贺超.播音主持话语技巧养成路径初探［M］.长春：吉林大学出版社，2018.01.

［17］许荣富.语言的艺术［M］.天津：天津人民出版社，2018.07.

［18］于舸.主持语言与艺术展望［M］.长春：吉林大学出版社，2017.05.

［19］鲁景超.播音主持语言的文化功能［M］.北京：中国传媒大学出版社，2016.08.

［20］朱晶.播音主持语言表达技巧［M］.北京：光明日报出版社，2016.04.

［21］刘迎新.播音语言停连模式的实证研究［M］.长春：吉林大学出版社，2016.09.

［22］李思睿.当代播音主持艺术及其语言表达探究［M］.北京：中国商业出版社，2021.06.

［23］马欣，白龙编.播音主持艺术语言表达［M］.北京：科学出版社，2015.01.

［24］徐树华.论广播电视有声语言的诗性功能［M］.北京：中国电影出版社，2012.06.

［25］张华.语言艺术［M］.北京：中国电影出版社，2010.07.

［26］张政法.有声语言大众传播的生命活力［M］.北京：中国传媒大学出版社，2006.09.

［27］陈玉东.传媒有声语言实验研究［M］.北京：中国传媒大学出版社，2006.11.